国家社会科学基金后期资助项目"保守主义意识形态:阐释与批判"(批准号:18FKS025)最终成果

保守主义意识形态
阐释与批判

王金玉 著

南京大学出版社

图书在版编目(CIP)数据

保守主义意识形态：阐释与批判 / 王金玉著. —
南京：南京大学出版社，2021.4
　　ISBN 978 - 7 - 305 - 24306 - 6

　　Ⅰ. ①保…　Ⅱ. ①王…　Ⅲ. ①保守主义－意识形态－
研究　Ⅳ. ①D09

中国版本图书馆 CIP 数据核字(2021)第 053308 号

出版发行　南京大学出版社
社　　址　南京市汉口路 22 号　　　　　　邮　编　210093
出 版 人　金鑫荣

书　　名　保守主义意识形态：阐释与批判
著　　者　王金玉
责任编辑　荣卫红　　　　　　　编辑热线：025 - 83685720
照　　排　南京紫藤制版印务中心
印　　刷　南京玉河印刷厂
开　　本　718×1000　1/16　印张 15.25　字数 257 千
版　　次　2021 年 4 月第 1 版　2021 年 4 月第 1 次印刷
ISBN　978 - 7 - 305 - 24306 - 6
定　　价　66.00 元

网　　址　http://www.njupco.com
官方微博　http://weibo.com/njupco
官方微信　njupress
销售咨询　(025)83594756

目　录

导　言

一、研究的目的及意义

20 世纪 80 年代以来,随着世界经济政治等格局发生的剧烈变化,特别是以里根和撒切尔夫人上台执政为标志,18 世纪末由英国人埃德蒙·伯克开创的保守主义意识形态话语出现了世界性的回归,在西方世界俨然从边缘走向主流。在美国,20 世纪中期以前,保守主义还是一个人人不想沾边的边缘思想,而 20 世纪中后期以来,保守主义似乎成了人类最睿智的思想。与此同时,大量保守主义的书籍也被翻译成中文并在中国大陆得到了广泛的介绍和传播,某种形式的"保守主义"话语也逐渐形成,以至于有人希望以某种形式的保守主义哲学影响中国的政治和社会生活,在他们看来,"成熟的保守主义的存在是健全的社会一个重要的标志"。因此,"随着对本世纪中国的反省,保守主义将为中国历史提供独特而恰当的思路,使自己能为更多的中国人所接受"①。与此同时,随着"国学"热的不断升温,产生于 20 世纪 20 年代的"新儒学"的重心也逐渐从海外向大陆转移。虽然不能将"新儒学"或者"新墨学"等都简单地归入"保守主义",但是,作为一种思潮的保守主义还是清晰可辨的。从国际背景来看,保守主义思潮的兴起显然与 20 世纪末西方新自由主义的兴起不可分割。从国内背景来看,情况可能更为复杂,有以复兴儒学为核心的文化保守主义、政治保守主义(政治儒学),也有对西方保守主义思潮的回应以及传播,等等。

如果说,保守主义从其产生的时候起就"生不逢时",那么,在今天,保守主义已然华丽转身,成为一股颇具气候的世界性的思想潮流。在这样一种不同思想潮流相互激荡的当代大背景下,从意识形态视角对保守主义正本清源,进行梳理

---

① 刘军宁:《保守主义》,中国社会科学出版社 1998 年版,第 264—265 页。

和阐释，对坚持马克思主义意识形态的指导地位，牢牢把握意识形态主动权和话语权，无疑具有重大的理论和现实意义。

二、相关研究的基本概况

现代保守主义作为一种政治意识形态，自法国大革命产生以来，已历经两百多年的发展和变化。与此同时，人们对保守主义的认识和理解也在发生变化，对保守主义的研究兴趣也在不断地增强。

在国外，关于保守主义的研究一直比较活跃，出现了许多系统研究保守主义的专著和相关论文。有的对保守主义思想特征做了系统的分析和阐述，如曼海姆的《保守主义》（译林出版社，2002），从知识社会学的视角剖析了保守主义的思想特征。芬兰作家佩卡·苏哈托的《从法国大革命到 20 世纪 90 年代的保守主义》，从思想史视角对保守主义思想的发展进行了系统的追踪和阐述。也有不少专著从各自的立场出发，从思想渊源、社会心理等方面对保守主义哲学展开了系统的辩护。英国保守主义政治家塞西尔在其《保守主义》（商务印书馆，1986）一书中，从人们天生的守旧心理、反对革命等方面替保守主义意识形态展开系统的辩护。美国保守主义社会学家罗伯特·尼斯比特（Robert Nisbet）在《保守主义：梦想和现实》中，探求了保守主义在其思想渊源、社会基础等方面与封建社会甚至更古时代的联系，"在柏克和其他保守主义者如柏纳尔、迈斯特等传统派的作品中，我们发现了这样一种历史哲学的轮廓：它是辉格和进步哲学正相反的对立物。我们也发现了对封建主义和其他历史地生长着的结构的重要性的清楚的表达，这些结构如：父权制的家庭、地方共同体、教会、行会、地区等，而这些在十七和十八世纪，由于自然法哲学的中央集权化、个人主义化影响，已经从欧洲政治思想中消失"①。这些阐释充分说明了保守主义传统话语所蕴含着的维护旧秩序、反对社会变革的思想倾向，罗伯特·尼斯比特则从知识论等维度为这种倾向（即传统和偏见）做了系统的辩护。英国作家罗杰·斯克拉顿的《保守主义的含义》，则是在全球化背景下对保守主义政治哲学进行全面系统的阐述和辩护。此外，也有不少专门性研究，如加拿大学者麦克弗森的《柏克》（中国社会科学出版社，1989），英国学者保罗·弗朗哥的《奥克肖特的政治哲学》（人民出版社，

---

① Robert Nisbet. *Conservatism*：*Dream and Reality*，University of Minnesota Press，1986，p.1.

2013)、《欧克肖特导论》(商务印书馆,2014)等,这些专著对被公认为保守主义者的代表作家及其思想进行了深入分析和阐释。

在关于保守主义的研究中,分歧最大的是如何定义保守主义。一部分左派学者认为,保守主义不过是利用过去的东西替有产阶级的利己主义做掩护而已,保守主义是有产阶级的意识形态。曼海姆在《保守主义》中,把(早期)保守主义定位于贵族意识形态,并且对作为意识形态的保守主义与心理学意义上的传统主义做了区别。传统主义是传统社会无意识的一种思维方式,而保守主义则是现代社会的思想运动,是一种为旧阶级辩护的意识形态(当然,旧阶级的性质又是随着社会的发展而变化的)。曼海姆的分析具有相当程度的合理性,尤其是对19世纪和20世纪早期的保守主义思潮的分析。读一读伯克的《法国革命论》或20世纪初英国保守主义政治家塞西尔对保守主义思想内涵所做的阐述,就能够印证曼海姆分析的正确性。曼海姆对保守主义的知识社会学考察对本成果具有重要的方法论意义。

伯克是现代保守主义的鼻祖,如何理解和评价伯克及其保守主义思想,存在着一些分歧(这主要与英国当时特定的社会发展状况和欧洲其他国家存在着区别有关)。多数学者都把伯克视为维护欧洲封建秩序的急先锋,但也有不同的观点。有人认为,伯克的保守主义不同于法国约瑟夫·德·迈斯特、伯纳尔等的保守主义。加拿大学者麦克弗森认为,伯克既是传统等级秩序的维护者,又是资本主义市场秩序的维护者,原因在于伯克时代英国特有的社会经济结构。资本主义秩序"嵌入了一个较早的等级秩序,而未改变其政治形式——国王、贵族和下议院继续并存,也未改变地主、企业家和劳动者的最基本的阶级划分"[①]。还有一种观点认为,保守主义只是一种防御性的角色,只有当其他意识形态在发起进攻的时候,保守主义才出现。亨廷顿的保守主义"情境说"当属此类。大体而言,人们一般按内容或性质等将保守主义分为不同的种类,如有所谓世俗的保守主义、宗教的保守主义、传统主义的保守主义、家长式保守主义、浪漫主义的保守主义、自由的保守主义、哲学的保守主义等;按地区或国别分,有所谓英国式保守主义、法国式保守主义、德国式保守主义等;按时代分,有所谓古典的保守主义、新保守主义;等等。上述分类可能不尽合理,但足以说明保守主义本身的复杂性。

① ［加］C.B.麦克佛森:《柏克》,江原译,中国社会科学出版社1989年版,第112页。

如何看待保守主义与变革之间的关系？较普遍的观点认为,保守主义并不反对变化,而是反对激进变化(革命)。因此,保守主义者还是积极参与了现代性过程。从保守主义的发展过程和现状看,这一观点基本上符合事实。芬兰学者苏万托的观点是：人们不能仅仅通过意识形态的立场就阐释保守主义的本质。保守主义的支持者过去是,现在首先是实用主义者。① 然而这恰恰体现了保守主义的意识形态特征。根据马克思的意识形态批判理论,意识形态的本质需要通过考察与其相关的社会群体的活动才能得到恰当的理解。

近年来,国内关于保守主义的研究也十分活跃,出现了不少相关研究成果。专著方面,主要有朱德米的《自由与秩序：西方保守主义政治思想研究》(天津人民出版社,2004),刘军宁的《保守主义》(中国社会科学出版社,1998),杨明伟的《保守主义：一种审慎的政治哲学》(中国书籍出版社,2015),曹卫东的《德意志的乡愁：20 世纪德国保守主义思想史》(上海人民出版社,2015),姜琳的《美国保守主义及其全球战略》(社会科学文献出版社,2008),库必来·亚多·阿林的《智库报告：新保守主义智库与美国外交政策》(上海社会科学出版社,2017),钱乘旦主编的《美国的新保守主义》(江苏人民出版社,2004),朱庆跃的《近现代中国化马克思主义与文化保守主义的思想论战研究》(上海三联书店,2016),王恩铭、王卓的《战后美国保守主义》(上海外语教育出版社,2018),等等。朱德米的《自由与秩序：西方保守主义政治思想研究》,从自由与秩序这一政治生活中难以避免的紧张关系出发,对保守主义意识形态在近现代的发展进行了研究,对保守主义传统观做了一定的分析和解读。刘军宁的《保守主义》一书从所谓"保守自由"的视角阐释埃德蒙·伯克的保守主义政治哲学。杨明伟的《保守主义：一种审慎的政治哲学》一书主要从政治哲学视角探讨了保守主义的基本观点及其思想渊源。其他一些著作则各有侧重地阐释了不同时期不同类型的保守主义及其思想特征,而所有关于保守主义的介绍、研究等为本书提供了重要的研究资源。

但是,比较明显的是,相当一部分关于保守主义的研究大多重视学理的阐释而忽略了对其意识形态的批判,原因固然很多,如启蒙理性主义的困境、对"进步""发展"等的怀疑等,但究其根源,可能与作者本人的思想观点不无关系(这里

① Pekka Suvanto. Conservatism From the French Revolution to the 1990s, Macmilan Press Ltd, 1997, p.5.

不做讨论）。我们知道,保守主义首先是以政治意识形态的面貌出现于现代社会的,从意识形态批判视角对保守主义进行较为系统的批判性阐释是本书的出发点和基本视角。本书坚守马克思主义的理论立场,以辩证唯物主义和历史唯物主义作为研究的方法论基础,以马克思主义意识形态批判作为基本的分析和阐释方法,从传统与现代的相互关系切入,对保守主义意识形态进行深入的批判性阐释,以揭示保守主义政治意识形态的基本内涵、现实基础及其思想渊源。在此基础上,阐释马克思主义与传统之间的辩证关系,通过比较研究,揭示马克思主义传统观与保守主义传统观之间的本质性差异。显然,这一研究有其明确的现实关切,即如何在意识形态纷争激烈、价值观日趋多元的当代背景下,牢牢把握意识形态的主动权和话语权,坚持马克思主义意识形态的指导地位不动摇。同时,在习近平新时代中国特色社会主义思想的引领下,充分利用中华民族博大精深的传统文化资源,通过创造性转换和创新性发展,将其融入社会主义核心价值观的培育与践行之中,筑牢中华民族精神家园的根基,实现中华民族的伟大复兴。

三、相关概念及核心观点

保守主义作为一种现代政治意识形态,从 18 世纪末产生至今,历经 200 多年,从内容到形式也都随着西方社会各方面的变化而变化。与此同时,保守主义作为一种政治意识形态,同样也对西方社会各个方面产生持久的影响,以至于今天,保守主义成为一股强大的世界性的社会思潮和政治力量。

但是,如何理解保守主义? 历来众说纷纭,观点不一。有对保守主义的自然主义理解,将保守主义追溯到人的保守"天性"(如亨廷顿);有将保守主义看成是一种政治学说;等等。本书从政治意识形态的视角理解保守主义,并且运用马克思主义的意识形态批判理论对保守主义意识形态进行批判性阐释。本书认为,同自由主义、社会主义等现代意识形态一样,保守主义也是一种具有一定的观念体系和理论形态的现代政治意识形态。与自由主义、社会主义一样,保守主义也是现代社会催发的产物,同时也参与塑造了现代社会。本书认为,作为政治意识形态的保守主义尽管在其发展和演变的过程中,从内容到形式都在发生相应的变化,但其所蕴含的基本价值内涵又具有相当程度的连续性和一致性。换言之,虽然保守主义在不同的时代和不同的社会,其表现形式有所不同,但在所持的核心观点和价值观上，所有的保守主义（至少就西方的政治保守主义而言）似乎都具有相当的一致性，如强调宗教的作用和意义、对政府作用和大众民主的怀疑、对公有制和社会主义的反对等，本书将通过文本阐释、社会历史的佐证等方式阐明这一观点。本书认为，保守主义的"保守性"主要不在于外观或形式，而在于其要保守的核心价值。作为政治意识形态的保守主义，其实质在于价值保守，因为保守主义意识形态的本质是价值保守。然而，保守主义要保守的价值主要不是源于抽象的理性反思，而是源于历史和传统。在思想方式上，一般来说，保守主义对抽象理性持怀疑态度，而从过去的传统中寻找个人和社会发展的基础。但是，这决不意味着，凡是强调传统的重要性就是保守主义。历史唯物主义毫无疑问也强调历史文化传统的重要性，对人类生存和发展的条件性的强调正是唯物史观的根本特质。判断一种思想观点是否是保守主义，不仅仅要看其形式，更重要的是要看其内容，特别要看其崇尚的价值观，因为价值观与其所持的理论立场是密切相关的。从研究中可以看出，保守主义的理论立场基本上是有产阶级或精英阶级的立场。而用来替保守主义理论进行辩护的则是等级制的宇宙观、演化论的历史观、认识论的怀疑主义、人性不完美理论等。这也表明，保守主义与马克思主义之间无论在世界观、社会历史观、价值观、认识论等方面都存在着重大且本质性的差异，由此也就容易理解，为什么当马克思主义产生后，保守主义的主要对立面不再是自由主义，而是马克思主义、社会主义了。

四、基本架构及研究方法

鉴于以上理解，本书将对保守主义的阐释纳入西方（资本主义）现代性矛盾的内在展开及其变化发展的历史视域中加以讨论，从意识形态批判视角，对保守主义意识形态进行批判性研究。在结构安排上，除导言和结语外，本书共分成五大部分共十一章。第一部分（第一章），首先从保守主义的核心关键词"传统"概念切入，从发生学视角首先探讨保守主义传统话语出场的历史语境，粗线条地勾画保守主义思想的基本特征、发展状况。第二部分（第二至四章），主要以伯克《法国革命论》、奥克肖特《政治中的理性主义》、斯克拉顿《保守主义的含义》为经典文本对其进行研究，并在此基础上，运用历史唯物主义的方法论，揭示保守主义传统话语的思想内涵、理论立场、方法论特征以及思想渊源。之所以选取以上三位思想家及其文本进行个案研究，主要是基于他们的思想观点所具有的"代表性"地位、理论特质的相似性以及在当今的影响程度。他们都是属于伯克传统但不属于同一个时代的保守主义思想家,对他们的思想进行个案研究,是希望在一定程度上能够对经典的保守主义思想有一个基本的了解,发现其变化的轨迹,揭示其共性,如思想方式、共享的核心价值观等。第三部分(第五至六章),对保守主义传统观及其价值意蕴进行分析,阐明本书关于保守主义的核心在于价值保守这一命题,并对保守主义的价值观的方法论和思想渊源进行分析。第四部分(第七至八章),对20世纪70年代末以来的保守主义演进和发展进行粗线条的梳理和分析,在此基础上,着重对20世纪80年代英美的新保守主义思潮,特别是美国新保守主义及其理论基础进行阐释。一方面,揭示其与传统保守主义的区别与联系;另一方面,着重分析全球化背景下新保守主义与垄断资本之间的复杂关系。第五部分(第九章),运用马克思主义的意识形态批判理论对保守主义进行意识形态剖析。第六部分(第十章),从比较研究的角度阐释马克思主义传统观与保守主义传统观的本质差别,阐明马克思主义传统观批判与继承、继承与创新辩证统一的本质特征。这也是本书研究的最终落脚点,凸现了本书研究的目的和意义。

相较于大部分关于保守主义主题的研究,本书理论上的最大特色首先在意识形态批判,批判不等于全盘否定,而是对保守主义意识形态的理论内涵进行社会历史的分析和阐释,以揭示观念内涵的社会阶级基础及其历史渊源。毫无疑问,马克思主义的阶级理论及其分析方法在本书的分析和阐释中无疑发挥着十分重要的作用。总之,在研究方法上,本书以历史唯物主义作为根本的方法论原则,以马克思主义的意识形态批判理论作为基本的分析方法,这是本书十分鲜明和突出的地方。在具体研究方法上,本课题将思想史梳理、文本分析与社会历史分析相结合,将思想潮流的产生、发展、变化纳入社会的演进与变化之中加以研究,将一般性阐释与意识形态批判、个案研究与比较研究进行有机结合,这是本书方法论的鲜明特色,而"意识形态批判"本身也构成了本书鲜明的理论特色。

第一章
以"传统"的名义：保守主义的出场

作为现代政治意识形态,保守主义是现代社会发展的产物,但其最初的理论成果表现为对法国大革命的直接回应。如托克维尔所说,法国"革命的效果就是摧毁若干世纪以来绝对统治欧洲大部分人民的、通常被称为封建制的那些政治制度,代之以更一致、更简单、以人人地位平等为基础的社会政治秩序"①。

法国大革命的理论基础是启蒙理性主义,其核心理念是天赋人权,以对抗现实的王权,自由、平等、博爱是大革命的主题词,矛头直指以王权、特权为核心的一切传统权威,旧时代与旧政权风雨飘摇,一个全新的资本主义时代已经来临。

第一节 理性质疑传统:保守主义产生的历史语境

一、理性与理性主义

18 世纪兴起于欧洲的启蒙运动标志着现代性的真正来临。所谓启蒙,简单来说,就是向宗教神权、迷信和偏见宣战。无论启蒙哲人在世界观、政治立场、哲学观点等方面存在着怎样的分歧,但是,在反对天启宗教和神学统治方面是相当一致的。无论是伏尔泰、霍尔巴赫还是休谟,他们都用自己的方式论证宗教神学的荒谬,人必须从宗教神学中解放出来,正如休谟用他的怀疑主义方法论证的,"因为上帝是沉默的,所以人是自己的主人,人应该生活在一个除魅的世界里,对

---

① 〔法〕托克维尔:《旧制度与大革命》,冯棠译,商务印书馆 1997 年版,第 59 页。

一切都持批判态度,凭借自己的力量,开辟自己的道路"①。人的理性成为评判一切的基础。

现代性的核心特征是世俗化、理性化,用马克思·韦伯的说法就是"除魅"。一切传统的信念、宗教信仰、政治权威以及思维模式都受到人类理性的怀疑和批判。而所谓理性,其核心指的是人的认识能力。笛卡儿被公认为近代理性主义形而上学的开创者,"我思"是其形而上学的确定性基础。在笛卡儿那里,所谓理性,就是人类特有的、天赋的"正确判断、辨别真假的能力",这种能力是人人所具有的,"本来就是人人均等的",反观现实中各种不同的观点和思想之所以产生,不在于人们所拥有的理性的多少,而在于人们"运用思想的途径不同,所考察的对象不是一回事"。② 从此,人的认识能力,也即理性,被赋予了终极性的重要地位。

笛卡儿以他清晰的命题和方法开创了近代形而上学的认识论转向,其总体特征是主客二分,"我思"作为认识的主体,是所有认识之所以可能的出发点,而认识就是对客体的认识。近代主体形而上学虽然有所谓大陆唯理论和英国经验论之分,但在反对亚里士多德和中世纪神学目的论,强调理性的基础性意义、主客二分的结构图式等方面是一致的。唯理论的主要特征是几何学方法和逻辑演绎。比如,作为唯理论代表的斯宾诺莎,他的泛神论"实体"概念虽然试图弥合笛卡儿的身心二元论裂缝,然而,正是他用几何学的法则演绎和推导他的《伦理学》,由此,笛卡儿开创的唯理论被推向顶点。经验论强调知识的经验来源,培根作为经验论的开创者,强调归纳逻辑作为科学研究的首要法则。洛克作为经验论的代表,在《人类理解论》中批判唯理论的天赋观念论,他的"白板说"强调一切观念或知识来源于经验,源于感觉经验基础上的知识才是可靠的。然而,尽管唯理论与经验论在其理论气质上有其特点,但是,将人与世界一分为二,"心外有物",主客二分成为基本的形而上学结构。从此,人成为一切的主人,人们不再凭习惯、常识或信仰来接受事物,而是凭自身的能力认识和发现新事物,而一切现存的事物都必须接受理性的检验。正如恩格斯所说的,这种理性是"思维着的悟

---

① [美]彼德·盖伊:《启蒙时代:人的觉醒与现代秩序的诞生》(上卷),刘北成译,上海人民出版社2019年版,第467页。

② [法]笛卡儿:《谈谈方法》,王太庆译,商务印书馆2018年版,第3页。

性"，在法国革命中，"思维着的悟性成了衡量一切的唯一尺度"①。

　　理性的信念是建立在一种新的历史观基础上的，即历史的进步和发展，而进步的实质意味着知识的进步。进步"这一观念意味着文明一直朝着一个理想的方向发展，而且现在如此，将来亦复如此"②。实际上，历史进步的观念表达了一种新的历史观，即历史"朝着一个确定和理想的方向缓慢前进"的观念，对于现存的一切而言，这种乐观主义的进化史观无疑是具有颠覆性的，它意味着，"作为地球上的伟大事业的问题，普遍幸福的状况将最终得以实现，从而为整个文明进程做出辩护"③。而这一切又必然预示着影响历史发展进程的新的社会和政治理论的诞生。18 世纪的启蒙运动造就了伟大的思想家群体，从孔多塞、杜尔哥到伏尔泰、孟德斯鸠、卢梭，理性、进步、自由等无不成为最响亮的关键词，正如人们所描述的，18 世纪的启蒙时代，"对人类的社会和道德状况的变革性思考是 18 世纪法国的突出特征……到那一世纪的中期，一些最具天赋的思想家开始将自己的思想集中于社会科学方面的各种问题，将理性之光转向人之本性和社会的各种根基"④。对启蒙思想家而言，进步就意味着理性对于蒙昧、偏见和激情的反抗，如伏尔泰所说："我们可以相信，理性和产业将总是取得越来越大的进步；有用的技艺会得到改进；在折磨人类的各种罪恶中，偏见并非其中的最小祸端，而偏见将随着支配各族的所有那些祸根的绝迹而逐渐消失；广泛传播的哲学将为人性在所有时代中所经历的各种灾难提供某种慰藉。"⑤18 世纪启蒙思想家普遍相信，人类可以通过自己的力量达到一种幸福状态，那就是用理性战胜偏见，用知识战胜蒙昧。尽管有所谓法国启蒙和苏格兰启蒙说之分，但在相信人类进步等观点上并无差异。比如洛克、休谟等，虽然拒斥法国启蒙思想家的抽象理性主义，强调经验的作用，但是，无论是洛克还是休谟，在肯定现代社会比古代社会进步这一点上并无差别。而亚当·斯密的《国富论》则不仅描绘了人类社会进步的经济学原理，同时，"关于富裕对于人类文明和幸福的价值，斯密与法国经济学

---

① 《马克思恩格斯选集》(第 3 卷)，人民出版社 1995 年版，第 719 页。

② ［英］约翰·伯瑞：《进步的观念》，范祥涛译，上海三联书店 2005 年版，第 1 页。

③ ［英］约翰·伯瑞：《进步的观念》，范祥涛译，上海三联书店 2005 年版，第 3 页。

④ ［英］约翰·伯瑞：《进步的观念》，范祥涛译，上海三联书店 2005 年版，第 91 页。

⑤ ［英］约翰·伯瑞：《进步的观念》，范祥涛译，上海三联书店 2005 年版，第 106 页。

派的观点完全一致"①。

当然，即使在启蒙那样一个极度乐观主义的时代，也不乏少数持有悲观思想的批判者，比如休谟、卢梭、赫尔德等。休谟以怀疑论的方式对理性的独断提出了质疑，在他看来，人类思想事实上是所有印象的总和，这些印象源于我们的感觉经验和我们结合这些经验的习惯，因而我们的理性无法解答所有的问题。一切知识"都归结为概然推断，而且最后变成和我们日常生活中所用的那种证据一样"，因此，"在我们所能形成的关于概然推断的每一个判断中，如同在关于知识的每一个判断中一样，我们应当永远把从知性本性得来的另一个判断，来校正那个从对象本性得来的最初判断"。②休谟同时代的卢梭作为对现代性进行反思和最早批判的人之一，其观点与当时流行的进步观点相反。在卢梭看来，科学和艺术的发展导致的是不平等的加剧，"自然状态中几乎没有任何不平等，所有现在盛行的不平等来源于人类能力的发展和思想的进步，并随着这二者的发展而逐渐加深，最终在私有制和法律建立之后，确立为永恒的合法现象"。但是，卢梭的反思和批判所采取的是诉诸理性、进行逻辑推理的方法，正如他自己所说，关于人类不平等的起源和发展的追溯"是我尽量仅依靠推理从人类的本性中推演出来的"。③ 而卢梭关于人类不平等的最终解决方法是诉诸"公意"，即"全体一致的同意"，"国家全体成员的经常意志就是公意……而这个公意也就是他们自己的意志"。④ 然而，无论是卢梭对抽象理性法则的拒斥，还是休谟对理性独断的怀疑，其前提都是建立在人类理性的基础之上的，属于启蒙哲学内部的分歧，正如列奥·施特劳斯指出的，卢梭的"公意"学说表明的是一种理性的特质，即通过将个人欲望"普遍化"的方式，"亦即通过被看作是同等地约束着全体社会成员的某种法则的内容，将它自己转化成为一种理性的欲望"。⑤

总体来说，自文艺复兴以来，特别是到了 17、18 世纪，西方世界沉浸在理性主义的氛围中。在人性观上，理性主义大多持有某种先验的人性学说，而这种学

---

① [英]约翰·伯瑞：《进步的观念》，范祥涛译，上海三联书店 2005 年版，第 154 页。
② [英]休谟：《人性论》（上册），关文运译，商务印书馆 2004 年版，第 207—208 页。
③ [法]卢梭：《论人类不平等的起源》，高修娟译，上海三联书店 2009 年版，第 78—79 页。
④ [法]卢梭：《社会契约论》，何兆武译，商务印书馆 2005 年版，第 135—136 页。
⑤ [美]列奥·施特劳斯：《自然权利与历史》，彭刚译，生活·读书·新知三联书店 2003 年版，第 283 页。

说与传统社会的人性学说又存在着本质的区别，特别表现在人与社会（共同体）的关系上。比如在古代希腊，城邦作为共同体在逻辑上先于个人，"人天生是政治动物，在本性上而非偶然地脱离城邦的人，他要么是一位超人，要么是一个鄙夫"。人与社会（也即政治或城邦）不可分割，"城邦在本性上先于家庭和个人"①。然而，近代主体形而上学则以自足的理性个体的存在为先决条件，社会不过是由理性个体通过社会契约而形成的公民社会。自足个体的人性观建立在人性的无限可塑性这样一种信念之上。爱尔维修就认为，人与人之间智力和道德的不同完全归因于教育和环境的差异。天才是环境的产物，如果教育和制度发生了改变，那么，人性就会发生变化。同时，在他们看来，人的理性能够发现隐藏在一切成文法、习惯、传统、社会习俗等背后放之四海而皆准的自然法则，如自由、平等、博爱等，这些观念成为时代的最强音，对封建王权、特权等一切传统信条和规范形成强烈的冲击。理性主义是那个时代总体的精神气质，正如托克维尔所发现的，"不管他们在进程中如何分歧，这个起跑点是一致的：他们都认为，应该用简单而基本的、从理性与自然法中汲取的法则来取代统治当代社会的复杂的传统习惯"②。抽象的理性观念与特权等级社会的现实形成如此鲜明的反差，以至于人们"越来越认为特权没有存在的理由，这种景象把每个哲学家的头脑同时推向，或不如说抛向人的社会地位天生平等的思想"③。如果说传统在当时指的就是现存的特权等级制度以及相应的宗教和旧观念，那么，毫无疑问，启蒙理性主义天赋人权等抽象观念针对的就是现实的等级制度及其观念基础（如君权神授等），这无疑是历史进步和发展的必然体现（当然，将其极端化是另外一回事）。在启蒙运动中，启蒙思想家高举自由平等的大旗，彻底动摇了支持旧秩序的观念基础，为法国大革命做了充分的舆论准备，而大革命的爆发及其对旧制度根基的连根拔除，又直接导致了旧制度的捍卫者以传统的名义出场捍卫旧制度。

二、捍卫传统——保守主义的出场

"对资产阶级思想来说，理性意味着对永远行之有效的因此必须付诸行动的

---

① ［古希腊］亚里士多德：《政治学》，颜一、秦典华译，中国人民大学出版社 2003 年版，第 4 页。
② ［法］托克维尔：《旧制度与大革命》，冯棠译，商务印书馆 1997 年版，第 175 页。
③ ［法］托克维尔：《旧制度与大革命》，冯棠译，商务印书馆 1997 年版，第 176 页。

东西的计算（演绎）。认识主体被推崇到超越历史的地位：他通过思辨把握理论上真实的东西。行动自我因此而把真理付诸实践。"[1]正是有着这样的信念支持，法国大革命从国家制度、社会结构到思想观念，横扫一切旧传统。

卢梭在《社会契约论》第一章开头写道："人是生而自由的，但却无往不在枷锁之中。"卢梭还说："这种人所共有的自由，乃是人性的产物。人性的首要法则，是要维护自身的生存，人性的首要关怀，是对于其自身所应有的关怀；而且，一个人一旦达到有理智的年龄，可以自行判断维护自己生存的适当方法时，他就从这时候起成为自己的主人。"[2]这是反对专制王权的呐喊，也是引导革命的信念，这一信念意味着，社会是可以完善的，方法就是经由人的理性，发现改造世界的方法。这一呐喊因此成为巴黎人民冲破巴士底狱的呼声，这一信念，即人生而平等的理念也因此成为法国大革命及《人权宣言》的核心理念。也正是这一呐喊和理念动摇了欧洲封建制度的根基，促成了保守主义的逆反。正如法国马克思主义史学家阿贝尔·索布尔在其《法国大革命史》中所说："大革命的一系列事件和1789年原则本身就具有足以发动各国人民和动摇各君主专制权力的影响力。"[3]法国复辟时期的历史学家米涅这样描述法国革命："革命以法律代替了专横跋扈，以平等代替了特权；革命使人们摆脱了阶级的区分，使国土消除了省份之间的壁垒，使工业不再受行会监督的限制，使农业摆脱了封建领属关系，免除了什一税的重压，财产不再容许任意指定预备继承人，革命把一切都复归于一个等级、一个法律、一个民族。"[4]抛开其资产阶级立场，米涅从阶级斗争视角（当然并非马克思的阶级概念，而是等级概念）揭示了法国大革命的历史必然性及其历史进步性，也从一个侧面反映了人们对于理性的信念，并由此动摇着整个欧洲的旧制度。之所以如此，根本上在于这场革命的特殊性和巨大历史意义。20世纪最伟大的历史学家霍布斯鲍姆这样描述法国大革命，法国大革命是由一个新兴的、具有强大内聚力的新阶级，即资产阶级领导的。他们的思想是由哲学家或经济学家系统阐述的古典自由主义："正是在这个意义上，我们可以说是'哲学家'发

---

① ［德］卡尔·曼海姆：《保守主义》，李朝晖、牟建君译，译林出版社2002年版，第183页。

② ［法］卢梭：《社会契约论》，何兆武译，商务印书馆2005年版，第4—5页。

③ ［法］阿贝尔·索布尔：《法国大革命史》，马胜利、高毅、王庭荣译，中国社会科学出版社1989年版，第160页。

④ ［法］米涅：《法国革命史》，北京编译社译，商务印书馆1977年版，第3—4页。

动了这一场革命。或许没有他们，革命也会发生，但可能是由于他们，才造成了仅只是破坏一个旧制度与迅速有效地以一个新制度取而代之，这两者之间的区别。"①

启蒙理性主义和法国大革命摇动了整个欧洲。"在英国，辉格党的首领之一福克斯、奴隶制的反对者威尔伯幅斯、哲学家边沁和化学家普里斯特莱都公开声明自己赞同大革命。英国的统治阶级在大革命初期曾持赞许态度。但是，随着革命事态的急剧演变，它的态度逐渐冷淡下来。只有激进派和异端分子坚持同情大革命，要求在本国实行改革。"②封建贵族被废除后，贵族成为反革命，教会财产被没收后，僧侣也成为反革命。在英国，土地贵族和英国教会挑起了反革命。正是在这样的背景之下，1790 年月 11 月，英国著名的辉格党领袖埃德蒙·伯克出版了被称为保守主义圣经的《法国革命论》，强调谴责法国大革命对贵族阶级的打击以及对神圣的等级制度的摧毁。阿贝尔·索布尔在其《法国大革命史》中这样描述当时的伯克：

> 1790 年 11 月，柏克发表了他的《法国革命感想录》，达成了反革命的福音书。该书谴责法国大革命使贵族阶级破产，并诋毁了等级差别这个神圣的制度。1791 年，因支持北美起义军而闻名于世的托马斯·潘恩在他的《人权论》中驳斥了柏克的观点，并因此产生了巨大的反响。柏克甚至提出了组织反革命十字军的主张。几乎与此同时，教皇庇护六世在 1791 年春也对法国大革命的原则予以严厉谴责。3 月，西班牙政府沿比利牛斯山脉用军队设置了一条防线。制止"法国瘟疫"的蔓延。路易十六对跃跃欲试的欧洲反革命势力寄托了全部希望。③

这段描述生动地展示了法国大革命给欧洲旧秩序带来的震撼，展示了旧制度的维护者们惊恐和强烈的反应，同时也清楚地描绘了伯克面对法国大革命所

① ［英］霍布斯鲍姆：《革命的年代》，王章辉等译，江苏人民出版社 1999 年版，第 77 页。
② ［法］阿贝尔·索布尔：《法国大革命史》，马胜利、高毅、王庭荣，中国社会科学出版社 1989 年版，第 161 页。
③ ［法］阿贝尔·索布尔：《法国大革命史》，马胜利、高毅、王庭荣等译，中国社会科学出版社 1989 年版，第 162 页。

充当的反革命的吹鼓手角色。当然,法国大革命距今已经过去两百多年,今天的我们能够客观地来看待这一历史,也能够客观地看待伯克的《法国大革命》,客观地审视似乎远离我们而实际上又无时不在的传统。但是,就当时的情境以及伯克写作《法国革命论》的根本目的而言,《法国革命论》无疑是对法国大革命强烈的否定性回应,标志着作为政治意识形态的保守主义的出场,其鲜明特征是用传统对抗理性。"革命是启蒙时代的结局,反革命用权威和传统来对抗理性主义,并诉诸感情和本能的潜在力量来反对它。聪明才智的优势地位受到了直觉的挑战。"[1]

随着伯克《法国革命论》的发表,欧洲迅速汇聚成一股反理性主义思潮,如夏多布里昂 1797 年发表《革命的历史、政治、道德面面观》,频繁地引述"事件的命定性"等来解释法国大革命及其各种灾难性事件。1796 年,博纳尔出版《论世俗社会里政治与宗教的力量》,约瑟夫·德·梅斯特出版《论法国》,这些著作尽管理论观点各有不同,但在反对革命、强调传统的重要性这一点上是一致的。阿贝尔·索布尔对此有一段清晰的描述:

> 反理性主义的反动潮流和反革命势力勾结在一起。那些因种种原因曾遭受革命冲击或苦于旧社会的瓦解的人很快就把他们的不幸归咎于本世纪的思想。这种对启蒙时代的谴责,从 1794 年在流亡者中间表现出来。一个名不见经传的神父萨巴蒂耶·德·卡斯特耶在他意味深长的著作《用以了解政府真正原则的道德和政治的思想与观察》里写道:"人民越是受到启蒙就越是不幸。"权威、传统、启示宗教、壁垒或庇护所再度流行起来。归咎于启蒙思想和革命的那些错误被认为来自一种虚假的信仰,即以为原则是由人类制定的,而实际上原则是不能分析,并且是超越理性微不足道的能力的。[2]

---

[1] ［法］阿贝尔·索布尔:《法国大革命史》,马胜利、高毅、王庭荣译,中国社会科学出版社 1989 年版,第 455 页。

[2] ［法］阿贝尔·索布尔:《法国大革命史》,马胜利、高毅、王庭荣译,中国社会科学出版社 1989 年版,第 457 页。

法国大革命产生的巨大历史效应是全方位的，人们对法国大革命的反应也是迥然有别，有欢呼（年轻的黑格尔就和图宾根神学院的大学同学共同种下自由树），也有诅咒或反思，其结果是作为现实意识形态之一的保守主义的诞生。总体来说，法国大革命是一场彻底的资产阶级反对封建统治的最彻底的革命，所谓彻底，即在于它不仅是一场政治革命，而且也是一场改变人们生活的社会革命。当然，正如恩格斯指出的，法国大革命所建立起来的理性王国不过是资产阶级的王国，正如恩格斯在《社会主义从空想到科学的发展》中指出的，18 世纪的法国启蒙思想家"把理性当作一切现存事物唯一的裁判者"，但是，"这个永恒的理性实际上不过是恰好那时正在发展成为资产者的中等市民的理想化的知性而已"。① 法国大革命用普遍人权代替一切旧的特权，用理性和原则取代一切传统规范，大革命意味着社会和政治的重建，意味着与一切旧传统的决裂。从这个角度看，保守主义以传统的名义出场也就不难理解了。保守主义名为保守，实质是现代政治意识形态，它与自由主义、社会主义以及后来的马克思主义一道成为现代政治意识形态的组成部分。以《法国革命论》为标志，保守主义作为现代政治意识形态正式出场，其理论形态和内容也随着社会历史的变化和发展而发生演变。

第二节　保守主义的历史演变

自 1790 年伯克发表《法国革命论》后，作为一种社会和政治思潮的保守主义在欧洲各国蔓延开来。"保守主义"一词最早出现于 19 世纪 20 年代法国夏多布里昂主编的宣传僧侣与政治复辟的《保守》期刊上，1830 年出现于英国的《四季评论》上，1835 年得到托利党的正式认可而流传开来，19 世纪 40 年代，"保守主义"一词被运用于欧洲各地。②

作为一种政治意识形态，保守主义在不同的社会历史时期，无论是思想内容

---

① 《马克思恩格斯选集》（第 3 卷），人民出版社 1995 年版，第 722 页。
② ［澳］安德鲁·文森特：《现代政治意识形态》，袁久红等译，江苏人民出版社 2005 年版，第 90—91 页。

还是其形式都在发生一定的变化,而这种变化无疑又与社会历史本身的变化,如社会经济和阶级结构等的变化密切相关,正如卡尔·曼海姆所说的,"相应于'承载'阶层的结构变化,保守主义也具有不同的形式"①。

一、19 世纪的保守主义

伯克作为保守主义的开山鼻祖影响了整个保守主义思潮,并对其后世的发展产生了极其重要的影响。但保守主义的思想风格各有差异。大致来看,19 世纪的保守主义思潮主要存在三种风格或形态。

伯克传统的保守主义。19 世纪,伯克传统的保守主义主要以英国小说家沃尔特·司格特、坎宁、柯勒律治、迪斯累利等人为代表。他们反对的主要对手是以边沁为代表的功利主义、平等和民主观念,强调宗教情感、习俗与传统的意义。如司格特其所有浪漫主义小说中表达的思想就是对习俗和传统的尊崇,在他看来,"文明的道德秩序的基石是对我们先祖的尊崇和履行我们的习俗性职责;历史是所有世俗智慧的源头;满足的前提是敬虔"②。而坎宁是"借着老式的托利主义,他让保守主义思想的存续成为可能"③。而柯勒律治的哲学则承袭了英国基督教思想的传统,"它延续了胡克、弥尔顿、剑桥柏拉图主义者、巴特勒和柏克以其各自方式坚守的传统"④。总之,所有这些人尽管其思想和主张各有差别,但强调的宗教情感、对传统和习俗的尊崇、对平等和民主等抽象原则的怀疑是他们的共同特征。

法国传统主义的保守主义。其代表人物主要有约瑟夫·德·迈斯特(Joseph de Maistre,1753—1821)、德·博纳德(Louis de Bonaldl,1753—1840)。迈斯特和博纳德都是贵族出身,其思想具有浓厚的专制主义倾向,两人常常被描述为 19 世纪极端的开历史倒车者。如以赛亚·伯林在为迈斯特的著作《论法

---

① [德]卡尔·曼海姆:《保守主义》,李朝晖、牟建君译,译林出版社 2002 年版,第 18 页。

② 拉塞尔·柯克:《保守主义思想:从伯克到艾略特》,张大军译,江苏凤凰文艺出版社 2019 年版,第 116 页。

③ 拉塞尔·柯克:《保守主义思想:从伯克到艾略特》,张大军译,江苏凤凰文艺出版社 2019 年版,第 121 页。

④ 拉塞尔·柯克:《保守主义思想:从伯克到艾略特》,张大军译,江苏凤凰文艺出版社 2019 年版,第 130 页。

国》所作的《导言》中描述的,迈斯特总是被描述为一个狂热的君主专制主义的维护者,"是一个与时代脱节的中世纪的博学之士,徒劳地试图阻止历史潮流"。伯林认为,这种描述在 19 世纪不难理解,但在今天则不能简单对待,因为"他道出了我们今天的反民主言论的根本"。① 迈斯特的保守主义思想旨在摧毁 18 世纪建立在数理逻辑基础上的抽象主义的理论体系及社会政治等观念。他的方法是诉诸历史与经验事实,以此反对抽象的自由、进步等观念。他宣扬直觉、迷信、偏见之于科学、理性原则的优先地位。在他看来,理性主义的原则和观念毫无用处,人世间的一切必须到非理性因素中去寻找答案。他抨击启蒙思想家关于天赋人权以及关于抽象的人的观念,认为根本就不存在抽象的人,有的只是一个个特殊的人,"我见过法国人、意大利人、俄罗斯人……至于人,我声明,我这辈子还没碰到过;如果有的话,我还不知道"②。迈斯特十分崇拜权力,在他看来,权力是一切行动的来源,而权力来源于远古的历史而不是抽象原则。他认为,"法国君主制度特有的性质在于:它具有神权政治的某些因素,这使它独树一帜,并使它 1400 年长盛不衰。没有任何事物如这一因素一样如此带有国家性"③。博纳德则站在基督教神学的立场为君主专制辩护,反对一切人为的东西,强调历史的实在性。

由于法国的社会历史等状况的不同,迈斯特与博纳德的思想无论在内容上还是在风格上都存在着一定的差别,但与伯克一样,他们反对一切理性的抽象原则,一切人造的政治设计,强调历史的有机性和实在性。根据卡尔·施米特的解读,"在这些革命的敌人看来,人类社会已经包含着某种历史的规定性"。对于保守主义而言,"历史"就是"第二个造物主"④。总之,从其思想内容来看,博纳德、迈斯特等诉诸历史、宗教神学等反对启蒙理性主义及其一切,其保守主义的"反革命"性质清楚明了,与历史发展潮流严重相悖,自 1848 年欧洲革命后渐趋衰落。然而,迈斯特的思想不仅对法国保守主义思想传统产生重要影响,如 20 世纪 20 至 30 年代领导"法兰西行动"的夏尔·莫腊、莫里斯·巴雷斯就是其后继

① [法]约瑟夫·德·迈斯特:《论法国》,鲁仁译,上海人民出版社 2005 年版,第 2—3 页。
② [法]约瑟夫·德·迈斯特:《论法国》,鲁仁译,上海人民出版社 2005 年版,第 74 页。
③ [法]约瑟夫·德·迈斯特:《论法国》,鲁仁译,上海人民出版社 2005 年版,第 84 页。
④ [德]卡尔·施米特:《政治的浪漫派》,冯克利、刘锋译,上海人民出版社 2004 年版,第 64—65 页。

者,而且对 20 世纪德国著名的保守主义政治学家卡尔·施米特也产生了十分重要的影响。

德国的保守主义。19 世纪德国的保守主义思潮主要体现在浪漫派和历史学派那里,代表人物主要是支持贵族和君主制度的知识分子,如诺瓦利斯(1772—1801)、弗里德里希·冯·施莱格尔(1774—1829)、亚当·米勒(Adam Mueller,1779—1829)等。卡尔·曼海姆认为,19 世纪德国的保守主义以哲学化的形式使孕育于伯克思想中"历史主义"种子"在德国的大地上得到了最一贯的阐述",但是,"历史主义"作为一种方法就其本身却是"德国保守主义精神的产物"。德国保守主义思潮的产生与来自英国(伯克)的刺激不可分割。正如曼海姆在其《保守主义》一书中分析的,"启蒙运动在英国这个资本主义发展最进步的地方以真实的姿态开始,然后转移到法国,只是为了在那里实现其最激进的、最抽象的、无神论的唯物主义形式"。对法国大革命的反革命批判同样也肇始于英国,却在德国的大地上得到最一贯的阐述。比如说,"历史主义"最重要的理智种子可以在伯克那里发现。但是如我们所知,"'历史主义'作为一种方法是德国保守主义精神的产物;而当它很久以后确实在英国出现时,又是德国影响的结果"①。德国的浪漫派和历史学派被视为 19 世纪保守主义的主要意识形态。德国 1848 年资产阶级革命将浪漫派视为政治对手。根茨,这位给梅特涅办报的人成了政治浪漫派的代表人物。是他将伯克的保守主义著作翻译到德国,并且"把雅各宾党人称为疯狂的空谈家"。当然,对于浪漫派也并非都要作保守主义的解释。但是,"在反对革命时求助于真实的体验与现实的,恰恰是政治的浪漫派"②。

以上关于 19 世纪保守主义思潮基本派别的区分只是大致而言的,19 世纪弥漫欧洲的保守主义思潮虽然风格多样、内容庞杂,但其共性则是十分明显的。一般来说,19 世纪早期的保守主义思潮体现的是行将退出历史舞台的贵族阶级的意识形态,他们害怕工业化和自由个人主义对传统观念、秩序的进一步侵蚀;他们反对革命、抵制民主;他们贬抑人类理性、高扬历史的神秘性以及习俗和传

---

① ［德］卡尔·曼海姆:《保守主义》,李朝晖、牟建君译,译林出版社 2002 年版,第 23 页。

② ［德］卡尔·施米特:《政治的浪漫派》,冯克利、刘锋译,上海人民出版社 2004 年版,第 28—29 页。

统的价值，强调权威、宗教与社群的重要性。然而，随着不可阻挡的工业化和政治民主化的大潮，作为一种政治意识形态的保守主义也必然随着历史本身的变化而改变其形式和内容，正如伊曼努尔·华勒斯坦指出的，"法国大革命改变了'政治稳定的正常性'的世界观。1815—1848 年间的'反革命'所做的一切努力丝毫未能伤及新世界观"。保守主义者必然会对其做出反应和调整，"1789—1848 年期间，保守主义的立场发生了转变，起初是拒不接受新世界观，而后认为'正常的'变革可行，但必须是越慢越好，而且是只有在经过审慎思考确认不会使社会秩序受到多大破坏时方能实行：这一认识可称之为过去 150 年里保守主义的主导意识形态"。[①]

二、19 世纪中后期至 20 世纪早期的保守主义

由于资产阶级在欧洲统治的全面确立及迅速发展，特别是民主化成为整个（欧洲）社会的潮流，因此，这一时期保守主义思想的核心主要是反对日益增长的民主化浪潮，反民主几乎构成了这一时期保守主义者的共同特征。这一时期，保守主义与资产阶级之间、保守主义与自由主义之间的关系也潜移默化地发生着变化。如果说 18 世纪末 19 世纪初的保守主义体现的是贵族阶级利益诉求，那么这一时期的保守主义者以精英理论家的面貌出现，如意大利的莫斯卡（G. Mossca，1858—1941）、帕累托（V. Pareto，1848—1923）等。在这些精英理论家看来，人类社会永远存在富有文化教养的杰出人物和愚昧无知的民众。学者、政治家、艺术家和企业的管理人物是杰出人物，而保持精英的素质和领导权是拯救西方的唯一途径。而英国的保守主义则基本上沿着伯克开创的保守主义路线，从不同的角度以各种不同的形式阐发了各自的保守主义思想，如保守党政治家塞西尔及稍后的奥克肖特等。最著名的莫过于奥克肖特的保守主义思想，本书将做专门讨论。

三、20 世纪中后期以来的新保守主义

20 世纪 70 年代中期到现在，可谓保守主义大发展或大复兴的时期。这一

---

① ［美］伊曼努尔·华勒斯坦：《自由主义的终结》，郝名玮、张凡译，社会科学文献出版社 2002 年版，第 97 页。

时期的保守主义一般被称为新保守主义，主要分布在英美发达国家，但内部有许多差别。特别是美国的新保守主义，与伯克开创的英国保守主义传统具有相当大的不同（关于新保守主义，后面也做专门的讨论）。

总之，受法国大革命刺激而出场的保守主义意识形态鲜明的理论特征就是反抽象、反理论、反体系。保守主义者鲜明地站在启蒙理性主义的对立面，通过诉诸历史和传统，将启蒙自由主义的"否定的历史"转变为"肯定的历史"。当然，并非所有的保守主义思想都通过诉诸历史和传统而得以体现（美国的新保守主义就是例外），正如卡尔·曼海姆所揭示的，德国早期的保守主义通过诉诸自然法而具有"反历史的趋势"，因此，认为"所有保守主义思想都是历史的，却无论如何也是不成立的"。作为一种现代意识形态，保守主义一般有其自身的社会基础，保守主义思想一般也随其社会结构的变化而发生变化，但是，"也绝对不能说，相应于意识形态层面上的每一个变化必定有一个社会基础方面的变化"[①]。这是因为，从思想史的角度看，任何思想既有其社会的因素，同时也有其思想本身的"内在性"因素。

第三节　中国语境下的保守话语

保守主义作为一种产生于西方的政治意识形态，在不同时期、不同地区以及不同层面上表现出来。中国语境下的现代保守主义话语无论从其产生背景、思想形态、社会效果等方面都有着很大的区别。严格说来，近代以来的中国社会并未形成西方那样理论化、系统化的保守主义思想体系，但是，这并不意味着中国并不存在保守主义文化和社会思潮。作为一种思想和文化形态，中国的保守主义主要表现为文化保守主义。

一、近代中国社会的危机与文化保守主义的产生

作为一种现代话语形式，中国的文化保守主义产生于 20 世纪 20 年代，与新文化运动激烈的"反传统"思潮有着密切的关系，而新文化运动本质上又是 20 世

---

① ［德］卡尔·曼海姆：《保守主义》，李朝晖、牟建君译，译林出版社 2002 年版，第 11 页。

纪中国社会复杂的社会、政治和文化综合作用的结果。从社会和政治状况看，辛亥革命并没有从根本上改变中国社会的现状，政治上的复辟活动（袁世凯、张勋）与文化上的尊孔读经相互交织，折射了旧势力的顽固。与此同时，20世纪初，中国社会一个新的现象则是中国现代知识分子群的形成和崛起。20世纪初，中国的社会结构发生了非常大的变化，除了新兴资产阶级、工人阶级的兴起，还有一个十分突出的变化就是新的知识分子群体的出现。这一群体在19世纪末还没有出现，直到20世纪初开始慢慢发生变化。其直接原因一方面是留洋的学生越来越多，就以去日本的留学生为例，1900年以前不到100人，1903年已有900人，1905年激增至8000多人，此外还有很多留学英美的，官派、私费的都有。另一个重大的因素就是1905的废科举，而兴办西式学堂，西方思想文化得到迅速而广泛的传播。新式知识分子群体的出现，是新文化运动产生的社会基础。[1]

随着西方文明强势进入中国知识分子的视野，中华文明陷入总体性危机，新文化运动就是在这一背景下爆发的。新文化运动以"民主""科学"为旗号，以"改造国民性"为目的。而所谓"新文化"，其对应物则是中国"旧文化"，即传统文化。如《青年杂志》第1卷第1期发表了汪叔潜的《新旧问题》一文，直白地写道："所谓新者无他，即外来之西洋文化也；所谓旧者无他，即中国固有之文化也。"而陈独秀、李大钊等都以鲜明对比的方式揭示中西文化的异同。在《东西民族根本思想之差异》（1915年12月15日，《青年杂志》一卷四号）一文中，陈独秀用两极对立的方式行文，如西方以"战争"为本位，东方以"安息"为本位；西方以"个人"为本位，东方以"家族"为本位，如此等等，阐述东西方文化的差异。而在《东西文明根本之异点》一文中，李大钊也同样以这种方式论证了东西方政治、经济、文化、人生等的不同，如"东人以牺牲自己为人生之本务，西人以满足自己为人生之本务。故东方之道德在个性灭却之维持，西方之道德在个性解放之运动。更以观于政治。东方想望英雄，其结果为专制政治，有世袭之天子，有忠顺之百姓"[2]。如此等等并非意味着全盘西化，但西方文明优越论是十分明显的。"今日立于东洋文明之地位观之，吾人之静的文明精神的生活已处于屈败之势。彼西洋之动的文明物质的生活，虽就其自身之重累而言，不无趋于自杀之倾向，而以临于吾

---

[1] 金冲及：《二十世纪中国史纲》（第1卷），社会科学文献出版社2009年版，第51页。

[2] 蔡尚思主编：《中国近现代思想史资料简编》（第1卷），浙江人民出版社1982年版，第130页。

侪，则实居优越之域。"①显然，新文化运动的核心是对中国传统文化的清算，其方式是将西方近代文化与中国传统文化对立起来，西化占据着思想文化界的主流，正如有学者指出的，"全盘输入西方文化，便成为新文化运动的基本特征之一"②。

显然，这种反思传统方式的出现与对近代以来，特别是辛亥革命曲折状况的痛切反思有着密切的关系，正如有学者所说的，"它以辛亥革命后的中国社会现实为认识起点，进而追溯到几千年历史凝结而成的文化传统，并对这种传统进行了总体性的理性批判"，其直接对象就是旧伦理及其人格化的代表孔子。③ 孔子是中国传统社会的精神象征，是中国传统思想的最大权威。在 2000 多年的历史中，孔学因与皇权结合而政治化，皇权因与孔学结合而伦理化（伦理政治）。政治化的孔学形塑了中国人的心理结构、价值信仰、情感态度、行为习惯等，这是一个无法否认的历史事实。然而，随着欧风美雨的渗入和中国历史自身发展的逻辑，传统开始动摇并作为一个问题而被反思。19 世纪末年，维新派的批判就已经触动了传统伦理的内核，如谭嗣同对三纲五常的批判、严复对中西文化的比较、梁启超的"新民说"、章太炎的"非孔论"等，中华民国南京临时政府从法律上废除了孔学独尊地位。所有这些，都为新文化运动的兴起准备了条件。而其后的一系列尊孔活动，以及政治上的腐败则从反面刺激了具有新思想的中国爱国知识分子。因此，"'五四'的排孔，既是针对民国初年尊孔崇圣活动而发，又是对此前反孔活动的继续和深化。它有如狂飙巨澜，无论是激烈程度还是批判的深度，都是前无古人的"④。

新文化运动初期全盘西化的潮流，使中华民族的未来、民族性等问题凸显出来。新文化运动的知识分子普遍运用西方文化审视中国文化传统，这并不意味着主张西方文明优越论的知识分子都是世界主义者，而是意味着"反传统"正是这些知识分子民族和文化自觉的方式。五四知识分子也是民族主义者，但是，他们却通过反思和激烈的批判传统来表达他们的民族主义情感。正如著名汉学家

---

① 蔡尚思主编：《中国近现代思想史资料简编》（第 1 卷），浙江人民出版社 1982 年版，第 133 页。
② 许纪霖编选：《现代中国思想史论》，上海人民出版社 2014 年版，第 24 页。
③ 陈旭麓：《近代中国社会的新陈代谢》，上海人民出版社 1992 年版，第 377 页。
④ 陈旭麓：《近代中国社会的新陈代谢》，上海人民出版社 1992 年版，第 379 页。

林毓生指出的,在有些国家,"民族主义的自觉是经由对自己民族之过去的珍惜之情而培养出来的"。而在中国,民族主义是"反传统的民族主义",当然,"整体性反传统主义与民族主义在思想上的混合,产生了极大的紧张,造成了日后中国思想史与政治史上许多难以解决的问题"。① 随着新文化运动的发展,这种紧张很快体现出来。随着十月革命和马克思主义的广泛传播,特别是五四爱国运动之后,新文化运动发生了明显的分化,除一部分先进知识分子,如李大钊、陈独秀等逐渐转向马克思主义,胡适等坚持一贯的自由主义外,另一部分知识分子则坚持中国文化本位的立场。以 1921 年梁漱溟《东西文化及其哲学》的发表为标志,文化保守主义思潮随之兴起,其历史效应也日益深远。

二、新儒学及其发展

新儒学是中国文化保守主义的主要思想形式,因此,梳理中国文化保守主义的产生及其发展无疑是以新儒学及其发展为对象。

作为一种社会思潮的文化保守主义产生于 20 世纪 20 年代。但其源头要追溯到 19 世纪中后期的"体用"派(以曾国藩、左宗棠、李鸿章、张之洞等洋务派为代表),经由 19 世纪末 20 世纪初的"国粹"派(以章太炎、刘师培等为代表)的发展,到 20 世纪 20 年代,作为文化保守主义的现代新儒家出现。迄今为止,可以将现代新儒学的发展大致分为三个阶段。

第一阶段,从 20 世纪 20 年代至新中国成立。这一时期,主要以梁漱溟、熊十力以及东方文化派为代表。1921 年,梁漱溟《东西文化及其哲学》的发表,可称为现代新儒学产生的标志。第一代新儒学的产生,其直接的历史境遇可以说是新文化运动的西化思潮。如梁漱溟所说,近代历史的发展逻辑是西方化步步进逼,"西方化对于东方化,是否要连根拔掉?"而如果任其发展的话,"到了最后的问题是已将枝叶去掉,要向咽喉去着刀!",也因此逼着中国人必须"讨一个解决"。②

与新文化运动的其他社会文化思潮(自由主义、社会主义)一样,现代新儒学的核心关切无疑仍是中国现代性问题,所不同的是,鉴于对资本主义文明,特别

---

① 林毓生:《中国传统的创造性转化》,生活·读书·新知三联书店 1988 年版,第 152 页。
② 梁漱溟:《东西文化及其哲学》,上海人民出版社 2015 年版,第 15—16 页。

是物质文明与精神文明的失衡、人生意义丧失等问题的思考,现代新儒学将现代性问题与中国文化传统紧密联系起来,从传统基因中寻求建构中国现代性之道。以梁漱溟为例。《东西文化及其哲学》提出了"世界文化三期重现说"。他认为,古希腊文化、中国儒家文化、古代印度文化是根本态度不同的"世界三大系文化"。西方当代文化秉承古希腊的理智文化,一味求诸外,"以对物的态度对人"。而如今,这种态度正在发生变化,"随着经济改正而改造得的社会不能不从物的一致而进为心的和同——总要人与人间有真妥洽才行"①。西方人要求改变根本的人生态度,"而且他们要求趋向之所指就是中国的路,孔家的路"②。这是这样一种人生态度和人生道路,"从情感的活动,融合了人我,走尚情谊礼让不计较的路——这便是从来的中国人之风"。因此,当人类从物质的不满足转到精神的不安宁时,以直觉和情感为核心的中国儒家的礼乐文化就是世界最适宜的文化,"以后世界是要以礼乐换过法律的,全符合了孔家宗旨而后已"③。而在更远些的将来,则是印度文化的复兴。因此,"西洋文化的胜利,只在其适应人类目前的问题",而中国和印度文化并非好与不好,而是"人类文化的早熟"。如今,中国文化复兴的时机已经到来,"中国化复兴之后将继之以印度化复兴。于是古文明之希腊、中国、印度三派竟于三期间次第重现一遭"④。

梁漱溟强调中华民族精神的内在价值,他认为,中国民族精神之所在即"人类之所以为人",即中国人心向上的"情理",也即从"有对"超进于"无对"的"和谐"。而"和谐不和谐,都是生命自身的事。在人自见自知,自证自信,一寻求便向外去,而生命却不在外"。因此,中国民族精神,在儒家,实质就是理性的精神,儒家推崇的不是神、不是国家、不是权力,而是"自证自信"的"理性",儒家的"主义"可以称为"理性至上主义",表现在两个方面,即"一为向上之心强,一为相与之情厚"。而在他看来,自近代以降,无论是中国还是西方,在这一点上并未进步。⑤ 鉴于近现代以来东西方两种文化的不同进路和现状,未来的文化发展不是中国文化向西方文化靠拢,而是相反,复原孔子学说的真貌真义,这是中国现

---

① 梁漱溟:《东西文化及其哲学》,上海人民出版社 2015 年版,第 170 页。
② 梁漱溟:《东西文化及其哲学》,上海人民出版社 2015 年版,第 178 页。
③ 梁漱溟:《东西文化及其哲学》,上海人民出版社 2015 年版,第 196 页。
④ 梁漱溟:《东西文化及其哲学》,上海人民出版社 2015 年版,第 200 页。
⑤ 梁漱溟:《中国文化要义》,上海人民出版社 2018 年版,第 125—127 页。

代文化建设的必由之路。"中国人怀抱着天下观念,自古迄今一直未改,真是廓然大公,发乎理性之无对。"①

东方文化派思潮也是新文化运动时期产生的文化保守主义思潮,代表人物有杜亚泉、梁启超、钱智修、吴宓、梅光迪、章士钊、梁漱溟、张君劢等。《东方杂志》主编杜亚泉认为,中国文化与西方文化相比,只是性质差异,而非程度之差。梅光迪认为,政治制度等根植于"历史民性",不能照搬西方,中国宪政的失败说明了这一点,这是由东西方不同的"历史民性"决定的,"适于彼者,未必适于此,非仅恃模拟而已。至于教育哲理文学美术,则原于其历史民性者尤深且远"②。同样的,西方文化亦源远流长,因而不能简单模仿,"故改造固有文化与吸取他人文化,皆须先有彻底研究,加以至明确之评判,副以至精当之手续,合千百融贯中西之通儒大师,宣导国人,蔚为风气,则四五十年后,成效必有可睹也"③。

第二阶段,新中国成立到改革开放前。这一时期,新儒学发展的主流在港台或海外,代表人物有牟宗三、唐君毅、张君劢、徐复观等。20 世纪 50 年代(1958年),张君劢与唐君毅、牟宗三、徐复观联名发表《为中国文化敬告世界人士宣言》,即著名的"新儒家宣言",援引西方哲学(如康德的道德哲学)、佛学等,与儒学的心性思想结合起来,对新儒学做了进一步的丰富和发展,强调中国传统的心性之学对于受科学主义、物质主义侵蚀的当代人心灵的弥补作用。新儒学力图挖掘和证明儒家心性之学的(内在)超越性内涵,从熊十力的"体用不二"到牟宗三的"良知坎陷",都是想阐明中国文化有别于西方文化的基本特征。儒家的超越性在于其天人合一的理论框架,由于天道(本体)落实于人性中(天命观),"性"(道德自我、天赋的性)直接参与"天道"。因此,内圣与外王是不可分的,所谓"仁"就是"天地万物于一体",不仅是道德的修养,更是精神的转化,是世俗与超越的统一。总之,在新儒家看来,儒学不缺乏超越的成分,儒学的超越是内在的超越。但是,儒学在近代以来之所以不能应对外在世界的变化,主要是因为缺乏西方文化中"为知识而知识"的维度,而正是后者成就了现代西方以科学与民主

---

① 梁漱溟:《中国文化要义》,上海人民出版社 2018 年版,第 298 页。

② 蔡尚思主编:《中国近现代思想史资料简编》(第 2 卷),浙江人民出版社 1982 年版,第 232 页。

③ 蔡尚思主编:《中国近现代思想史资料简编》(第 2 卷),浙江人民出版社 1982 年版,第 238 页。

为核心的成就,而中国文化过于强调道德的取向,缺乏西方的科学精神。①

第三阶段,20世纪90年代至今。改革开放特别是20世纪90年代以来,新儒学的发展呈现新的气象。除文化保守主义外,也有政治儒学的思潮。如蒋庆认为,中国儒学可分为"政治儒学"和"心性儒学",而汉以来(包括当代的新儒学)的儒学传统主要是"心性儒学",他认为,现代儒学的发展之核心问题是如何"从心性儒学走向政治儒学"。因此,当代新儒学的现代发展也就在于脱离以前的路向而另走一新路向——政治儒学的路向。只有这样,新儒学开出新外王才有可能;也只有这样,才能既存心性儒学传统(在生命领域),又发扬儒学的全副精神(在政治领域)。政治儒学的核心任务是为政治建立合法性基础,"力图在社会现实与历史制度中来体现天道性理,并力图通过政治实践来达到这一目的",而且这是当代儒学的使命。② 在蒋庆看来,中国近百年来的最大问题就是"政治文化的重建问题",这之所以一直是个未解决的问题,其关键就在于一方面全盘西化,丢弃了中国传统,因而,"不能建立起源自天道性理的政治法律秩序"。诚如作者所言,"完全脱离中国传统的现代化是建立不起来的"。但是,作者的话锋却由"全盘西化"转向了"复古更化"的问题,认为政治文化的重建就是"复古更化",就是"用儒家的政治智慧和指导原则来转化中国的政治现实,在中国建立起源自天道性理的合法的政治秩序,使中国政治文化重建建立在中国自己文化传统的基础上"③。作者从"全盘西化"的一极转向"复古更化"的另一极,其与全盘西化非此即彼的方法论如出一辙。把政治秩序的世界视野和时代关照丢弃不顾,这种复古主义的倾向显然是要不得的。

如果说西方保守主义的产生是对"现代"的某种抗拒,那么,中国的(文化)保守主义则是对现代性危机的某种反应,当然,其因素可能更为复杂。④ 尽管其所采用的形式都与"传统"密不可分,对传统内涵的解释和取舍也相当不同。中国的(文化)保守主义(新儒学)一方面相信西方的民主和科学,但同时又认为,儒学

---

① 张灏著:《转型时代与幽暗意识》,上海人民出版社2018年版,第117—119页。

② 蒋庆:《政治儒学——当代儒学的转向、特质与发展》,生活·读书·新知三联书店2003年版,第38页。

③ 蒋庆:《政治儒学——当代儒学的转向、特质与发展》,生活·读书·新知三联书店2003年版,第40页。

④ 张灏:《转型时代与幽暗意识》,上海人民出版社2018年版,第124页。

思想内含丰富的人生意义以及道德等资源，而这种资源是中国文化独一无二的。文化保守主义的核心关切是如何在保持中国文化主体性的基础上探寻中国现代化的根本出路。但其又不可避免地陷入一定程度的文化守成主义，正如美国汉学家艾恺所说，文化守成主义者"好像都把传统社会形式作为检验社会是否优越的试金石，因此也就将这种传统的社会形式理想化"①。

除了新儒学外，在当代中国的保守主义话语中，一个不可忽视的现象是作为政治意识形态的西方保守主义话语的存在，如刘军宁所谓"自由的保守主义"，或"保守的自由主义"，等等。关于这一问题，此处暂不讨论。

第四节　保守主义保守什么？

对保守主义的研究首先面对的一个难题就是，如何给出一个合适的关于"保守主义"的定义。"与所有现代意识形态（各种形式的自由主义、社会主义以及马克思主义）相比，保守主义无论在思维方式、思想（或理论）形式还是思想内容等方面都具有鲜明独特的风格。

一、什么是保守主义？

给"保守主义"下一个概括性的定义似乎并不容易。亨廷顿在《作为意识形态的保守主义》一文中认为："作为传统保卫者的保守主义自身没有传统，诉诸历史的保守主义自身没有历史。"②他认为，保守主义只是一种立场的或情境的意识形态，它不与任何特殊的社会群体相联系，而只与特定的社会情境相连。保守主义也没有任何明确固定的内涵，如果有的话，那只是某一现存制度的满意者利用保守主义的信条保卫业已存在的东西。他认为，美国的保守主义就是如此。在他看来，如果美国存在保守主义的话，那就是保卫美国现存的自由民主制度。因此，保守主义只是某种防御性的意识形态，当现存制度受到某种挑战时，制度

① ［美］艾恺：《最后的儒家：梁漱溟与中国现代化的两难》，江苏人民出版社 1996 年版，第 9 页。

② Samuel P. Huntington. Conservatism as an Ideology. *The American Political Science Review*，Vol. 51，No.2.(Jun，1957)，p.469.

的支持者就会起来保卫现存的制度，而当这种具体的情境消失时，保守主义也就消失了。因此，保守主义不是一种具有思想连续性的意识形态，保守主义也不与某个固定的社会群体发生联系，也没有要保卫的恒定性价值。比如，他认为，伯克关心和捍卫的不是某种制度的实体，而是保存制度本身的连续性。19世纪早期保守主义的反动思想家也是如此，真正的保守主义在于维护已经存在的东西。① 总之，在亨廷顿看来，所谓保守主义者就是那些现状的维护者，而现状并非指某种特定的现状。"保守主义者是那些根植在制度化生活方式中的人，他们会为一种特定的政治秩序提出及时的辩护。这种辩护通常只会出现在现有制度受到先验观念挑战的'情况'下。因此，保守主义拥护现存的秩序，反对变化和改革所带来的混乱，而不管这个秩序的政治性质如何。"②这是一种关于保守主义的自然主义（或传统主义）式理解，这种理解似乎并不能全面解释作为一种思想体系或政治哲学的保守主义。伯克发明的保守主义及其思想传统并非自然主义的保守主义，而是一种现代政治意识形态，有其自身的独特逻辑和理论特征，有努力加以捍卫的具有历史连续性的核心价值。

曼海姆认为，保守主义作为一种政治意识形态并非一种无时间、全人类都具有的普遍现象，作为一种独特"感觉方式、思想方式和行为方式"的保守主义是由社会历史决定的现代思想的一种，这种意义上的保守主义是随着法国大革命而"作为一个统一的政治和精神流派"出现的。③ 与作为一种普遍心理状态和反应性行为的传统主义不同，保守主义作为一种思想运动，有其"自己的历史和发展"，也就是说，保守主义作为一种意识形态思潮是一种"客观的精神结构复合体"，一种具有某种世界观因素的"独特的思想方式"。总而言之，"'保守主义'指的是一种可以从历史上和社会学上加以把握的连续性，它在一定的社会历史状态下产生，并在与生活史的直接联系中发展"④。作为一种政治意识形态，保守主义有其自身独特的思想方法，"保守主义是作为一种思考'人与社会'的方法出

---

① Samuel P. Huntington. Conservatism as an Ideology. *The American Political Science Review*, Vol. 51, No.2.(Jun,1957)，p.463.

② ［澳大利亚］安德鲁·文森特：《现代政治意识形态》，袁久红等译，江苏人民出版社2005年版，第93页。

③ ［德］卡尔·曼海姆：《保守主义》，李朝晖、牟建君译，译林出版社2002年版，第55页。

④ ［德］卡尔·曼海姆：《保守主义》，李朝晖、牟建君译，译林出版社2002年版，第58—61页。

现的，它重视某些被理性化毁坏了的精神的和物质的利益，但又通过一个有效标准为新近才政治化和理性化的世界提供了实践的方向。因此，它显然和它的对手一样也属于新的时代"①。

事实上，作为政治意识形态的保守主义不仅仅是一种思想方法，同时也有着力保存的价值系统，所不同的是，这种价值系统一般情况下（至少柏克传统的保守主义是如此）是由历史和传统提供的，传统具有吸收过去、规范现在和建构未来的特殊意义，"传统具有固有的权威或规范性力量，在现实的短暂的展开中达到它的完美"②。

由此，我们发现，高扬传统、贬抑理性是保守主义鲜明的话语特质。然而，以"传统"为核心的保守主义话语体系不仅仅是一种与理性、进步等对抗的符号系统，作为一种政治意识形态，"传统"符号还承载着保守主义意欲保存和守护的核心价值。保守主义的传统话语作为一种反思性的理论体系，它对传统的维护和珍视是有选择的，作为一种明确的政治意识形态，保守主义有其一以贯之地加以反对的观念，如关于人类进步和完美的信念、自由平等的目标和价值等，有其一以贯之地加以珍视的价值或准则。美国政治理论家拉塞尔·柯克在其《保守主义思想》一书中将保守主义的准则概括为六项：第一，确信存在某种神圣的意志主导着社会生活和每个人的心灵，从而在权利与义务、历史与现在、活人与死人、伟人与凡人之间"建立起永恒的联系"；第二，珍视传统生活的神秘性，以区别于平等主义和功利主义的生活目标；第三，坚信社会等级秩序的不可避免性，认为社会的平等只能是道德的平等而不是经济或政治的平等；第四，确信私有财产与自由之间存在着内在的联系；第五，认为习俗和偏见是制约人类无限欲望的有效手段；第六，保守主义承认变化，但反对基于人类理性基础上的改革和创新，"创新更像是吞噬人类的火灾，而非进步的火炬"。变化遵循的是自然和上帝的逻辑，"缓慢的变化是自我保存的途径"，"检验政治家的标准是他体认到上帝护理之下的真正社会发展趋势"。③ 从这六条准则中，我们更清楚地发现，作为政治

---

① ［德］卡尔·曼海姆：《保守主义》，李朝晖、牟建君译，译林出版社 2002 年版，英文版导言第 3 页。

② ［法］麦克林：《传统与超越》，干春松、杨凤岗译，华夏出版社 2000 年版，第 22 页。

③ ［美］拉塞尔·柯克：《保守主义思想：从伯克到艾略特》，张大军译，江苏凤凰文艺出版社 2019年版，第 6—7 页。

意识形态的保守主义与一般意义上的传统主义有着本质的区别。

二、保守主义的核心是价值保守

基于以上理解,本书认为,保守主义作为一种政治意识形态,在不同的社会历史时期其理论形态和思想内容不可避免地发生变化,但作为一种思想形式,保守主义在其演变过程中仍然存在某些内在的一致性和共同特征,正是这些一致性和共同特征将保守主义与其他意识形态区别开来。可以从不同的角度考察保守主义意识形态的一致性和共同特征,如从思维方式、论证形式等视角切入。本书选取的视角是保守主义的思想内容。笔者认为,保守主义作为一种思想体系,在演变过程中其思想内容有着清晰可辨的变化逻辑和意欲保存的核心价值。和其他意识形态一样,保守主义同样有其意欲守护的核心价值,其中有些价值并不随社会历史的变化而改变。正是基于这一认识,本书认为,作为政治意识形态的保守主义,其实质是价值保守。所不同的是,保守主义意欲守护的价值不是源于理性,而是源于历史和传统。

诚然,从知识社会学的视角看,保守主义思想的演变与其社会历史的演变不可分割。社会结构的变化必然影响着保守主义思想本身的变化。比如,早期保守主义与贵族特权等级有着比较密切的联系,一定程度上说,它正是贵族特权等级意识形态的理论体现。埃德蒙·伯克非常清楚地表达了他对贵族制的欣赏。然而,随着工业化和资本主义的进一步发展,保守主义与资产阶级之间的亲和力逐渐增强。如果说,早期的保守主义整体上意在维护旧的社会制度及其文化传统的话,那么,资本主义条件下的保守主义则从旧制度的维护者转变成批判者,不是站在资本主义的对立面进行批判,而是在资本主义的内部进行批判,旨在通过批判而恢复某些在他们看来至关重要、不可或缺的传统价值,以便在实践中发挥其作用。斯克拉顿在《保守主义的含义》(以下简称《含义》)中文版序言中的一段话可能是这种企图最精确的表述:"本书提出了传统托利党关于政治与社会的观点。以这一观点来看,古老的特权和代代相袭的传统的重要性远胜于我们当前的政治领导层的重要性。"而斯克拉顿在《含义》中系统阐述的正是这样一种"传统主义哲学",维护的正是这样一种"古老的特权和代代相袭的传统"。[①] 不

---

① [英]罗杰·斯克拉顿:《保守主义的含义》,王皖强译,中央编译出版社 2004 年版,中文版序。

难看出，保守主义作为思想体系，尽管在不同的时代会有变化，但仍具有与其他观念体系如马克思主义、自由主义区别开来的内在一致性。如果说早期保守主义的特质主要是"守成"，那么，在其演变和发展中，则主要不是"守成"而是"规范"，用经过选择的传统价值去规范当代的社会经济政治和文化的发展。芬兰学者苏万托强调，"人们应该记住，许多保守主义者（传统主义者）并不只是保卫过去，而是关心和保卫至今在伦理上仍十分重要的元素，当然，至于这些道德的具体内涵倒是值得展开争论的事情"①。

保守主义的实质是价值保守。然而，由于保守主义的价值主要来自其各自所处的历史和文化传统，这意味着，对于身处不同历史和文化传统的保守主义者来说，同样的价值符号的内涵可能存在着差别。如对于迈斯特来说，他要保存的是法国君主专制的传统；而对于伯克来说，他要保存的则是英国君主立宪制的传统；而对于当代美国的新保守主义而言，其内涵可能更加复杂多样。然而，即便如此，对于大多数保守主义者，特别是伯克传统的保守主义者来说，某些观点和价值却是不变和共享的，如对理性和进步的怀疑，信奉自然等级秩序、宗教的不可或缺、私有财产与自由的不可分割，等等。

总之，作为一种意识形态的保守主义既不是基于情境式反应的传统主义，也不是单纯为现存社会辩护的理论，同所有现代意识形态一样，保守主义有其独特的思想方式，有清晰可辨的思想内容，有意欲维护的核心价值。保守主义在其演变过程中，无论其形态有多么不同、具体观点有多么繁杂，构成保守主义内在一致性的核心和中轴正是它们所共同拥有的思想前提和核心价值。正是这些核心价值使保守主义与其他意识形态区分开来。

本书选取伯克、奥克肖特、斯克拉顿三位英国保守主义经典作家的代表性文本，通过对所选文本相关内容的考察和分析，论证本书关于保守主义实质是价值保守的核心论点。之所以选取以上作家而不是其他作家，如迈斯特或列奥·施特劳斯等，主要基于以下考虑：一方面，在作者看来，保守主义不仅产生于英国，而且，柏克开创的英国保守主义传统就其影响而言又是巨大的，这一谱系的保守主义无论在其思想方式还是其思想内容上，都代表了保守主义的主流；另一方

① Pekka Suvanto. *Conservatism From the French Revolution to the 1990s*, Macmilan Press Ltd, 1997, p.18.

面，这一谱系的保守主义对当代保守主义，特别是中国的"保守主义"思潮的影响也是重大的。因此，本书选取三位最有影响的保守主义作家的经典文本，通过对其保守主义的核心思想进行阐释，一方面阐明保守主义思想所具有的共同的思想内核，另一面也揭示各自的思想特质，并分析他们的社会历史基础。本书之所以选取伯克《法国革命论》、奥克肖特《政治中的理性主义》及当代英国保守主义的代表人物斯克拉顿《保守主义的含义》作为分析的主要对象，不仅因为这些文本同属英国保守主义的谱系，而且因其作者是不同时期保守主义的代表人物，其思想之间也有着清晰的继承和发展的关系。

第二章
埃德蒙·伯克与《法国革命论》

埃德蒙·伯克,1729年生于爱尔兰都柏林市,父亲是一位律师,母亲是一位天主教徒,伯克后来的宗教宽容思想可能与此也有一定的关系,伯克本人则信奉国教。多才多艺、能言善辩的伯克先后做过汉密尔顿和罗金厄姆的私人秘书,1765年成为下院的代表,也是下院最善于雄辩的政治家。1789年法国大革命爆发,1790年,伯克写下了被称为"保守主义的圣经"的《法国革命论》,标志着保守主义意识形态的正式出场。《法国革命论》不仅是保守主义的开山之作,也是保守主义的最经典之作。作为保守主义的奠基之作,《法国革命论》在阐述方式、话语风格、思想形态和阐述内容等方面,都奠定了保守主义思想的总基调,伯克也因此被封为"保守主义的鼻祖"。《法国革命论》非常不同于一般习见的理论著作,更不同于体系严密的传统形而上学(哲学)著作,而只是一封长长的、充满激愤甚至谩骂语调的信件。但这确实不是一封普通的信件,而是一篇标志保守主义出场的宣言书,其中蕴含着保守主义政治哲学的全部精要,影响着保守主义的后来发展,对自由主义思想(比如哈耶克等人)也产生着重要影响,以至于有人将伯克视为自由主义的斗士。中国的某些保守主义者(抑或是自由主义者?)就声称,伯克的保守主义与自由主义没有分别,伯克保守的是自由,"辉格党的传统是自由主义传统的同义词,辉格党的柏克也就是自由的柏克……柏克要保守的是英国人的自由传统"①。

然而,伯克是保守主义而不是自由主义的鼻祖,正如拉塞尔·柯克所评论的,伯克"热爱传统",反对抽象理性,而且"他一以贯之地反对法国革命和一般意

---

① 刘军宁:《保守主义》,中国社会科学出版社1998年版,第9页。

义上的革命"。①《法国革命论》作为保守主义的宣言,有独特的思想前提和理论内涵。塞西尔在《保守主义》一书中,将伯克《法国革命论》的主要内容归纳为六大问题:第一,伯克指出了宗教的重要性以及宗教之被国家承认的意义。第二,伯克真心实意地憎恨和谴责政治改革或社会改革过程中侵犯个人权利的行为。第三,伯克攻击革命的平等观念,认为等级和地位的差别是实际存在和必要的。第四,伯克拥护私有制,认为它本身就是一种对社会幸福至关重要的神圣的制度。第五,伯克认为人类社会是一个有许多奥妙深藏其中的有机体。第六,与这种社会观相联系,伯克竭力主张人类必须同过去保持连续性,必要的政治和社会变革应尽可能控制在原有秩序的范围内,而不是破坏现有的秩序。② 塞西尔对伯克保守主义思想的归纳无疑具有代表性,揭示了保守主义意识形态的核心。

第一节 因为偏见,所以珍视

以"传统"对抗"理性"是保守主义鲜明的理论和话语特征,作为对法国大革命的回应,《法国革命论》的理论起点和首要任务是对启蒙抽象理性主义展开批判,为习俗和传统辩护。

一、成见是理性的外衣,智慧潜存于偏见之中

伯克为习俗和传统辩护并非通过否定理性而达到,而是颠倒启蒙思想家通行的理性与偏见的关系而达到的。18 世纪是启蒙的时代,什么是启蒙? 康德这样回答这个问题:"启蒙就是人类脱离自我招致的不成熟。不成熟就是不经别人的引导就不能运用自己的理智。……要有勇气运用你自己的理智! 这就是启蒙的座右铭。"③这里预设了这样的前提:按习俗和偏见行事就是不成熟,如同苏格拉底所言,未经审视的人生是不值得过的,同样,未经理性审视的偏见无异于愚

---

① [美]拉塞尔·柯克:《保守主义思想:从伯克到艾略特》,张大军译,江苏凤凰文艺出版社 2019 年版,第 13 页。

② [英]休·塞西尔:《保守主义》,杜汝楫译,商务印书馆 1986 年版,第 30 页。

③ [美]詹姆斯·施密特编:《启蒙运动与现代性:18 世纪与 20 世纪的对话》,徐向东等译,上海人民出版社 2005 年版,第 61 页。

昧。伯克认为，成见并非如启蒙思想家所说的那样要接受理性的检验，成见恰恰是理性的外衣，人类的智慧就潜藏于累积的成见和传统之中。理性并非抽象和**赤裸裸**的，偏见包含着单个人的理性。单个人的理性是有限的，只有在偏见的外衣下，理性的运行才会有持续的动力和热情，"偏见可以在紧急情况下迅速加以运用，它事先把我们的思想纳入一种智慧和道德的稳定行程之中而不让人在决定的关头犹豫不决、困惑、疑虑以及茫然失措。偏见使一个人的美德成为习惯，而不致成为一系列毫无联系的行为"。正因为如此，"我们的许多思想家不是去破除那些普遍的偏见，而是运用他们的智巧要发现贯彻其中的潜存的智慧"。而每个个体对于习俗和成见"具有天然情感"，尽管处在启蒙时代，但这种天然情感仍然到处可见。因此，我们要做的"不是抛弃我们所有的那些旧的成见，而是在很大程度上珍视它们；……因为它们是成见，所以我们珍视它们"，而且，"存在的时间越长，它们流传的范围越广，我们便越发珍视它们"。正是"偏见使一个人的美德成为习惯……正是通过偏见，一个人的责任才成为他天性的一部分"①。

总之，在伯克看来，理性通过偏见而显现，智慧潜存于习俗和偏见之中，传统和成见是公共和私人生活最恰当的源泉，这是伯克为传统所做的雄辩，也为他反对革命和激进变革、肯定缓慢变化提供了逻辑依据。

二、变革是一种自然演化，纠正是为了保存

在伯克看来，革命无异于邪恶，"我对革命——它那信号往往都是从布道坛上发出的——感到厌恶"。当然，他不是反对任何形式的变革，而是认为，变革要在英国宪制与习惯法的框架内进行。他也承认某种程度上较为激进的变革，即"偶然的偏离"（比如英国所谓的"光荣革命"），他认为，这样"一种不定的、痉挛的运动对排除一种不定的、痉挛的疾病可能是必需的。……但是继承的程序，却是英国宪法的健全有益的习惯"②。伯克钟爱英国的世袭制度，他认为，偶然的偏离与世袭的神圣原则并非完全不可调和。相反，世袭的原则却能保证偏离不脱离正常轨道，"不至于引起整个公民群体和政治群体的解体"，而偏离或变革的

---

① ［英］柏克：《法国革命论》，何兆武、许振洲、彭刚译，商务印书馆 1998 年版，第 116—117 页。
② ［英］柏克：《法国革命论》，何兆武、许振洲、彭刚译，商务印书馆 1998 年版，第 33 页。

目的"是要从社会的原始因素之中衍生出一种新的公民秩序来"。① 因此,变革或"纠正"是为了保存,"保存和纠正"既是变革也是保全国家的原则和方法,而这正是英国宪制传统的充分体现。这一原则使得英国无论是在"复辟"时期还是在"革命"时期,都没有使整个社会分裂,而是"通过没有受到损害的那些部分而再造了老宪法的缺陷部分。他们保持那些老的部分恰如它们的原状,从而使修复的部分可以适合于它们"②。

在这里,保守主义的变革观已然得到充分的体现,且与法国大革命的革命理念完全相反。法国大革命的理念和准则是抽象的"自由""平等""人权""博爱",以反抗封建等级制度。而与之针锋相对的柏克则将变革的依据奠定在传统与偏见的基础上,由此,审慎必定成为政治道德中的第一美德。

三、审慎是政治道德中的最高标准

伯克认为,"判断人类幸福或痛苦的依据是人类的感受和情绪"③。因此,人民的幸福和痛苦就成为立法者的行动准则,它要求政治家必须去了解人民的想法、习惯和爱好,了解一个社会独特的环境条件。政治问题不可能采取形而上学的抽象方法加以论证,"而只能靠奉行审慎的原则来达到。审慎不仅是政治生活与道德生活中的首要价值,也是政治生活与道德生活的指导者、调节者和最高标准"。伯克的意思是,政治生活是一项极其复杂的事情,利益和邪恶往往是同时并存的,任何一场试图消除邪恶的革命不仅不可能清除邪恶,反而会带来新的邪恶,"每一场革命不可避免地都含藏着某些邪恶"。实际上,政治的本质是在现有的制度框架和价值体系内趋善避恶。因此,可靠的方法不是革命,而是审慎地对待一切变革以"自觉地谨防邪恶发生"。④ 社会和政治的变革对象是有灵性的人,因而需要政治家不仅"运用富有朝气的心灵、坚定不移的注意力、各种进行比较与组合的能力以及在灵活性方面富有成果的理解力",同时,更需要审慎地对

---

① ［英］柏克:《法国革命论》,何兆武、许振洲、彭刚译,商务印书馆1998年版,第28页。
② ［英］柏克:《法国革命论》,何兆武、许振洲、彭刚译,商务印书馆1998年版,第29页。
③ ［英］柏克:《自由与传统:柏克政治论文选》,蒋庆、王瑞昌、王天成译,商务印书馆2001年版,第305页。
④ ［英］柏克:《自由与传统:柏克政治论文选》,蒋庆、王瑞昌、王天成译,商务印书馆2001年版,第308页。

待一切变革，否则，"由于他们的处境、条件和习惯的突然改变，大批的人就可能沦于悲惨的境地——周密和审慎就确乎成为了责任的一部分"，而"审慎（prudence）在所有事物中都堪称美德，在政治领域中是首要的美德"。[①]

什么是审慎？审慎的实质就是"权宜"，或"便宜行事"。拉塞尔·柯克认为，在伯克看来，政治事务关涉的是世俗的生活常态，无法要求超自然的世界（上帝）应对自然世界的人类事务。伯克给出的答案则是："结合着便宜行事的传统。一个人在做出必要的决定时应该恰如其分地尊重人类的习惯；他应该谨慎地便宜行事，将此一习惯或原则应用于他具体的处境之中。"传统和习惯蕴含着人类的智慧，其中只有很小的部分被知识化，而"更多的则内嵌于本能、共同的习俗、成见和古老的惯例之中"[②]。借助于习俗和传统，个人的无节制欲望和激情可以得到有效的遏制，以免产生新的和更大的罪恶。

伯克的这一观点并不同于经验主义和功利主义。在柏克的时代，功利主义盛行（至今也基本如此）。功利主义以统计学的效用作为幸福判断的标准，伯克则绝非如此。根据拉塞尔·柯克的解读，伯克关于审慎与"处境"的关系，其反对的正是依据抽象原则行事的风格，而非理性和原则本身。

> 原则是以永恒的形式体现出来的正当理性；抽象化则是对它的误用。便宜行事是将一般性知识明智地运用于具体的环境；机会主义则是对它的贬损。人们获知原则的途径是理解自然和历史，将它们看作上帝的旨意的体现；人们获致审慎的途径是耐心观察和细心研究，而它则成为所有美德的"指导者、规范者、准绳"。便宜行事将原则落实，却绝不会取代它。因为原则体现了我们对上帝旨意的认可。[③]

拉塞尔·柯克对伯克关于审慎的解读或许是准确的，伯克自己也认为，审慎

---

① ［英］柏克：《自由与传统：柏克政治论文选》，蒋庆、王瑞昌、王天成译，商务印书馆2001年版，第304页。

② ［美］拉塞尔·柯克：《保守主义思想：从伯克到艾略特》，张大军译，江苏凤凰文艺出版社2019年版，第35—36页。

③ ［美］拉塞尔·柯克：《保守主义思想：从伯克到艾略特》，张大军译，江苏凤凰文艺出版社2019年版，第38页。

与理性并不矛盾,审慎表现为一种理性。"只有没有理性的人才会用抽象的定义与普遍的观念来支配自己。"①他认为,巴黎的政治家就是那种缺乏理性的人,他们拥有的是"冷酷无情的心和顽固不化的信念"②。我们看到,伯克也不回避"理性"一词,也大谈理性。但是,很显然,伯克所说的"理性"不是抽象推理意义上的,而是由习俗和传统提供和赋予的"潜存的智慧"。由传统提供的实践理性是一种伦理能力,并非**迷信**、**虚妄**的非理性因素。成见和传统本身就能为人们提供"无须逻辑推理便能面对生活难题的半直觉性知识"。而抽象理性只是 18 世纪的人们应对无序生存状态的软弱无力的手段。拉塞尔·柯克认为,在伯克看来,"人民大众很少运用较高层次的理性",主要依靠由传统提供的集体智慧行事,"一旦失去这种智慧,他就要依靠自己个人的理性能力,并承担灾难性后果。哪怕是最聪明之人,一旦试图让他们的理性成果对抗千百年来的共识,他们也会顺虚荣而自我膨胀"③。政治需要审慎,实践理性是审慎的前提。政治家只有参与具体的实践才能对具体的社会情境有所了解并懂得如何应付它们。政治中的审慎要求每一个人,特别是政治家去面对每一个民族独特的状况,去"了解人民的想法、爱好、习惯和一切使生活千差万别、各具特色的环境条件"④,对变革都要持小心、谨慎的态度。变革的目的是为了更好地保存,而变革的方法绝不可能是"哲学式"的,而是要追随先例,"尽可能地在原建筑物的风格之内进行修补"⑤。

政治审慎的前提是良好的秩序、权力的平衡、有权威的君主,伯克认为,英国的政体最符合这一要求。"像我们这样由君主与上下层人民的控制构成的混合政体,一个重大的目标无疑是:国王不得享有违犯法律的权能。这确实是有益的,是根本的。"⑥审慎是政治伦理的首要道德,同样也保证了公民权利和自由的实现。

---

① [英]柏克:《自由与传统:柏克政治论文选》,蒋庆、王瑞昌、王天成译,商务印书馆 2001 年版,第 308 页。

② [英]柏克:《法国革命论》,何兆武、许振洲、彭刚译,商务印书馆 1998 年版,第 219 页。

③ 拉塞尔·柯克:《保守主义思想:从伯克到艾略特》,张大军译,江苏凤凰文艺出版社 2019 年版,第 40—41 页。

④ [英]柏克:《自由与传统:柏克政治论文选》,蒋庆、王瑞昌、王天成译,商务印书馆 2001 年版,第 305 页。

⑤ [英]柏克:《法国革命论》,何兆武、许振洲、彭刚译,商务印书馆 1998 年版,第 317 页。

⑥ [英]柏克:《自由与传统:柏克政治论文选》,蒋庆、王瑞昌、王天成译,商务印书馆 2001 年版,第 10 页。

第二节　习惯与权利

"权利"概念无疑是启蒙意识形态的核心概念之一，以个人自足性为前提的现代自然权利理论（天赋人权）是启蒙理性主义的理论前提。在霍布斯看来，所谓"自然权利""就是每一个人按照自己所愿意的方式运用自己的力量保全自己的天性——也就是保全自己的生命——的自由。因此，这种自由就是用他自己的判断和理性认为最适合的手段去做任何事情的自由"。与自然权利相对的则是由理性发现的约束权力行使的"一般法则"，即"自然法"。正如列奥·施特劳斯分析的，霍布斯将自然法奠定在人类"自保"的死亡驱力而不是完美人性（传统政治哲学的目的论）的基础上。霍布斯认为，人的天性有三种：竞争、猜疑、荣誉，这是造成人类争斗的主要原因，从而使人陷入"每一个人对每个人的战争"中，而自然法就是建立在人们"对死亡的畏惧"的基础上。① 在霍布斯那里，自然法是人们进入社会状态时才有的一般法则，而洛克则认为，自然法是人们在"自然状态"就存在的法则。"自然状态有一种为人人所应遵守的自然法对它起着支配作用；而理性，也就是自然法，教导着有意遵从理性的全人类。"②因此，人类生而就享有自然法赋予的生命、自由、财产等自然权利。人们同意进入社会只是出于"更好地保护自己、他的自由和财产的动机"，而经由大多数人同意而建立的政府其职能首要是"必须保障每一个人的财产"，以防止"自然状态下很不安全、很不方便的缺点"。③

无论霍布斯与洛克关于自然权利的描述有多大的差别，但其共同特征是道德神学。对于洛克以及霍布斯来说，"个人、自我成为了道德世界的中心和源泉，因为人——不同于人的目的——成为了那一中心和源泉"。根据列奥·施特劳斯的分析，这一自然权利观念与具有神学渊源和目的论特征的古典自然权利观念（由苏格拉底首创，经由柏拉图、亚里士多德、斯多亚学派以及托马斯·阿奎那

---

① ［英］霍布斯：《利维坦》，黎思复、黎廷弼译，商务印书馆 2010 年版，第 94—97 页。
② ［英］洛克：《政府论》（下篇），叶启芳、瞿菊农译，商务印书馆 2016 年版，第 4 页。
③ ［英］洛克：《政府论》（下篇），叶启芳、瞿菊农译，商务印书馆 2016 年版，第 80 页。

等发展而来）相比无疑是"革命性"的颠覆。①

一、公民社会与自然权利

现代自然权利观念意味着与传统目的论自然权利观念的断裂。伯克意识到,这种以个人理性为基础的现代自然权利论对于现存社会秩序的破坏无疑将是颠覆性的,其要害在于抽象的天赋人权观。伯克以同样的"权利"话语进行反击,以历史和习惯性权利对抗抽象的自然权利。在《法国革命论》中,伯克首先解构了洛克的自然权利观念,以及自然权利与公民社会之间的必然联系。伯克认为,自然权利不能作为公民社会中人的权利的标准。他承认有一个自然状态,也承认自然状态下每一个人有自我支配、自我防护的权利。他承认自然权利是上帝赋予的,受自然法的保护。但伯克认为,自然状态与公民社会相比有着本质的区别,因此,自然状态的权利本质上不同于公民社会中的权利。伯克认为,自然状态乃是人的天性处于朦朦胧胧、漂浮不定的状态,是未受任何德性浸染的状态,因而是野蛮的状态。如果以如此状态下的所谓自然权利作为公民社会中人们的生存准则,未免显得荒唐。因此,人本质上并不具有与生俱来的抽象权利,而那些"形而上学的权利进入到日常生活中来,就像光线穿透到一种稠密的介质之中一样,它们由于自然的规律,是会脱离它们的直线而折射的"。而人们谈论这种"经历着如此之多的折射和反射"的所谓自然权利,未免太"荒谬了"。在伯克看来,理论家所号称的权利,其实不过只是"形而上学上的真",但"在政治上和道德上也都是虚假的"。②

二、习惯性权利

伯克认为,公民社会中人的权利是在漫长的历史和社会演化过程中产生的,在包括财产权在内的所有权利中,"以习惯性权利最坚实,它们彼此调和,互相援助"。一切久已存在并获得成功的政府"反对未经试验的任何法案"。这是因为,国家不是任意形成的,而"是若干代人的慎重选择的结果,是某种比宪法优越千百倍的东西造就的结果;是由独特的环境、时机、脾气、性情,以及只有在长时间

---

①　[美] 列奥·施特劳斯:《自然权利与历史》,彭刚译,三联书店 2003 年版,第 253 页。

②　[英] 柏克:《法国革命论》,何兆武、许振洲、彭刚译,商务印书馆 1998 年版,第 80—81 页。

内才能显露出来的道德习惯、政治习惯和社会习惯造就的结果"①。伯克认为，人并不是法律的制定者，"一个像我们这样的习惯性政府，从来不曾是任何立法者的作品，也不是根据任何理论建造的"②。

拉塞尔·柯克认为，伯克关于道德和法律的前设立场与基督教的宇宙观密切相连，柏克认为，上帝为宇宙设定道德秩序，人类的法律以及由此而来的相应权利也由上帝所赋予。因此，"伯克的自然权利是被基督教教义和英国普通法理论强化过的西塞罗式的自然法。……主张自然权利是顺从上帝意图的人类习俗"。了解上帝意图的源泉便是人类的经验，自然法或自然权利的特征就蕴含在人类的经验、习俗以及神话传说中，"自然法只有被纳入社会习俗或规制之中，才能被我们认知"③。

伯克运用18世纪流行的"权利"话语，颠覆了流行权利观念的内涵。自然权利只能是处于一定社会秩序中的现实的权利，而社会和人的本性是复杂的，自然状态中的所谓自然权利不可能直接运用于政治社会中。总之，自然权利不可能独立于社会和历史环境而存在，权利在历史和习俗中形成，而"审慎是对现实权利的检验"④。习惯性权利指的是现存于社会中的各种权利，从意识形态角度看，伯克的目的是反对革命，为现存社会制度辩护。而启蒙理性主义则用抽象人权作为反封建的理论旗帜，各自有着不同的意识形态目的。依据列奥·施特劳斯的分析，伯克的习惯性权利也即"时效性权利"。所谓"时效性"即在长期延续过程中产生的效力，伯克从罗马的私法中吸取这一概念，将其运用到宪法中，作为统治原则，施特劳斯认为，这是伯克的特殊发现。伯克认为，权利，包括人们对财产的权利"都来源于长期的使用，而不是一纸契约"。时效当然也会发生变化，但这种变化是无意识地发生的。可见，柏克关于时效性的权利不同于"历史的或

---

① ［英］柏克：《自由与传统：柏克政治论文选》，蒋庆、王瑞昌、王天成译，商务印书馆2001年版，第41页。

② ［英］柏克：《自由与传统：柏克政治论文选》，蒋庆、王瑞昌、王天成译，商务印书馆2001年版，第42页。

③ ［美］拉塞尔·柯克：《保守主义思想：从伯克到艾略特》，张大军译，江苏凤凰文艺出版社2019年版，第46—48页。

④ ［美］拉塞尔·柯克：《保守主义思想：从伯克到艾略特》，张大军译，江苏凤凰文艺出版社2019年版，第51页。

传统的权利","时效性权利因现在的使用而得以成立……它与推翻现存权力的历史性要求是相反的,它也怀疑使它更巩固的历史性的探索"。在伯克那里,时效性本身实际上就是"自然法的重要组成部分",而"自然法被当作超过人类立法的法律被人理解"。施特劳斯认为,伯克对时效性权利(即习惯性权利)的强调目的在于"阻止政治学的目的出现于未被物质和环境所折射的政治生活中。时效性是用理论裹起来的智慧",是"为了排除猛烈和全面的变化"。①

三、作为一种"伙伴关系"的契约

伯克使用自然权利的话语颠覆了现代自然权利观,同时也否认了启蒙思想家所理解的社会契约论。在启蒙思想家看来,社会和政府是经由大多数人的同意(契约)而形成的。如洛克所说的,"天生自由的人们根据他们他们自己的同意,顺从他们父亲的统治,或由不同的家族联合而成立一个政府",一切政权的基础"是基于人民的同意"。② 然而,在伯克看来,社会固然可以看成一种契约,但这是一种特殊的契约,国家或社会作为一种契约,"不仅仅是活着的人之间的合伙关系,而且也是在活着的人、已经死了的人和将会出世的人们之间的一种合伙关系。每一个特定国家的每一项契约,都只是永恒社会的伟大初始契约中的一款,它联系着低等的自然界和高等的自然界,连接着可见的世界与不可见的世界,遵循着约束一切物理界和一切道德界各安其位的那项不可违背的誓言所裁定的固定了的约定"③。因此,政府合法性的基础不是"形而上学的人权",而是"对我们的义务的服从"。这样,权利的立场转到了义务的立场,"于是,他就否认了那种认为我们的一切义务都来自同意或契约的立场"④。通过立场的转换,权利原则被置换成了义务原则,自然原则也变成了历史或时效性原则。由此,一切现存的制度或秩序,如王位世袭制、贵族制等都具有了合法性基础。在伯克看来,所有这些都是在漫长的历史过程中建立起来的,并持续发挥着作用,都属于"时效性权利"

---

① ［美］列奥·施特劳斯主编:《政治哲学史》(下),李天然等译,河北人民出版社 1998 年版,第811—813 页。

② ［英］洛克:《政府论》(下篇),叶启芳、瞿菊农译,商务印书馆 2016 年版,第 70 页。

③ ［英］柏克:《法国革命论》,何兆武、许振洲、彭刚译,商务印书馆 1998 年版,第 129 页。

④ ［美］列奥·施特劳斯:《自然权利与历史》,彭刚译,生活·读书·新知三联书店出版社 2003 年版,第 303—304 页。

的范畴。作为一种政治意识形态，伯克的权利观念旨在为现存制度的合理性提供理论基础。

第三节　自然秩序、财产与自由

正如上文分析的，伯克关于自然法和自然权利的阐述与现代自然权利观念存在着本质性的差别，伯克实际上恢复了自然法与神学之间的关联。自然法源于某种目的论意蕴的自然秩序。

一、自然秩序

什么是自然？什么是自然秩序？依据柯林伍德的解读，在古希腊人（如爱奥尼亚哲学家）那里，"自然""总是意味着某种东西在一件事物之内或非常密切地属于它，从而它成为这种东西行为的根源"。换言之，我们称之为"自然"的事物，其行为或变化的根源在其内部而不是外部，所谓自然"总是指本质上属于这些事物的、使得它们像它们所表现的那样行为的某种东西"①。在亚里士多德那里，所谓"自然"就是事物"具有运动源泉的本质"，所谓自然的事物就是按其"天性"或"本性"生长运动的事物，当亚里士多德称"事物为自然的（natural）时候，他的意思是它们之中具有这样一种天性"。自然界本身也是自我运动着的"活的世界"。② 而在 17、18 世纪以来的现代自然观那里，自然仅仅被看作没有任何质的差别，只是"从量上组织起来的运动物体的整体"，是（自然）科学研究的对象，人类凭借感觉和理智认识和改造物质世界，生而平等自由的人类成为自然的真正主人，社会的基础不是某种神秘的原则，而是源于普遍人性的某些特征，或者是理性，或者是功利。总之，"启蒙哲学坚信人生而清白，从而决定性地与基督教人类学决裂"③。然而，伯克将这一联系重新恢复，在此基础上重新阐述他所谓的

---

① ［英］罗宾·柯林伍德：《自然的观念》，吴国盛、柯映红译，华夏出版社 1998 年版，第 48—49 页。

② ［英］罗宾·柯林伍德：《自然的观念》，吴国盛、柯映红译，华夏出版社 1998 年版，第 87 页。

③ ［美］彼得·盖伊：《启蒙时代：人的觉醒与现代秩序的诞生》（下卷），王皖强译，上海人民出版社 2019 年版，第 195 页。

"自然秩序"原则。

在《法国革命论》中，伯克在赞美英国的宪制时写道："我们有一个世袭的王位；一种世袭的贵族制；以及从一个漫长的祖先系列那里继承的特权、公民权和自由权的下院和人民。"而这种"政治体制被置于与世界秩序、并与一个由各个短暂部分组成的永恒体所注定的生存方式恰好相符合并且相对称的状态"，这是一种神圣的秩序，这种秩序及其相应的政策"乃是深思熟虑的结果；或者不如说是顺其自然的幸福结果——自然乃是不假思索而又超乎其上的智慧"。而英国传统的世袭原则"提供了一条确凿的保守原则和一条确凿的传递原则"。正是由于这样的原则，一种"巨大的智慧的安排，人类的伟大神秘的结合一旦铸成为一个整体，它便永远既无老年，也无中年或青年，……由于保持着自然的方法，我们就永远都不是全新的；在我们所保存的事物之中，我们永远也不会过时"①。在这里，伯克使用了"世界秩序""顺其自然""自然""神秘"等词汇。显然，伯克所说的"自然""自然秩序"等有其特定的含义。正如我们前文已经分析的，伯克的宇宙观不同于 18 世纪的自然观，拉塞尔·柯克指出，伯克的宇宙观带有浓厚的神学意味。在伯克看来，宇宙的道德秩序由上帝设定的，上帝设定的道德秩序就是自然秩序，顺其自然就是"顺从上帝的设计"。而顺从的路径就是尊重习俗与成见。英国"世袭的王位""世袭的贵族制"等都是传统的世袭原则，都是顺其自然，即顺从上帝设计的结果，对于所有的这些，我们只有尊重、保存和继承它们，"对自然律令的真正顺从要求敬畏过去并关心未来。'自然'不仅是稍纵即逝的感受；它是永恒的"。② 社会制度的变迁如行云流水般发生着不知不觉的变化，世袭制、等级制等是自然秩序的体现，我们要做的就是顺其自然，而不是像法国革命一样推倒所有现存的秩序，这种推倒重来的革命违反了自然秩序，只能带来灾祸。

伯克关于"自然"以及"自然秩序"的见解似乎回到了古代。亚里士多德说，"一部分人做奴隶，一部分人做主人，不仅有益而且公正，自然打算让我们这样，一部分人服从而另一部人则显示权威和运用高贵者的权力。"③伯克如此理解

---

① ［英］柏克：《法国革命论》，何兆武、许振洲、彭刚译，商务印书馆 1998 年版，第 44—45 页。

② ［美］拉塞尔·柯克：《保守主义思想：从伯克到艾略特》，张大军译，江苏凤凰文艺出版社 2019 年版，第 54 页。

③ ［古希腊］亚里士多德：《政治学》，颜一、秦典华译，中国人民大学出版社 2003 年版，第 12 页。

"自然"和"自然秩序"，其强调的正是这种不平等性。

二、自然秩序具有天生的不平等性

对现代平等和民主思想的警惕和反对是保守主义政治哲学的重要特征之一。在伯克看来，平等的基础在于上帝赋予我们的人类本性，人类的平等只有一种，即道德的平等，如"生产性税收"、"自由的宪法"、君主制度、"训练有序的军队"、"改革了的和受人尊重的教士阶级"、开放的贵族晋升机制，等等。所有这些体现的就是"人类真正的道德平等"，而启蒙哲学追求的所谓平等只能是"怪诞的神话……其作用只不过是加重了和恶化了现实的不平等，这种不平等是永远不能消除的"。[①] 伯克认为，自然中的人是不可能平等的，自然秩序决定了人们的不平等，因此，"平等是技艺而非自然的产物；如果社会平等到了毁灭秩序与阶级程度……那么，人为的安排就已经扭曲了上帝为人设计的真正的自然状态"[②]。而关于民主，伯克认为，纯粹的民主制简直是不可能的，"一种绝对的民主制，就像是绝对的君主制一样，都不能算是政府的合法形式"[③]。人们知道，伯克是英国宪制的坚定维护者，但他否认政治权利是一种天赋的自然权利，并不存在纯粹的民主，行使政治权力的人只能是那些在传统、身份、教育、财产等方面拥有资格的人，而不是按人头多少来计算的。人人都享有政治权力的政治平等是不自然的，贵族制倒是自然的，不平等是一种自然的秩序，"在由各色公民所组成的一切社会里，某类公民必定是在最上层"[④]。

伯克为贵族和贵族制辩护，在这里，他所说的"某类公民"主要指的是所谓"天然的贵族"。伯克把人的习惯称作人的"第二天性"，"这种第二天性对第一天性（人性）的作用产生了一种新的混合；并且因而在人们中间便出现了许多分歧，因他们的出身、他们的教育、他们的职业、他们生活的时期、他们居住在城镇还是乡村、他们取得和保有财产的各种方式以及因财产本身的性质而异，所有这些都使他们有如不同的动物品种一样地繁多"。伯克认为，古代的立法者正是按照这

---

① ［英］柏克：《法国革命论》，何兆武、许振洲、彭刚译，商务印书馆 1998 年版，第 49 页。
② ［美］拉塞尔·柯克：《保守主义思想：从伯克到艾略特》，张大军译，江苏凤凰文艺出版社 2019 年版，第 56 页。
③ ［英］柏克：《法国革命论》，何兆武、许振洲、彭刚译，商务印书馆 1998 年版，第 165 页。
④ ［英］柏克：《法国革命论》，何兆武、许振洲、彭刚译，商务印书馆 1998 年版，第 64 页。

样不同的种类"把他们的公民安置到这样不同的阶级里去,放置到国家中这样不同的位置上去;那里是他们的特殊习惯使他们有资格去填充的;并且分派给他们这样不同的适当的特权"①。伯克指责法国国民政府按照形而上学和数理逻辑把法国重新划分为人口、财政和税收三大块,作为地域、人口和赋税的基础,并使全部地方和全国立法机构建立在这三个不同的基础之上。伯克谴责关于国家的如此安排就像对待一个"被征服的国家",而这些"野蛮胜利者的政策,永远是要尽其全力摧毁这个古老的国家在宗教上、在政治上、在法律上以及在风尚上的一切遗迹"。伯克认为,这无疑摧毁了使人民团结和"联合的纽带"。② 伯克认为,等级制如果加以恰当运用和排列的话,"则在所有政府形式中都会是美好的;并会构成反对专制主义暴行的强大阻力",也是缓冲专制主义的一种"间接限制"的方法。③

三、财产权是验证卓越的标志

不平等是一种自然秩序,而自由、荣誉、德行、才能与其所拥有的财产不可分割,"假如说罕见的才能是一切罕见的事物中最为罕见的,那么它就应该经过某种验证。荣誉的殿堂应该是坐落在卓越性之上"。伯克认为,验证卓越的显著标志之一就是财产权,"在我们的家庭中延续我们财产的这种权力,就是属于其中最有价值和最有趣味的情况之一,并且是最倾向于延续社会自身的那种东西。它使得我们的弱点屈服于我们的德行;它甚至于把仁爱移植到贪财上面来。家庭财富的,以及伴随着世袭占有而来的(与之最为有关的)显赫名望的享有者,就是这种传递过程的天然保安人员"。伯克还认为,由世袭财产和世袭名望所构成的英国贵族院就是按照这种卓越原则建立的,"凡不能代表一个国家的能力以及它的财产的东西,就不能成为一个国家的恰当的和适宜的代表"。法国革命剥夺教士和贵族的财产,并且认为一切职业都具有荣誉,这在伯克看来,正如巴黎的共和国是由"裁缝和木匠的联合"一样,他认为这是对"自然特权的篡夺"。④

①　[英]柏克:《法国革命论》,何兆武、许振洲、彭刚译,商务印书馆1998年版,第239页。
②　[英]柏克:《法国革命论》,何兆武、许振洲、彭刚译,商务印书馆1998年版,第237页。
③　[英]柏克:《法国革命论》,何兆武、许振洲、彭刚译,商务印书馆1998年版,第241页。
④　[英]柏克:《法国革命论》,何兆武、许振洲、彭刚译,商务印书馆1998年版,第65—67页。

伯克认为，拥有财产既是自由、德行和卓越的标志，同时又与国家治理的好坏密切相关。贵族拥有体面的社会地位是合乎自然的，"某些体面的、规矩的卓越地位，某些对出身的偏重（而非排他性的占有），既不是不自然的，也不是不公正的或不恰当的"。伯克的辩护针对的是法国大革命对贵族的政治打击和经济剥夺，而他认为，这种对贵族的打击和剥夺显然"都已经偏离了自然的大道"。而这种剥夺显然也是对自由的破坏，因为，"财产被捣毁了，而合理的自由却不存在"①。有财产才有自由，没有财产就没有自由，因此，伯克为贵族和大地产制辩护。但伯克并不反对自由市场，在他的时代，市场经济在英国及欧洲已经成为普遍的经济运行方式，伯克将市场秩序视为自然的秩序，劳动者的劳动是商品，价格根据需求涨落，这是事物的本性（如同亚当·斯密的主张一样），"商业原则"是"自然法则，因而也是上帝的戒律"。② 不难理解，为什么 20 世纪的哈耶克等人将伯克看成自由主义的同道。

四、有德性的自由

自由、平等是启蒙思想的主题词，自由是人的天性，从洛克到卢梭，强调人"生而自由"是他们的共同特点。伯克认为，自然权利及自然状态下的自由只是一种神话。社会和制度不是因为自然权利和自由而产生，而是社会和制度创造了人的自由，这是"一种遗产的角度"来考虑的自由，是一种"高贵的自由"。"高贵的自由"是那样一种自由，"它带有一种堂皇动人的面貌。它有一部家谱和显赫的祖先们。它有它的支柱以及它的徽符。它有它的肖像画廊、它的纪念铭文、它的记载、物证和勋衔"③。在伯克看来，能够保证这种高贵自由的只能是像英国那样的传统世袭制度，英格兰人民"把他们王位的合法世袭继承制，看作是他们的正确而不是他们的错误，是一种利而不是一种弊，是他们自由的一种保证而不是受奴役的一个标志。他们把他们国家目前所存在的那样的结构（原文加），看作是具有无可估量的价值的；并且他们把不受干扰的王位继承制设想为是对

---

① ［英］柏克：《法国革命论》，何兆武、许振洲、彭刚译，商务印书馆 1998 年版，第 68—69 页。

② ［英］柏克：《埃德蒙·柏克读本》，中央编译出版社 2006 年版，第 278 页。

③ ［英］柏克：《法国革命论》，何兆武、许振洲、彭刚译，商务印书馆 1998 年版，第 45 页。

我们宪法所有其余组成部分的稳定性与持久性的一种保证"①。伯克所说的"高贵的自由"是一种贵族式的自由,只有那些"天然的贵族"才享有的自由,因为只有贵族才既具备智慧又具备美德,而如果"既没有智慧又没有美德,自由又是什么呢？它就是一切可能的罪恶中最大的罪恶了,因为它是缺乏教养和节制的愚蠢、邪恶和疯狂"②。在柏克这里,自由首先不是一种权利,而是一种德性,有德性才有自由,即"有德性的自由"。对政治家来说,德性就是有智慧,人民的德性则是服从,如果政治家有智慧的德性,人民就会有服从和驯服的德性,这些德性统一于宇宙的自然秩序中。正如前文分析的,在伯克看来,"良好的秩序乃是一切良好事物的基础",因此,除了威严的官吏和有权威的法律以外,它还要求"人民必须驯服和顺从"。民众必须依靠劳动获得他们希望得到的东西,而如果发现"成功与努力不成比例时,他们必须被教导在永恒正义的最终的平衡中得到慰藉"③。

伯克所阐释的"有德性的自由"与启蒙思想家倡导的"生而自由"显然很不一样。在伯克这里,自然秩序决定了宇宙万物以及人的不平等性,遵循自然秩序才可能保全自由,而自由与平等水火不相容,平等主义的盛行就是对个人自由的威胁。拉塞尔·柯克认为,19 世纪中叶以前的政治自由主义一般都受到伯克的影响(如托克维尔),这一时期的政治自由主义旨在维护个人自由,而不是平等。然而,随着理性主义的盛行,抽象原则在政治生活中发挥着越来越重要的影响。如英国 1832 年的改革就与指导法国大革命的抽象原则有关,"人民"这一抽象概念进入英国宪制,而在这之前,"人民不曾被视为一个同质的群体"。④ 随着平等主义精神不断被人们接受,政府的权力不断扩大,而"在迈向全能政府的趋势中,他们预见到对个人自由的严重威胁"⑤。因为,自然秩序决定了人天生的不平等,平等主义不是自然权利,人为的拉平就是对自由的侵犯。在后来的保守主义者

---

① ［英］柏克:《法国革命论》,何兆武、许振洲、彭刚译,商务印书馆 1998 年版,第 34 页。
② ［英］柏克:《法国革命论》,何兆武、许振洲、彭刚译,商务印书馆 1998 年版,第 315 页。
③ ［英］柏克:《法国革命论》,何兆武、许振洲、彭刚译,商务印书馆 1998 年版,第 313—314 页。
④ ［美］拉塞尔·柯克:《保守主义思想:从伯克到艾略特》,张大军译,江苏凤凰文艺出版社 2019 年版,第 142 页。
⑤ ［美］拉塞尔·柯克:《保守主义思想:从伯克到艾略特》,张大军译,江苏凤凰文艺出版社 2019 年版,第 182 页。

那里（如奥克肖特），我们会看到，保守主义思想的主题转移到政府与自由的关系上，不难理解，对福利国家和社会主义的攻击何以成为他们的主要目标。

第四节　宗教是社会的基础

伯克有关权利、财产、自由等等的学说，都与宗教神学不可分割。在他那里，基督教神学不仅是一种宇宙观，也是公民社会的基础。

一、宗教是一切善和智慧的源泉

伯克认为，宗教应该成为公民社会的基础，首先是因为，宗教是一切德性的源泉，"我们在内心感觉到宗教乃是公民社会的基础，是一切的善和一切的慰藉的源泉"。因为"人在本质上是一种宗教动物，能知道这一点乃是我们的骄傲"。无神论不仅违反了人的理性，也违反了人的自然本能。伯克在称赞英国的教会体制时说道，"它是我们偏见的第一种，但并不是一种缺少理性的偏见，而是其中包含着深沉而广泛的智慧"。这种智慧首先表现在宗教给人们提供了如何行事的观念。尽管伯克也承认，人"在很大程度上他乃是他自己的创造物"。但是，宗教能使人更接近于自我完善，因为对上帝的敬畏能使人们（尤其是那些拥有权力的人们）认识到自己只是受上帝的委托而行使权力的，因此，"他们必须就自己的那种委托来向一个伟大的主人、社会的创造者和奠基者陈述自己的作为"。在伯克看来，宗教实际上起着自然法的作用，如果"没有宗教就全然不可能使人民清除自己对私欲的种种迷恋；当他们意识到自己是在行使（并且是在更高一级的委托方式上行使）权力时，而那种权力要成为合法的就必须是按照那种永恒不变的、而意愿和理性在其中乃是合而为一的法律"[1]。

二、教会和国家是同一个整体的不同部分

伯克所说的教会和国家之间的关系似乎比较复杂。实际上，在他看来，为了培育和保持人们的敬畏之心，教会与国家结构之间必须保持关联。伯克认为，教

---

[1]　［英］柏克：《法国革命论》，何兆武、许振洲、彭刚译，商务印书馆 1998 年版，第 124—126 页。

会之于国家"不是一种方便,而是一种本质"。教会作为"整个宪法的基础,借助于宪法和宪法的每一个部分,它支撑着一个牢不可破的联盟"。① 不过,拉塞尔·柯克认为,伯克眼中理想的教会主要是"圣公会建制",而不是传统中世纪的教会体制。② 伯克认为,"在一个基督教国家中,教会和国家之间结盟是没有根据的、离奇的想法。"但他不主张政教合一,"教会和国家完全是一回事,是同一个整体的不同组成部分"。伯克的意思是说,宗教应处于国家和行政官员的监督之中,假如有这样一种宗教,它不是为维护现存体制安全和稳定,而是"摧毁社会和平、秩序、自由和安全的借口……特别是当他们把政治制度和他们或真或假、貌似有理或难以置信的宗教舆论混合起来,他就应该对它格外当心"③。伯克关于宗教与国家关系的分析与他反对革命的理论立场是一脉相承的。

小结:埃德蒙·伯克的保守主义思想内涵可谓十分丰富,其思想的核心可以概括为尊重传统、强调历史发展的连续性;反对急剧的社会变革,强调政治审慎的美德;反对抽象理论对政治的侵蚀、强调实践以及具体的情境因素的作用;既反对大众民主,又反对专制主义,强调宪法以及权力的相互制约的重要性;强调事实存在的等级秩序的合自然性;强调宗教作为社会团结纽带的功能和作用。伯克的哲学就其根本的理论立场和目的来说,就是反对革命,为现存秩序辩护,它产生了巨大的社会和历史效应。伯克为后来的保守主义勾画了一套内涵丰富而又架构完整的保守主义思想范型,从此以后,保守主义作为一种思想潮流和政治意识形态,在人类思想史中留下了不可忽视的浓重色彩。

---

① [英] 柏克:《法国革命论》,何兆武、许振洲、彭刚译,商务印书馆1998年版,第132页。
② [美] 拉塞尔·柯克:《保守主义思想:从伯克到艾略特》,张大军译,江苏凤凰文艺出版社2019年版,第33页。
③ [英] 柏克:《埃德蒙·柏克读本》,中央编译出版社2006年版,第258页。

第三章
奥克肖特与《政治中的理性主义》

　　迈克尔·奥克肖特(1901—1990)被公认为 20 世纪中叶以来英国乃至世界最杰出的政治哲学家。或许是从小深受天主教以及盎格鲁民族文化传统的影响,再加上所处时代和思想源流的复杂影响,奥克肖特呈现给人们的思想似乎同样复杂而难以把握,以至于很难将其简单地归属于某一类思想流派。奥克肖特与同时代的另外两位著名的保守主义思想家卡尔·施米特、列奥·施特劳斯,以及哈耶克都有交集。佩里·安德森将这四人称为 20 世纪"欧洲四位杰出的顽固右翼人士"。[①] 大多数情况下,奥克肖特被看作英国本土保守主义阵营中举足轻重的人物,他的保守主义思想集中体现在论文集《政治中的理性主义及其他论文》(1962)以及其他相关文章里,本章对其展开简要论述,以揭示其保守主义思想的主要内涵。

第一节　对近代理性主义政治的批判

一、近代理性主义的思想特征

　　奥克肖特的保守主义思想首先是从其对近代以来欧洲政治理性主义的批判而展开的。《政治中的理性主义》(中文版)一书由《政治中的理性主义》《政治教育》《政治论说》《代议制民主中的大众》《自由的政治经济》《论保守》《法治》等七篇论文组成。奥克肖特首先从政治的视角对近代理性主义的特征及其对政治的

---

① 〔英〕佩里·安德森:《思想的谱系:西方思潮的左与右》,袁银传、曹荣湘等译,社会科学文献出版社 2010 年版,第 4—5 页。

影响展开分析和批判。在《政治中的理性主义》一文中,奥克肖特将矛头直指其批判的核心:"我所关心的理性主义是近代理性主义……主要思考的是它对欧洲政治的影响。"[①]

奥克肖特认为,近代理性主义的"一般特征和气质"是强调人类个体心灵的自足性。近代理性主义认为,"心灵不依赖一切偶然原因,思想除了'理性'的权威外不服从任何权威"。这种理性主义相信理性思考的巨大力量,且既具有"理智平等主义",又具有"个人主义"的色彩。这种理性主义似乎也不忽视经验,但他(指理性主义者)坚持的是个体经验而不是人类的经验积累(即传统)。而且,通常情况下,往往将复杂的经验技术化,即将经验"归约为一套原则,然后只根据理性的理由来攻击或捍卫这些原则"。而过去经验的累积在这里变成了"障碍"。奥克肖特认为,这种理性主义的"心灵"观全然不顾人类心智所具有的其他特征,理性主义的心智仿佛只是受过"训练"而不是受过很好"教育"的心智。然而,在奥克肖特看来,真正的教育应该不只是让人们知道某种理论并将其运用于对事件的处理中这样一种"笼统概要的能力",而是为了将人们"引进他们文明的传统与成就中;我们对他们的直接印象是他们有教养,而且他们享有一份遗产"。理性主义者心灵自足性的前提以及受"训练"而不是受"教育"的独特心智,决定了理性主义政治"不是分享种族的经验,而是要表明自己是一个白手起家的人";他们将自己与社会传统切断,强调变化而不是遵循习惯,相信形成一种习性就是一种失败,因此,他们有着"对时间深深的怀疑,一种对永恒的急切的渴望和面对一切局部的、短暂的东西时的烦躁不安"。总之,理性主义者的气质是破坏和创造。他们用自己创造的东西,即"意识形态来代替传统",由此也"正式剥夺了包含在传统中的假定的理性真理的基础"。[②]

二、近代理性主义政治观

理性主义的特质决定了理性主义政治的技术化本质,其主要表现在于:第一,政治被同化为工程,即运用理性去克服一连串危机。由于相信理性能够克服

---

① ［英］迈克尔·奥克肖特:《政治中的理性主义》,张汝伦译,上海译文出版社 2004 年版,第 1 页。

② ［英］迈克尔·奥克肖特:《政治中的理性主义》,张汝伦译,上海译文出版社 2004 年版,第 2—4 页。

外界的障碍,不承认外界环境的多样性,因而必然导致以下两个特征。第二,完美的政治。理性主义的信条就是"让不完美消失"。第三,"一式的政治"。奥克肖特认为,理性主义由于强调心灵的自足性,不承认环境本身的多样性和偶然性,由此也决定了将政治本身可能的多样性排除在外,其结果则是,"政治活动被认为是把统一的完美条件强加于人类行为"。奥克肖特认为,近代欧洲政治的样式充斥了种种理性主义的政治计划,如"人权宣言""独立宣言"等就是"理性主义头脑的创造"。①

三、近代理性主义知识观

奥克肖特认为,近代理性主义政治观与其独特的认知结构不可分割,理性主义政治观的根源在于其独特的知识观。奥克肖特把人类的知识分为两种:第一种可称为技术性知识,具有确定性。这类知识的优点就是可以被提炼、概括成简单的原则、规则、指示等。第二种知识可称为实践性知识。实践性知识的特点在于这类知识不是反思性的知识,意思是说,这一类知识只能体现在具体的活动中,而不能被制定为简单的规则(即教条)。奥克肖特认为这两类知识可以被区分,但无法被分开,两种知识"是一切具体人类活动所包含的知识的孪生组成部分"。比如高超的烹调技能不可能靠烹调书就养成,而是需要在不断的烹调实践中练就,美术、绘画等都是如此。事实上,"这二种知识包含在任何真正的科学活动中",政治活动尤为如此,"没有什么地方,技术知识能与实践知识分开,特别是在政治活动中。也没有什么地方能认为它们彼此同一,能互相代替"。② 尽管这两种知识在具体的活动中不能彼此分割,以一种取代另一种,但我们仍然可以对之进行区分,并且将之表达出来,从而学习和掌握它们,只是方法并不相同。如前所述,技术知识可被浓缩为"规则、原则",可以从书本上学,这种知识可以称为书本知识。第二种知识(实践知识)可以称为传统知识,这种知识一般通过师傅带徒弟的方式获得,"它只存在于实践中,唯一获得它的方式就是给一个师傅当

①　[英]迈克尔·奥克肖特:《政治中的理性主义》,张汝伦译,上海译文出版社 2004 年版,第 5—6 页。

②　[英]迈克尔·奥克肖特:《政治中的理性主义》,张汝伦译,上海译文出版社 2004 年版,第 8—9 页。

徒弟——不是因为师傅能教它（他不能），而是因为只有通过与一个不断实践它的人持续接触，才能习得它"①。不过，理性主义者专注于确定性，而技术知识正好符合这一特性。理性主义者认为，不能被确定地表达出来的就不是知识，因而，在他们看来，实践知识根本就不是知识，所有知识都被简单等同于技术性知识，其结果是压抑和摧毁那些只能靠代代相传而留存的文明形态。知识等同于技术，理性也就被化约为技术（工具）理性，因此，所谓"'理性'的霸权意味着技术的霸权"②。

四、近代理性主义的起源

奥克肖特追溯了近代理性主义的起源。奥克肖特认为，这种理性主义的理智特征是在不知不觉中缓慢变化发展为现在的形态。确定它的起源是困难的，但能够认出明白无误地显示其特征的那一刻，他认为这一刻始于 17 世纪早期，培根和笛卡儿是主要代表。培根《新工具》的信念是要为知识的可靠性、确定性建立基础和方法。在《新工具》中，培根认为，古希腊人在缺乏科学方法的前提下，过分信赖人的理解力，"把一切事物都诉诸艰苦的思维，诉诸心灵的不断动作和运用"。而培根自己的方法则是以排斥"感官活动而起的心灵动作"，而以"简单的感官知觉为起点"，从而开创一条探寻知识准确性的道路。③ 在培根看来，人类的理解力因受种种束缚而导致错误（即他所称的四类假象，包括族类假象、洞穴假象、市场的假象、剧场的假象④），因此，培根认为，必须为人类理解力的正确运用找到工具和方法，这种方法就是从感官和特殊出发，"经由逐步而无间断的上升，直至最后才达到最普遍的原理"⑤，即人们熟知的"归纳法"。奥克肖特认为，培根关于《新工具》的学说简单来说可归结为"技术的霸权"。同笛卡儿一样，其目标都是追求"确定性"。而且，在他们看来，"确定的知识只能在一个空洞的头脑中产生；研究技术始于理智的清洗"。笛卡儿在以几何学方法探寻普遍而可靠的那种确定性的研究方法时遇到了界限，但其追随者们吸收的则是技术

① ［英］迈克尔·奥克肖特：《政治中的理性主义》，张汝伦译，上海译文出版社 2004 年版，第 10 页。
② ［英］迈克尔·奥克肖特：《政治中的理性主义》，张汝伦译，上海译文出版社 2004 年版，第 11 页。
③ ［英］培根：《新工具》，许宝骙译，商务印书馆 1984 年版，第 2 页。
④ ［英］培根：《新工具》，许宝骙译，商务印书馆 1984 年版，第 19 页。
⑤ ［英］培根：《新工具》，许宝骙译，商务印书馆 1984 年版，第 12 页。

性的霸权,"而不是他对一个可靠方法可能性的怀疑"。因此,从根源上看,近代理性主义实际上产生于"对培根希望的夸大和对笛卡儿怀疑主义的忽视;近代理性主义就是头脑平平的人用有识别力的人和天才的灵感制造出来的东西。伟人就是通过教弱者如何思考,让他们走上错误之路的"[①]。显然,近代理性主义对确定性的追求完全忽视了非技术性,也即实践性的知识,奥克肖特认为,这是近代理性主义政治的根源。然而,事实上,两类知识在人类活动的具体过程中并不能被分离,而这就意味着,这种只承认技术知识不承认实践知识的知识观以及建基于其上的各种观点和行为方式显然是错误的,政治理性主义则是错上加错。

理性主义政治的错误不在于承认技术知识,而在于忽视或不承认还存在其他类别的知识。其哲学上的错误则在于使技术的确定性转变为技术的霸权,而实践上的错误则是在于相信"使行为变成自我意识只会有好处而没有坏处"。他认为,如今欧洲政治几乎听任理性主义摆布,就连曾经起抵抗作用的传统因素如今也与理性主义的"理智倾向一致"。其结果是,理智创造的各种原则(奥克肖特称之为意识形态)代替了各种行为传统,政治就是毁灭和创造而不是在原有的基础上修修补补(他称为"修补的政治"),精密计划和严格执行的东西胜过通过时间自然孕育和生长的东西,17世纪是这种理性主义政治的"黎明",如今,即使是对这种政治的抵制本身也成为一种主义,一种意识形态。哈耶克《通往奴役之路》的主要意义就在于它也"是一种主义这个事实"。所有这些都表明"理性主义气质多么深深地侵入我们的政治思想和实践"。其结果是,政治"失去了它的韵律和连续性……民间传说因为不是技术,被等同于无知,所有伯克称之为现在与过去间的伙伴关系的东西都失去了"[②]。简单来说就是,理性主义政治割裂了与传统的联系,破坏了社会的连续性。

奥克肖特进一步追问:"促进这种事态的环境是什么?"回答是:政治无经验。"最近400年欧洲政治的突出特征就是它们遭到三种类型的政治无经验——新的统治者、新的统治阶级和新的政治社会——的侵袭。"马基雅维利的《君主论》

[①] 〔英〕迈克尔·奥克肖特:《政治中的理性主义》,张汝伦译,上海译文出版社2004年版,第16—17页。

[②] 〔英〕迈克尔·奥克肖特:《政治中的理性主义》,张汝伦译,上海译文出版社2004年版,第20—22页。

就是给政治无经验的人提供了一种政治抄本。"而名门望族的世袭君主在传统中受教育,继承长期的家族经验,似乎对他的职位有充分的准备。"①在近代 400年,由于新的政治无经验的阶级已经崛起,并且行使政治主动权与权威,因此,政治抄本不断出现,如洛克的《政府论》等。政治抄本取代了政治习惯,"理性主义政治是通过政治无经验,从政治机会中产生的"②。然而,奥克肖特想说的是,任何政治制度都不可能是设计的结果。

五、对理性主义道德观的批判

奥克肖特认为,理性主义政治的特征与其自觉追求道德理想的道德观密切相关。理性主义将自我意识作为道德理想加以追求,而这种道德理想主要"通过意识形态的训练,而不是行为教育获得"。由此可见,理性主义的道德实际上主张"白手起家"的,理性主义道德就是"白手起家的人和白手起家的社会的道德"。而在奥克肖特看来,这种道德实际上是"整个道德和道德教育领域的回避与挪用",因为理性主义的道德形式不是通过道德实践而形成,而是"通过戒律,通过对道德原则的描述和解释"形成的。而在理性主义看来,这种道德与通过习性而养成的道德,即"习性的道德"更为高尚,而在奥克肖特看来,这无异于是"哗众取宠的空话"。③

奥克肖特认为,这种理性主义道德意识形态实际上"一度是贵族无意识的道德传统枯竭的遗物,贵族不知道理想,在与他人的关系中有了一种行为习性,并用一种真正的道德教育把它传下去"。然而,"道德理想是一种积淀;它们之有意义只在于它们悬浮在一个宗教或社会传统中,属于一个宗教或社会生活"④。奥克肖特认为,理性主义政治观以及道德观其错误的知识论基础就在于夸大技术知识的决定性地位,而忽视其他类型的知识,如实践知识、灵感之类的直觉知识。政治理性主义"包含一个关于知识本质的误解,它等于是心灵的堕落"。政治理性主义无法纠正自己的错误,因为"理性主义者预先拒绝了唯一纠正他错误的外

---

①　[英]迈克尔·奥克肖特:《政治中的理性主义》,张汝伦译,上海译文出版社 2004 年版,第 23—24 页。

②　[英]迈克尔·奥克肖特:《政治中的理性主义》,张汝伦译,上海译文出版社 2004 年版,第 29 页。

③　[英]迈克尔·奥克肖特:《政治中的理性主义》,张汝伦译,上海译文出版社 2004 年版,第 34 页。

④　[英]迈克尔·奥克肖特:《政治中的理性主义》,张汝伦译,上海译文出版社 2004 年版,第 35 页。

在灵感；他不仅忽略了那种挽救他的知识，而且他一开始就破坏它"①。这里所指的"外在的灵感"主要指的就是世代累积的行为传统、实践性的知识，对于这些知识，我们不是在保存它，而是在破坏它，也正因为如此，欧洲政治的现实是理性主义的精神气质取代了政治习性和传统。"理性主义的灵感现在已侵入和开始败坏真正的教育准备和我们社会的各种制度：迄今为止，一种真正（不同于只是技术的）被传授的知识已经消失了，其他的则过时了，还有其他的则处于从内部败坏的过程中。"②

六、理性主义的人学起源

在《代议制民主中的大众》一文中，奥克肖特梳理了代议制民主的人学基础及其历史起源。他认为，近代以来西方的代议制民主是以原子化个体组成的"大众人"为基础的。而这种原子化的人类个体观点其最早可以追溯到 14 至 15 世纪文艺复兴时期，由意大利遍及整个欧洲。由于人类自身的成就（生产、科学以及商业等的发展），欧洲中世纪旧秩序开始逐渐瓦解，"出现了极为有利于非常高度的人类个体性和人类享有行为与信仰'自决'的经验的条件"，而在这之前，人们的自我知识就是"知道自己是一个家庭、一个群体、一个社团、一个教会、一个村社的成员，是一个宫廷的扈从或租地占用人"。③ 而到了16 世纪，整个欧洲"将在行为和信仰上高度的个体性视为人类特有的条件和人类'幸福'的主要成分的倾向，成了近代欧洲特性的重要倾向之一"。由此以后，人类存在的个体性被视为伦理学、形而上学等一切理论的基础以及关于政治的理解。正如上文已经讨论的那样，"几乎所有近代关于道德行为的著作都以假设选择与追求他自己的活动方向的个人开头"。从霍布斯的个人自保到康德的人是目的，一切道德理论所给予的都是关于"个体性的经验"④，其在政治中的体现则是"代议制民主"。

在代议制民主及其理论化的理解中，曾经的"共同体"被认为是个人的"联

---

① ［英］迈克尔·奥克肖特：《政治中的理性主义》，张汝伦译，上海译文出版社 2004 年版，第 31 页。
② ［英］迈克尔·奥克肖特：《政治中的理性主义》，张汝伦译，上海译文出版社 2004 年版，第 33 页。
③ ［英］迈克尔·奥克肖特：《政治中的理性主义》，张汝伦译，上海译文出版社 2004 年版，第 39 页。
④ ［英］迈克尔·奥克肖特：《政治中的理性主义》，张汝伦译，上海译文出版社 2004 年版，第 89—90 页。

合",政府的职能就在于如何维护有利于个人利益的安排,而"这些安排就是将主体从共同忠诚的'锁链'(像卢梭说的)中解放出来的安排,它们构成了人类处境的一个条件,在此条件下,人们可以探究个体性的暗示,享有个体性的经验"。可见,近代的政治或道德源于近代个体观念的出现,"这种要成为一个个人的倾向的出现是近代欧洲历史上最突出的事件"。而这种个人性的倾向对于不同的人来说可能意味着不同的状况和处境。对于一些人来说是激动,而对于另一些人来说可能是令人沮丧的"解放",对于后者来说,原有的"熟悉的公共压力的温暖"的消散可能令他们难以承受,因为他们并没有准备好"变为一种个体性的人"。因此,"人类处境的同一条件被认为是进步,又被认为是衰败。从 16 世纪起,近代欧洲出现的是两种对立的特性,一种是个人的特性,同时也有"不成功的个人"的特性,而所有这些特性是近代"公共纽带瓦解的产物",并都有其政治对应物,比如,18 世纪所谓的"开明专制君主"则是为"不成功的个人"而发明的政治样式。[1]

奥克肖特如此分析他所谓的"不成功的个人",他认为,这种"不成功的个人"是一种"反个人"。他指的是自托马斯·莫尔以来的欧洲社会主义思潮。在他看来,这种社会主义思潮反对人类个体性的倾向,把自己称为"大众人"。这种"大众人"的性情是"只允许其他人与他自己完全一样,将一式一样的信仰和行为强加给所有人,不给选择的痛苦或快乐留下余地"。这种"反个人"的道德提倡的是"平等""团结",这种道德产生于对个体性霸权的反对,同时要求建立与之相适应的人类处境的条件,即"公共的"善,不是由每个个人的善组成,而是作为一个"独立的实体"的善。[2]

从奥克肖特关于近代欧洲两种相反方向的个人观的分析中,不难看出他自己的倾向。实际上,在他看来,以个体性倾向为基础,以法律规则为依据的关于国家的理解作为"一种无目标的联合"是他自己倾向于认同的形式。在他后来的著作《论人类行为》中,他将这一形式称为"公民联合"模式,并倾向于认为"公民

---

① [英] 迈克尔·奥克肖特:《政治中的理性主义》,张汝伦译,上海译文出版社 2004 年版,第 92—93 页。

② [英] 迈克尔·奥克肖特:《政治中的理性主义》,张汝伦译,上海译文出版社 2004 年版,第 95—96 页。

联合是唯一恰当的模式"。奥克肖特关于公民联合的观念被认为是 20 世纪保守主义对自由主义的影响和贡献。实际上,从奥克肖特对理性主义政治的批判以及其他观点来看,这并没有什么特别不协调的地方。实际上,奥克肖特的保守主义对于现代性、个体性等并不笼统地一概反对,"他也从不将自由主义等同于理性主义"。当然,奥克肖特倾向的自由主义主要是指以洛克、亚当·斯密、托克维尔、哈耶克为代表的古典自由主义类型。① 而对于以所谓"反个人"为基础的集体主义倾向的政府则是一贯反对的。他认为,"反个人"的倾向早在 19 世纪以前就已经很明显了,并且影响着以个体性观念为基础的"议会制政府"样式,从而有使议会制政府变为"大众"政府的"倾向"。如普选权等就是这种倾向的体现。他认为,"大众政府"的特征一是肯定数量的权威,同时"给政府无限增加的权力"。② 而奥克肖特本人明显地持有个人主义倾向而反对他所谓的"大众人"和"大众政府","在所有重要的地方个人仍然作为实体出现,而'反个人'只是作为阴影出现"。③

第二节　奥克肖特的政治观

在《政治教育》一文中奥克肖特分析了当代几种对政治的理解并加以批判,进而阐明了他关于政治的见解。

一、政治是对传统暗示的探寻

奥克肖特首先批评这样一种经验主义政治观,在这种政治观看来,政治只是一种经验活动,"我想要做什么",或别人希望你做什么就做什么。奥克肖特称这种政治是"没有政策的政治",实际上是一种对政治的误解,"因为经验主义本身完全不是一种具体的活动的样式"。④ "而当经验主义以一种意识形态活动为先

---

① [美]保罗·佛朗哥:《欧克肖特导论》,殷莹、刘擎译,商务印书馆 2014 年版,第 26—27 页。
② [英]迈克尔·奥克肖特:《政治中的理性主义》,张汝伦译,上海译文出版社 2004 年版,第 100 页。
③ [英]迈克尔·奥克肖特:《政治中的理性主义》,张汝伦译,上海译文出版社 2004 年版,第 108 页。
④ [英]迈克尔·奥克肖特:《政治中的理性主义》,张汝伦译,上海译文出版社 2004 年版,第 39 页。

导,并受它引导时,政治显现为一种自动的活动样式。"这种样式就是奥克肖特所谓的"意识形态的政治",或一种政治意识形态。什么是政治意识形态?在奥克肖特看来,"一种政治意识形态意味着一个抽象原则,或一套抽象原则,它独立地被人预先策划。它预先给参加一个社会安排的活动提供一个明确表达的、有待追求的目的,在这么做时,它也提供了区分应该鼓励的欲望和应该压抑或改变其方向的欲望的手段"。政治意识形态的特点首先是抽象性,原因在于它先于实践。再有,由于一个政治意识形态提供了关于诸如"自由""民主"是什么的知识,"它就这样使经验主义起作用"①。奥克肖特认为,这是对政治的意识形态理解,因而是错误的理解。因为,一个政治意识形态并非是形而上学地预先独立策划的,"而是从人们惯常从事参加他们社会活动的样式中抽象出来的观念体系。一切政治意识形态的谱系都表明,它不是由政治活动之前的预先策划所创造,而是由对政治样式的思考所创造"②。意识形态只是具体政治活动的抽象表达,是一种缩略,因而不能作为政治活动的指导原则。因此,**把政治理解为由意识形态先导的经验活动**同样是错误的。作为政治活动指导的最主要的起作用的因素是行为传统,而不是作为政治传统抽象物的意识形态(抽象观念体系)。虽然他并不否认"缩写"在某种情况下也具有一定价值,"可能意识形态的哈哈镜会揭示隐藏在传统中的重要讯息"。③ 还有,缩写与一个政治传统显得相合的时候也可能是有用的。但是,"政治哲学不是一门可称为'进步的'的东西,……它是哲学家们在普通的思维方法和他们提出的解决方式中发现的种种不融贯的历史,而不是学说和体系的历史。……不能指望政治哲学增进我们在政治活动中成功的能力。它不会帮助我们区别好和坏的政治计划;它没有力量在追求我们传统的暗示中指引我们。……它必须被理解为解释性的,而不是实践的活动"④。

传统是奥克肖特抵制理性主义政治的对应物。在他看来,单纯的政治意识形态不可能展开一项政治活动,关于意识形态的知识也不可能取代关于一个具体政治行为传统的理解。一项具体的社会安排是一个整体的有机的活动方式,

① [英]迈克尔·奥克肖特:《政治中的理性主义》,张汝伦译,上海译文出版社2004年版,第41页。
② [英]迈克尔·奥克肖特:《政治中的理性主义》,张汝伦译,上海译文出版社2004年版,第43页。
③ [英]迈克尔·奥克肖特:《政治中的理性主义》,张汝伦译,上海译文出版社2004年版,第49页。
④ [英]迈克尔·奥克肖特:《政治中的理性主义》,张汝伦译,上海译文出版社2004年版,第56—57页。

而不是随意摆放的零部件。每一意识形态都预设了一个行为传统的存在，因此，政治活动就是对一个具体行为传统所暗示的东西的探索。这意味着，在政治活动中具有根本意义的是一个具体政治行为的传统，对这一传统的理解才是对政治活动的恰当理解。而政治传统提供的暗示并不存在明确的目的和方向。在他看来，一种认为"在政治中到处都有安全的港湾，有一个将达到的目的，或甚至可以发现进步的线索的虚假观念"正等着无知和粗心大意的人拥抱①。政治活动的本质到底是什么？奥克肖特认为，"在所有世界中，政治世界可能似乎是最经不起理性主义的检验的——政治总是深深地布满了传统、偶然和短暂的东西"②。政治是一种实践活动，是对经验整体的有限观察。政治活动不是产生于瞬间的欲望，也不是产生于抽象的原则，而是从现存的行为传统中产生，"是通过探讨和追求在这些传统中暗示的东西对现存的安排所做的改进"③。而所谓行为传统指的"是一个要开始认识的难以捉摸的东西，……可能本质上是不可知的"④。

政治就是对传统"暗示"的探寻，奥克肖特关于暗示与政治的关系体现了他的传统观的核心意蕴，即"一种行为传统是一个复杂的整体，并非指向一个单一的方向，也不完全是自洽的。它具有同一性，但这种同一性具有 一种复杂而非单一的特性"。简言之，政治行为传统是一种"具体的普遍"⑤，然而，如果传统中暗示的并非一种行为传统，而是多元的，那么，我们如何从暗示中得到启示呢？奥克肖特似乎明确否认了暗示中具有某种客观主义倾向，但这也并不是一种相对主义。在他看来，传统本质上是不可知的，这种本质上不可知的传统既不是固定不变的，也没有最终完成，没有最高目的，也不能发现不变的方向，就像在大海上航行一样，既没有可复制的模式，也没有要实现的类似于意识形态的抽象观念，也没有可遵照的规则。但也并非任意性，"不是没有同一性"。在他看来，统辖传统的是一种融贯性，因为行为传统虽然是变化的，但并不是同时变化的，所以它成为知识的可能的对象。行为传统的原则"是延续的原则：权威散布在过去、现在和未来之间；散布在老的、新的和将来的东西之间"。由于一个行为传统

---

① ［英］迈克尔·奥克肖特：《政治中的理性主义》，张汝伦译，上海译文出版社 2004 年版，第 57 页。

② ［英］迈克尔·奥克肖特：《政治中的理性主义》，张汝伦译，上海译文出版社 2004 年版，第 3 页。

③ ［英］迈克尔·奥克肖特：《政治中的理性主义》，张汝伦译，上海译文出版社 2004 年版，第 48 页。

④ ［英］迈克尔·奥克肖特：《政治中的理性主义》，张汝伦译，上海译文出版社 2004 年版，第 52 页。

⑤ ［美］保罗·佛朗哥：《欧克肖特导论》，殷莹、刘擎译，商务印书馆 2014 年版，第 120 页。

不受本质与偶然区别的影响,所以有关它的知识就是关于细节的知识,而不只是要点。因此,一个有关行为传统的学习绝不只是从缩写中学的抽象观念,或一套技艺、礼制,"而是一种在生活的全部错综复杂中具体地、一以贯之地生活的样式"。政治教育不仅仅限于对传统的理解,而是参与其中,"它既是进入我们对之有生活兴趣的传统,又是探讨它的暗示"。因此,政治教育必须从"享有一个传统开始,从观察和模仿我们前人的行为开始"①。

　　奥克肖特关于传统的阐述中,其风格"足以与柏克相媲美",②可见其与伯克保守主义之间存在着的联系(但不是完全的一致)。和伯克一样,奥克肖特非常强调传统之于现在的意义,"一个已经有了确定的特性和活动传统的社会。在这些情况下,社会成就就是觉察这个社会的特性在与变化的条件接触时所规定或暗示的下一步,并这样来采取这下一步,使得社会不分裂,未来世代的权利不会严重受损"③。因此,指导社会的原则不是预想的目的和计划,而是连续性原则和正当利益间分权的共识原则。"政治不是建立一个永远坚不可摧的社会的科学,它是在探索一个已经存在的传统的那种社会时,知道在哪里走下一步的艺术。"④

　　一种行为传统是变化的,因此,我们不能否认某种政治危机的可能性。但即便如此,我们在"危机没有触动的它自己的行为传统的残片、遗迹、遗风外,没有资源。因为甚至我们可能从另一个社会的传统得到的帮助也取决于我们能将它们吸收进我们的安排和我们自己参加我们的安排的样式"。简言之,政治危机始终出现在一个政治活动的传统中,"拯救来自未被削弱的传统本身的资源"。实际上,奥克肖特认为,政治是一种没有确定答案的活动,有其神秘性和不确定性,就像是人们在无边无际的大海上航行,"既没有港口躲避,也没有海底抛锚,既没有出发地,也没有目的地"。唯一所做的,就是"利用传统行为样式的资源化敌为友"。⑤

① ［英］迈克尔·奥克肖特:《政治中的理性主义》,张汝伦译,上海译文出版社 2004 年版,第 53 页。
② ［美］保罗·佛朗哥:《欧克肖特导论》,殷莹、刘擎译,商务印书馆 2014 年版,第 120 页。
③ ［英］迈克尔·奥克肖特:《政治中的理性主义》,张汝伦译,上海译文出版社 2004 年版,第 116 页。
④ ［英］迈克尔·奥克肖特:《政治中的理性主义》,张汝伦译,上海译文出版社 2004 年版,第 125 页。
⑤ ［英］迈克尔·奥克肖特:《政治中的理性主义》,张汝伦译,上海译文出版社 2004 年版,第 51 页。

二、政治是一种对话，而不是一个论证

政治就是身处一种具体的行为传统中并探寻传统本身给出的暗示，因此，政治教育不只是理解传统，而是学习"如何参与对话"。[①]

在《政治论说》一文中，奥克肖特对几种他所谓的"论证性话语"的政治论说进行了评析。他认为，政治作为一种具体的实践性活动存在着三个要素：某种形势、对形势的回应以及政治论说（包括说、写、听、读等）。[②] 奥克肖特认为，一切政治论说都涉及一套用来理解和认出政治形势的"特殊词汇"，例如民主、自由、权利、人民等，这些词汇在政治论说中有着特殊的地位。奥克肖特将这些词汇称为"意识形态"，而"一个政治'意识形态'就是一个解释政治形势和以某种方式思考想要和不想要东西的要求，一个考虑政治决定和行动的某些结果比别的结果更重要的要求"。但一个具体的政治行动并不产生于某种信念，信念只是强化了某个方向。关于政治信念的特殊词汇谈论的只是"关于政治形势的意见的手段"，对于统治者来说可能"更易于令人信服地维护他的决定"。但这些多样性词汇之间往往存在着紧张，因而有时也会带来混乱（如对于 1689 年逃往法国的英国国王詹姆斯二世的陈述）。但总的来说，如果"不掌握当代欧洲流行的政治词汇，就不可能思考政治形势或参与政治论说"。这些关于信念的词汇或由此组成的种种信念被给予一定的逻辑地位，并将某种逻辑加于政治论说及其结论。[③]

奥克肖特考察了两种不同形式的政治论说。第一种政治论说可以称为说服性政治论说，以古代雅典著名政治家伯里克利的演说为代表。这种政治论说给某些信念词汇以基本原理的地位，但它的论证采用推理而不是论证的方式。根据亚里士多德的说法，这种政治论说"企图从行动的方针出发，说服人们追求或不追求所期待的好的或有害的东西"。在这里，关于人类幸福之类并不被理解为单一或普遍的事物状况，而是根据不同的情况发生变化，亚里士多德称之为社会"承认的善"。这种论证方式只跟忽然性、不确定性相关，论证采取的形式"是权

①　[英]迈克尔·奥克肖特：《政治中的理性主义》，张汝伦译，上海译文出版社 2004 年版，第 53 页。
②　[英]迈克尔·奥克肖特：《政治中的理性主义》，张汝伦译，上海译文出版社 2004 年版，第 63—64 页。
③　[英]迈克尔·奥克肖特：《政治中的理性主义》，张汝伦译，上海译文出版社 2004 年版，第 65—67 页。

衡利弊,猜测行动可能的结果"①。第二种政治论说可称为论证性政治论说,寻求的是以确定性代替忽然性,必然性代替偶然性。简单来说,"论证性政治论说要么可以从一种其组成信念被赋予公理的逻辑地位的'意识形态'中产生,要么可以从一种其组成信念被赋予关于人和事情进程的绝对知识陈述的逻辑地位的'意识形态'中产生"。奥克肖特认为,柏拉图可能是这种论说的开山鼻祖,在他那里,追求人类"至善"(即正义)成为人类行为的普遍而不变的标准。论证性政治论说通过"消除偶然性"来回应一种政治形势的"正确"或"不正确"。然而,奥克肖特认为,这种证明性论证"无法致力于对付无论什么具体的政治形势"。②奥克肖特认为,证明性论证的另外一种版本是马克思、恩格斯给出的,这一论证不是建立在"公理"的基础上,而是建立在知识论基础上的。但奥克肖特认为,马克思、恩格斯关于人类规律的论说不过是给予"规律"以特殊逻辑地位的信念,但"产生不了任何关于具体的人类活动的世界的知识命题,也产生不了任何与关于具体偶然形势的思考与言谈相关的命题"。③在奥克肖特看来,20世纪的历史变革已经使马克思(恩格斯)的计划落空,但他认为"遗风仍在徘徊",20世纪中期关于"意识形态终结"论版本似乎与马克思的证明性论说有异曲同工之妙。比如,哈耶克的《通向奴役之路》(1944)一书也反对中央计划式的集体主义,但奥克肖特却批评哈耶克的学说与他的对手是同一种风格,因为哈耶克似乎"强调有必要形成一种自由意识形态,来对抗集体主义意识形态"。奥克肖特认为,哈耶克对集权的反对和对自由的辩护是建立在"自由可以促进经济效率和繁荣"的基础之上的。④而在奥克肖特看来,这种工具性的辩护本身就是意识形态,因为哈耶克赋予了"自由"的信念以公理性的逻辑地位,这是一种典型的他所称的"论证性"政治论说,因而是一种政治意识形态,而这正是奥克肖特所不能同意的。在

---

① [英]迈克尔·奥克肖特:《政治中的理性主义》,张汝伦译,上海译文出版社2004年版,第70—71页。

② [英]迈克尔·奥克肖特:《政治中的理性主义》,张汝伦译,上海译文出版社2004年版,第72—73页。

③ [英]迈克尔·奥克肖特:《政治中的理性主义》,张汝伦译,上海译文出版社2004年版,第78—79页。

④ [美]保罗·佛朗哥:《欧克肖特导论》,殷莹、刘擎译,商务印书馆2014年版,第16页。

奥克肖特看来，提供给证明性论证的任何知识都不可能使论说变为一种证明，它至多提供一种用来阐述某些基本原理的信念性词汇。但人们不能忽视这些基本原理，"它们是政治活动出现以来每个政治家就在寻找的东西。基本原理不是公理，它们也不是关于人类行为的无条件知识命题"。奥克肖特想强调的是，政治论说中的经常性错误是"将公理的地位赋予只是意见的东西"，而当人们这么做时，往往将日常生活中非证明性的论说当成"是一种非理性"，这是一种很大的错误，"因为处理猜测和可能性，权衡形势利弊的论说是推理，它是唯一一种适于实践事务的推理"①。如此理解的政治必然不同于意识形态政治，政治没有"中心"，也没有明确的目标和最终的方向，而是一种不断的探索，任何版本的意识形态"缩写"都不能作为政治活动的基础。

奥克肖特关于政治论说的阐述似乎能够帮助我们理解他关于"政治是一种对话，而不是论证"的观点。对话意味着一种关系性的思考，在他看来，引领传统给人们的暗示时，其方法不是演绎、归类或证明这些证明性的话语，而是关注和权衡传统向我们呈现的多种多样、同时相互间又常常具有竞争关系的暗示，"'对话'就像'暗示'一样，唤起了这种介入的开放性和变通性"②。但是，问题是，正如奥克肖特自己所表明的那样，一个具体的行为传统中存在多样性的"暗示"，我们到底依据什么样的标准去追寻呢？奥克肖特似乎并没有给出明确的回答。如果取消或模糊原则、规范等现代政治所特有的意识形态维度，奥克肖特"对习惯、风俗和传统之非自觉性的标举，所取的某种方式是严重时代误置的"③。然而，在关于政治的论述中，奥克肖特实际上是有标准的，比如他关于马克思和柏拉图的批评清楚地标明了他的论述所暗含的标准。同时，正如人们看到的，奥克肖特在关于理性主义的批判中，并没有将（古典）自由主义归入理性主义，而是将对理性主义的批判与"他对自由制度的辩护关联起来"④。

---

① ［英］迈克尔·奥克肖特：《政治中的理性主义》，张汝伦译，上海译文出版社2004年版，第84页。
② ［美］保罗·佛朗哥：《欧克肖特导论》，殷莹、刘擎译，商务印书馆2014年版，第121页。
③ ［美］保罗·佛朗哥：《欧克肖特导论》，殷莹、刘擎译，商务印书馆2014年版，第125页。
④ ［美］保罗·佛朗哥：《欧克肖特导论》，殷莹、刘擎译，商务印书馆2014年版，第128页。

第三节　自由与法治

一、自由多样化地存在于实际享有的生活方式中

作为 20 世纪杰出的保守主义哲学家,奥克肖特对自由的理解与埃德蒙·伯克有着某种一致性。在《自由的政治经济》一文里,奥克肖特这样评价美国著名经济学家亨利·C.西蒙斯的自由观,在奥克肖特看来,西蒙斯所理解的自由与流行的抽象自由观不同,自由既不抽象,更不是一个梦想,西蒙斯"是一个自由至上论者,不是因为他从一个抽象的自由定义开始,而是因为他实际享有一种生活方式(并且看到别人享有它),那些享有它的人习惯(由于某种明确的特征)称它为自由的生活方式,因为他发现它是好的"。这其实也是奥克肖特自己预设的关于自由的理解。他认为,真实的自由并非抽象的普遍原则,而是就存在于实际享有的现实生活方式和生活过程中,自由不是由各种独立的特征组成的,"但英国自由至上论者知道和珍视的自由在于相互支持的各种自由融贯一体,它的每一个都增强了整体,没有一个单独存在"①。

自由总是具体的而不是抽象的,如一般认为的言论自由、结社自由、拥有私人财产权的自由,等等。奥克肖特认为,后两种自由是远比前一种重要的自由。因为结社自由创造了大量多种多样的社团,"社团代表适合我们自由观念的分权"。自愿结社的权利"除了它所属的权利系统提供的限制和内在于它自己的特性的限制外,没有任何限制"②。而为了最有效地防止权力巨大和危险的集中,需要有一种财产制度,即私有财产权。在他看来,私人财产制度是与他所理解的自由最兼容、最能抵抗权力集中的一种制度安排。

二、权力分散是自由的最一般条件

奥克肖特认为,权力分散是自由的最一般条件,那些"融贯一体"的自由之所

---

① 　[英]迈克尔·奥克肖特:《政治中的理性主义》,张汝伦译,上海译文出版社 2004 年版,第 108 页。
② 　[英]迈克尔·奥克肖特:《政治中的理性主义》,张汝伦译,上海译文出版社 2004 年版,第 112 页。

以存在，并非因为教会与国家的分离、议会制政府、各种机构设置与安排等原因，而是"由于缺乏压倒性的权力集中"的原因。在他看来，权力分散是"自由最一般的条件"。当"权威分散在过去、现在和未来之间时"，自由就产生了。如果一个社会完全"被它的过去，或它的现在，或它的未来"所支配，那么，这样的社会将会是不自由的。在他看来，英国是一个自由的社会，这是因为英国政治"是一个过去、现在与未来都在其中有声音的对话；虽然它们的一个或另一个有时可能实际占上风，没有一个会一直占支配地位，因此我们是自由的"。同时，自由还表现在承认利益的多样性，"权力分散在组成我们社会的众多利益组织间"。为了任何特殊的利益，哪怕是大多数人的利益而要求特别的权力，都将是对自由的威胁。英国的宪法和分权制度保证了自由的实现，英国社会"自由的秘密就是它由众多组织在宪法范围内组成，从这部宪法最好的东西中产生出这个整体特有的分权"①。因此，他认为，最适合自由的统治方式是法治。奥克肖特认为，保证自由实现的不是"将一个虚假永久的性质固定在一个制度上的僵硬学说的迷狂"（这似乎很接近伯克），而是"法治"，它是使权力分散从而维护自由的最"经济的统治方法"。

三、财产权与自由

关于私人财产权，奥克肖特说了不少。他认为，"在一切社会中，财产制度都是不可避免的"。最适合人类自由的财产制度是为了防止权力集中，"最有利于自由的财产制度无疑是最少被任意限制和排斥限定的私人财产权，因为只有这样才能实现最大限度分散从所有权中产生的权力"。在他看来，君主专制（财产由一人独享）是对自由的敌意。而在当代的社会中，"对自由的最大威胁来自政府、大商业和工业公司，以及工会获得特别的财产权，它们都应被视为对私人财产权的任意限制"。财产制度是一种最复杂的制度，不能随意地制定和取消，"只能通过不断的戒备、偶尔的改良和拒绝胡乱修补来维持"。垄断或近乎垄断都是对自由的障碍，办法是维持有效竞争，而"以政治控制来取代竞争（市场）提供的

---

① ［英］迈克尔·奥克肖特：《政治中的理性主义》，张汝伦译，上海译文出版社 2004 年版，第109页。

活动的整合既创造了垄断又破坏了与自由不可分的分权"①。因此,在奥克肖特看来,政治上的分权、自由竞争与私有财产制度是自由的最重要条件和保证。这让我们想起哈耶克以及 20 世纪 80 年代以后兴起的新自由主义的主张。所不同的是,哈耶克以及新自由主义强调的是自由市场的经济效率,而奥克肖特更多关注的是政治,是对基于这种基础的生活方式的守护。

四、人类关系的"法治"模式

所谓"法治"即指"依靠同样束缚统治者与被统治者的规则规定的方法来强制",这样理解的法治并没有使政府失去力量,法治"本身是它存在着要促进的分权的象征,因此它特别适合一个自由社会"。法治是抵制权力集中的"最经济的统治方法";法治"包含过去与现在,统治者与被统治者之间的一种伙伴关系",因而没有给权力的任意性留下空间,从而起着抵抗权力集中增长的危险。总之,法治"是自由最大的单一的条件"。②

在《法治》一文中,奥克肖特阐述了他所理解的"法治"概念。所谓"法治"主要指的是通过一定的条件,即"法律"联合起来的人与人之间的关系模式。人类关系作为人类自身的发明,形式多种多样,但有其共同特征,即"他们所有的一切或任何关系的条件是信念和承认"。但是,人类对人类关系模式特征的反思一般总是在实践之后,正如先有朋友关系才有对朋友关系的反思那样。因此,"法治"一词"意指一种已经在实践中被概略瞥见,但还未经反思,人们断断续续享有,一知半解,不太清楚的人类关系模式",而这也意味着反思的性质和目的。奥克肖特认为,对"法治"这一人类关系模式的反思,其目的和任务"不是要发明某种迄今还未听说的人类关系,而是要通过尽可能精确地区分它的状态赋予这种有点模糊的关系一种清楚表达的特性。它意指一种关系,这种关系唯一和专有的条件是某种规则,即法律"③。以法律作为条件建立起来的人类关系模式有其自身的特性。奥克肖特对比了其他一些人类关系的模式。如以交易(商品或服务)为

① [英]迈克尔·奥克肖特:《政治中的理性主义》,张汝伦译,上海译文出版社 2004 年版,第 114—115 页。

② [英]迈克尔·奥克肖特:《政治中的理性主义》,张汝伦译,上海译文出版社 2004 年版,第 111 页。

③ [英]迈克尔·奥克肖特:《政治中的理性主义》,张汝伦译,上海译文出版社 2004 年版,第 156—157 页。

核心的关系模式，这是一种为了某种实质性满足，且存在着一定期限的工具性关系模式，其联系的核心是个人能力的大小，"人们根据期待、希望的或行动和言论预示的实质结果来行动和发表言论"。这种模式还有另外一种形式，人们进入这种关系中"寻求满足一种选择的共同需要，或促进一种共同利益"。人们之间的关系是同事、伙伴等的关系，如一个协会、一个政党、一个社团等，这是一种"以达到一个所希望的满足的能力聚合体"，其共同目的是寻求"达到一个未来，达到所希望事物的实质条件"。奥克肖特认为，以上模式其特征是一种"根据要求和实质满足的关系"而面向未来的关系模式，其手段包括"工具性的规则、安排和实践，但除了那些达到目的的能力考虑外，它不受别的考虑支配"。奥克肖特说，还有"一种据说在其中联合起来的人明确地只依据对某种行为规则、即'法律'的承认而联系在一起的联合模式"。这种模式显然并非奥克肖特自己认同的"法治"模式，这里所指的依据对"法律"的承认而联合的模式"明确地只根据寻求满足实质需要和他们这么做的能力联系在一起的联合者"，与"法治"的含义完全不同，这里有的只是"目的、计划、政策和权力"。①

然而，奥克肖特认为，真正的"法治"模式是一种道德联合的模式，在这种关系中，法律具有非工具性特征，"法治"只是"指一种只依靠承认已知的、非工具性的规则（即法律）的权威的道德联合模式，它将在做自选行动时同意限定条件的义务强加给所有在它们权限内的人。这种联合模式可以无礼地打上'墨守法规'的标记，人们可以认为其他模式更有用，但我认为这种模式是法治必有之义"。"法治"模式的首要条件是一个具有"主权"的立法机关，它是一个"创造义务的权威"，而不是为了得到和促进一个共同的实质性的满足，或是承认某种"正确"或"正义"性质，"法治"模式的唯一的条件是"承认法律的权威和可靠性"，以便有"尽可能少的思辨的程序"。因此，"法治"模式实际上指的是"一个自给的，观念上自相一致的人类联合模式"，这种模式同时预设了关于法律的"正义"概念。②

实际上，在"法治"模式中，"法律不关心不同利益的价值，不关心满足实质

---

① ［英］迈克尔·奥克肖特：《政治中的理性主义》，张汝伦译，上海译文出版社 2004 年版，第 158—160 页。

② ［英］迈克尔·奥克肖特：《政治中的理性主义》，张汝伦译，上海译文出版社 2004 年版，第 170—173 页。

需要,不关心促进繁荣,消除浪费,不关心普遍认为的好处或机会的平等或不同的分配,不关心仲裁对利益或满足的竞争性要求,或不关心促进公认为是善的事物的条件"。① 法律的正义与抽象人权和无条件的抽象自由或普遍原则无关,法律的正义"内在于法律本身",而不在于从"理性的或有价值的人类生存的无条件物中寻求法律之正义"。例如,近代的人们往往通过将法律回溯到所谓"自然法"或"上帝之法"中寻找正义的基础。在这种观点看来,"法律的正义在它与一个真正的法律的种种规定的关系中寻求,真正的法律(因此)与赞同或不赞同活动无关,而与规定在做自选活动时得遵守的条件有关,这种条件不同于法律的种种规定仅在于它们有更大的一般性"。还有一种寻求法律正义的形式是探寻一套与之相适应的"基本价值",如所谓的"人权"、无条件的人类自由,等等。但是,在奥克肖特看来,如此探寻法律正义的形式显然就是"否定了法律的非工具规则的性质"。然而实际上,依据法治联合所具有的正义不需要从任何诸如"自然法"或"人权"之类的抽象价值中获得,法律制度的程序及其"合法秩序的形式原则"就是"正义"的原则。它们是"一种道德经验的产物",且处在变化之中。在"法治"模式中,决定法律正义的"不是一套抽象准则,而是一种可以用来深思熟虑问题的话语的适当论证形式;即一种道德话语的形式,不是一般关心人类行为的对或错,而是狭隘地集中在一个法律可能施加的有条件的义务上"。② 总而言之,在他看来,法治不知道任何无条件的抽象"权利"之类的事情,必须在与偶然事件的联系中探寻法律的意义,"在法院里,'正义'必须显示它自己是一个论证的结论,这个论证设计尽可能最好地表明这是法律就此事件而言的意义"③。

概括起来,奥克肖特所阐述和认同的"法治"模式必须具备三个条件:第一,一个"主权"性质的立法机关;第二,一个被赋予权威的司法机关(法院);第三,权力:"配备由规则组成的程序和被授权强制执行法院指令的实质行动的各种机关,各相似配备的'和平'的各个保卫者,它们关心发现和起诉据称的违法和防止迫近的违法。"显然,在这种关系中(和其他关系一样),人与人之间是一种角色关

① ［英］迈克尔·奥克肖特:《政治中的理性主义》,张汝伦译,上海译文出版社 2004 年版,第 174 页。
② ［英］迈克尔·奥克肖特:《政治中的理性主义》,张汝伦译,上海译文出版社 2004 年版,第 175—176 页。
③ ［英］迈克尔·奥克肖特:《政治中的理性主义》,张汝伦译,上海译文出版社 2004 年版,第 179 页。

系，依据法律（程序性条件）而联合，这种关系是一种道德关系，因为人们之间的联合不是为了促进和获得某种实质性满足，而是依据"非工具性规则的义务"，其规则不是依据价值而定，而是依据规则本身的"合理性"，也即"正义"。可以说，这是人类关系的"理想模式"。问题是，它是否是一个"可能的实践活动"？[1]

奥克肖特考察了近代以来的国家观念及其变化倾向。他认为，近代以来的欧洲政治与这种"法治"模式渐行渐远，从培根的"技术的国家概念"，到后来的"效率国家"或"警察国家"等等，这些国家概念几乎"全面和有计划地否定了一个作为依据法治的联合的国家概念"。因为这些国家观都被"理解为在追求一个共同的实质目的"，然而，这恰恰不是"法治"概念应有的，"这与法治背道而驰，法治既不关心促进，也不关心阻碍追求各种利益"。[2] 不过，奥克肖特似乎并未完全失望，他认为，"警察国家"正在受到抵制，"寻求成为依据法治的联合的倾向至少充满生气"。[3]

奥克肖特关于"法治"的论述根本上针对的是 20 世纪以来欧洲兴起的集体主义和工联主义倾向。他认为，集体主义和工联主义是相互排斥的两个自由社会的当代大敌。因为两者在建立垄断和缺少分权上是一致的。他认为，"集体主义与自由是真正对立的选择"。而这种对立首先表现在"集体主义对整个分权观念和通过多种多样真正自愿社团组成的社会的观念的拒绝"。[4] 而工联主义则是自由生活方式的真正对立面，不仅对自由是毁灭性的，对任何一种有序的存在都是毁灭性的。然而，根据奥克肖特关于传统的论述，传统本身并不提供关于一种制度孰好孰坏的标准，奥克肖特"为什么要选择传统中的这一自由的脉络，而不是别的脉络呢？"解释只能是，这一脉络正是奥克肖特自己的"偏好"，也是他对理性主义批判的标准。同时也表明，奥克肖特的政治观也不可避免地具有"意识形态"的特征，作为 20 世纪英国知识分子中最伟大的"离经叛道者"，他对流行的实证主义、分析哲学、集体主义、中央计划都进行批判和抵制。[5] 在早期，他批判

---

[1] ［英］迈克尔·奥克肖特：《政治中的理性主义》，张汝伦译，上海译文出版社 2004 年版，第 180—181 页。

[2] ［英］迈克尔·奥克肖特：《政治中的理性主义》，张汝伦译，上海译文出版社 2004 年版，第 185 页。

[3] ［英］迈克尔·奥克肖特：《政治中的理性主义》，张汝伦译，上海译文出版社 2004 年版，第 192 页。

[4] ［英］迈克尔·奥克肖特：《政治中的理性主义》，张汝伦译，上海译文出版社 2004 年版，第 118 页。

[5] ［美］保罗·佛朗哥：《奥克肖特导论》，殷莹、刘擎译，商务印书馆 2014 年版，第 2 页。

理性主义的理据主要是认为理性主义所理解的理性不符合人类活动的逻辑，而他关于传统的许多论述也与伯克的保守主义存在着明显的联系。但是，20 世纪 50 年代以后，奥克肖特对集体主义、社会主义等的拒斥依据主要是"个体性和人类自由"，正如以上关于自由与市场经济关系的论述以及所谓"个人"与"反个人"的论述。正如有人评论的，他写于 1956 年的《论保守》一文在关于保守主义的界定和阐述上，与伯克的保守主义传统（以及当时美国兴起的新保守主义）拉开了距离。如果说伯克以及美国的现代继承者（20 世纪 50 年代）将保守主义与人性以及宗教的一般信念联系起来，以抗拒日渐严重的现代性危机和相对主义，奥克肖特则为保守主义提供了"一个完全现代和怀疑论的辩护"。①

第四节　奥克肖特论保守

一、政治的去神圣化

我们知道，包括伯克在内的早期保守主义一般都与某种神圣的信仰、天意的秩序等存在着关联。20 世纪美国著名的保守主义者拉塞尔·柯克也追随伯克，强调古老的神意秩序之于保守主义的重要性。在《保守主义思想：从伯克到艾略特》一书中，柯克这样阐述伯克的保守主义：伯克"将社会看作一个**灵性的**统一体，一种永恒的伙伴关系，一个总是在消亡同时也总是在更新的团体，很像另一个永恒团体和统一体：教会。"②然而，在《论保守》一文中，奥克肖特批评伯克及其 20 世纪美国的追随者拉塞尔·柯克等人的保守主义思想，认为他们将政治保守主义与神圣的宗教信念、自然法等过于紧密地联系在一起是一种"时代误置"，在他看来，保守主义可以从别的角度加以解释，保守主义可以更多从怀疑论的个人主义者如蒙田、帕斯卡、霍布斯、休谟等思想中吸收的思想资源，而不是从宗教、自然法等神意秩序去寻找资源，由此，奥克肖特的政治保守主义就与 20 世纪

---

① 〔美〕保罗·佛朗哥：《欧克肖特导论》，殷莹、刘擎译，商务印书馆 2014 年版，第 133 页。

② 〔美〕拉塞尔·柯克：《保守主义思想：从伯克到艾略特》，张大军译，江苏凤凰文艺出版社 2019 年版，第 19 页。

50 年代兴起的美国"新保守主义形成鲜明的反差。①

二、政治即治理

正如奥克肖特所说的，政治上保守的气质"与自然规律或一个天意的秩序无关，与道德和宗教无关"，当然也与人类是否有原罪无关，也无须有机体理论来体现。政治上保守的气质"所联系的是某些关于治理活动和治理工具的信仰，正是根据这些论题，而不是其他论题的信仰，它似乎是可理解的"。② 在这一前提下所理解的政府，政府的职能或治理"不是将别的信仰和活动强加给它的国民，不是指导和教育他们，不是用另一种方式使他们更好或更幸福，不是去指引他们，激励他们去行动，……政府的职能是统治。……统治者的形象是仲裁人，他的事情就是执行游戏规则"，但并不是说政府什么也不做。③

不过，政府要做的不是一个美好的计划和梦想，而是对"自我治理"的注意和日常利益的调整，调整并不是消解冲突，而是使冲突双方"以免在冲突中两败俱伤"。奥克肖特一再强调，政治或治理就是探求现在所暗示的东西。而"政府的暗示得在仪式程序中找，而不是在宗教或哲学中找；在享受有秩序和平和的行为中找，而不是在寻求真理或完美中找"。这样的治理观寻求的不是创新，而是熟悉，因为"政府提供行为规则，在规则中，**熟悉**是至关重要的美德。然而，他给其他思想留下了余地"④。因而在新的活动和发明中，变化不断出现，规则自然也需要修改，不过，"规则的修改应该始终反映活动和信仰的变化，而绝不是强加活动的变化和那些服从规则的人的信仰，并且在任何时候都不应该大到破坏全体的地步"⑤。虽然奥克肖特的历史和政治观并不像伯克一样包含某种神意的秩序，奥克肖特的"规则"也许只是一般意义的准则，但他的这些关于准则的论述与伯克相比仍然有许多相似性，使我们可以轻而易举地记起伯克的有关论述，比如关于如何对待祖先的遗产，如英国宪法体制，伯克认为，"我们已经小心翼翼地不去进行违反原来作物本性的任何幼芽接枝。我们迄今所进行的一切改革都是根据

---

① ［美］保罗·佛朗哥：《欧克肖特导论》，殷莹、刘擎译，商务印书馆 2014 年版，第 134 页。
② ［英］迈克尔·奥克肖特：《政治中的理性主义》，张汝伦译，上海译文出版社 2004 年版，第 141 页。
③ ［英］迈克尔·奥克肖特：《政治中的理性主义》，张汝伦译，上海译文出版社 2004 年版，第 144 页。
④ ［英］迈克尔·奥克肖特：《政治中的理性主义》，张汝伦译，上海译文出版社 2004 年版，第 147 页。
⑤ ［英］迈克尔·奥克肖特：《政治中的理性主义》，张汝伦译，上海译文出版社 2004 年版，第 148 页。

对于古代的尊崇这一原则在进行的;而且我希望——不,我坚信不疑——今后所可能进行的一切改革,都将根据类似的前例、权威和典范而小心翼翼地来形成"①。奥克肖特的"规则"与伯克的"前例""权威""典范"等并没有什么本质的区别,只不过似乎带有更多"中立"的性质。以奥克肖特的保守主义来看,政府的角色就是"掌管游戏规则",而不是像理性主义政治那样落实社会幻想。正像他所说的,"政治方面的保守气质反映了一种完全不同的治理活动观。这种气质的人将政府职责理解为不是去燃起热情和给它新的目标作为能源,而是给已经太热情的人的活动注入一种节制的成分;去抑制、去泄气、去平定和调停;不是去拨旺欲望的火焰,而是去把它们扑灭。所有这些,不是因为热情是罪恶,节制是美德,而是因为如果热情的人要避免两败俱伤的遭遇,节制是不可少的。这种政府不需要被看作是仁慈天意的代理人,道德法则的看守人,或神圣秩序的象征。它提供的是某种它的国民(如果他们是像我们这样的人的话)可能很容易承认是有价值的东西"②;奥克肖特认为,这种治理观承认对政府的合适态度是"忠诚、尊敬和有些怀疑,不是爱戴或奉献或热爱"③。这种治理观所要求的"不是纯粹的偏见;不需要任何傲慢的形而上学信仰诱发它或使之可理解"。这种治理观注重的是"约束",在他看来,"一个同时是运动员之一的'裁判员'不是裁判员。……梦想和统治结合在一起产生暴政"④。在这里,我们看到奥克肖特论述与伯克在《法国革命论》中把抽象的"人权"说成是专制主义的工具的论述如出一辙。虽然奥克肖特把政治下降为"治理",也去掉了伯克所称道的神圣的外衣和崇高的成分,但是,同伯克一样,奥克肖特强调的是传统、偏见(虽然不纯粹是偏见)、规则、法律的平衡和约束作用,国民的忠诚。因此,政治是不适于年轻人的事,因为,政治需要的是"控制自己的信仰和欲望,承认事物的当前状态,感觉手头事物的平衡,容忍讨厌的东西"等。⑤　而由梦想组成的年轻人与政治保守的气质相差太远。奥克肖特的保守主义同样具有浓厚的精英意识,这突出表现在他对平等价值、社会主义的反对上,也同样体现在他关于自由、私人财产权以及"法治"的观

① ［英］柏克:《法国革命论》,何兆武、许振洲、彭刚译,商务印书馆1998年版,第41页。
② ［英］迈克尔·奥克肖特:《政治中的理性主义》,张汝伦译,上海译文出版社2004年版,第149页。
③ ［英］迈克尔·奥克肖特:《政治中的理性主义》,张汝伦译,上海译文出版社2004年版,第150页。
④ ［英］迈克尔·奥克肖特:《政治中的理性主义》,张汝伦译,上海译文出版社2004年版,第151页。
⑤ ［英］迈克尔·奥克肖特:《政治中的理性主义》,张汝伦译,上海译文出版社2004年版,第152页。

念上。

有人认为，奥克肖特《论保守》一文阐述的保守主义思想与伯克的保守主义思想存在着较大的差别。我们知道，伯克的保守主义通过诉诸宗教、具有神意性质的自然秩序等来为其反对革命的保守主义思想辩护，而奥克肖特关于保守主义思想的论述显然不具有这一特征。在奥克肖特看来，阐明政治的保守性质不一定非得诉诸形而上学和信仰，尽管宗教有其自身的作用，但将"政府理解为一种受限的和特定的活动这种保守主义认识，比另一种将政府理解为一种本质的'共同善'观念的强制要更恰当"。显然，奥克肖特这一观念与伯克拉开了距离，同时也非常不同于以列奥·施特劳斯为代表的美国保守主义的思想特征。无论是哈耶克还是施特劳斯，其保守主义思想具有浓厚的意识形态"信条式"特征。施特劳斯的保守主义更多地从古代自然法和形而上学中寻找资源来阐述其保守主义思想，而奥克肖特则与此完全相反。正如有评论指出的，"欧克肖特与施特劳斯无疑是 20 世纪下半叶两位最重要的保守派理论家，但他们的保守主义完全背道而驰"。这也说明了 20 世纪保守主义思想内部的"根本分野"。①

小结：作为 20 世纪的保守主义哲学家，奥克肖特的保守主义政治哲学无疑是独特的。与伯克相比，奥克肖特关于政治与传统的论述既具有一定的承继关系，也存在明显的差别，这特别体现在对待宗教、自然法等不同的观点上。伯克为传统的辩护建基于神圣秩序的前提之上，而奥克肖特的论述明显不再具有这一特征，更多的是哲学阐释。与伯克一样，奥克肖特的保守主义也具有明显的辩护（或同情）对象。伯克辩护的主要是英国传统宪制，而奥克肖特对于政治理性主义的批判，针对的是日益扩大的社会民主以及工党施行的"社会工程"，奥克肖特对于任何"政治工程"都是拒绝的。可见，他所谓"暗示的政治""反个人"等思想无疑是对现实社会和政治潮流所做的批判性回应。奥克肖特批判所谓的"意识形态"政治，然而实际上，他对个人主义、自由市场、代议制的明显认同，对平等主义和社会主义的明显敌视具有明显的意识形态倾向。佩里·安德森这样评论奥克肖特（包括施米特、施特劳斯、哈耶克）：这些保守主义者都有一个共同点，即对人民民主的历史潮流的反感，"他们的理论建构实际上都打算拉历史倒车。它

---

① ［美］保罗·佛朗哥：《欧克肖特导论》，殷莹、刘擎译，商务印书馆 2014 年版，第 21 页。

们最后要达到的目的，就是遏止民主的危险"①。暂且不去评论佩里·安德森的评判是否公允，但若从反对人民民主和平等主义这一点上，说其"拉历史倒车"也未尝不妥。对平等主义的反对似乎是保守主义的共同特征，伯克如此，奥克肖特以及其他的保守主义者也是如此。

---

① ［英］佩里·安德森：《思想的谱系：西方思潮的左与右》，袁银传、曹荣湘等译，社会科学文献出版社 2010 年版，第 32 页。

第四章
斯克拉顿对保守主义信条的系统阐发

罗杰·斯克拉顿,当代英国哲学家、作家。他的《保守主义的含义》出版于撒切尔执政的第一年(1980年)。在此背景下出版这样的著作,其意义也就非同小可,该书也当之无愧地成为英国新保守主义的代表作。在该书中,斯克拉顿明确阐述了撰写该书的目的和雄心,即探寻保守主义的政治信条,从而使保守主义"成为一种当代的信仰"。① 正如有人评论说,斯克拉顿的《保守主义的含义》一书援用黑格尔的国家观及其宪法原则,对霍布斯、康德和密尔代表的自由主义进行了强烈的批评,对保守主义政治信条进行了系统化的捍卫。②

第一节　保守主义的态度

一、保守是一种态度

保守是一种愿望,一种人人都有的"某种保全可靠而亲近事物的冲动",而这种冲动直接起源于如下观念,即:"个人从属于某种持续的、先在的社会秩序",而所谓"秩序"则是多样化的,"可以是一个俱乐部、一个团体、一个阶级的秩序,也可以是共同体、教会、地区或国家的秩序"。斯克拉顿认为,这使"个人在面对这些事物时感受到一种一成不变的态度",这是保守主义必须加以捍卫的态度,而"本书的任务就是描述和捍卫这种态度"。因此,在斯克拉顿看来,保守主义的本

---

① ［英］罗杰·斯克拉顿:《保守主义的含义》,王皖强译,中央编译出版社2004年版,第6页。
② Charles Covell. *The Redefinition of Conservatism：Politics and Doctrine*,The Macmillan Press,1986,pp.59 - 60.

质是"生存意志"，而这种"生存意志"不是基于天赋人权和抽象自由，而是"存在于个人与社会错综复杂的关系之中"。而假如人们所处的社会本身处于分崩离析之中，人们又如何成为保守主义者呢？面对这一问题，斯克拉顿认为，这种怀疑主义并没有太多的价值。"一个社会和国家是有机体"，因此必定带有"必然灭亡的特性"，但即便如此，也仍然会有渴望生存下去的勇气，"渴望重新恢复生机"。但绝不是以革命的方式，那是杀鸡取卵。不过，保守主义并不排斥变革，只要变革与保持社会的连续性"并存不悖"。①

斯克拉顿关于保守主义的这种阐释似乎颇具传统主义的味道，与伯克开创的保守主义有着很大的相似性，这种相似性在关于自由的阐述中更能体现出来。

二、社会是一种有机体

同所有保守主义者一样，斯克拉顿同样拒绝为了外在的实质性目标而进行的改革，他给出的理由是：社会是个有机体。斯克拉顿认为，那种认为政治活动必须与一定的目标联系起来的观念缺乏逻辑。他以微观的人际关系为例，正如绝大多数的人类行为都没有"外在于行为和关系本身的目的"一样，政治活动并没有"终极目的"，因为，承认这种目的的存在就是对现存社会安排本身的破坏，"而目的正是健康的人际关系的准则"。政治也是如此，社会是一个有机体，有自己的个性和意志，"它的历史、制度和文化蕴含着人类的价值标准"。个人和社会秩序之间是一种"伙伴关系"，使政治受制于任何外在的目标都是荒谬的，无论这一目标是如何的美好，因为若如此，政府所依赖的个人与社会之间的伙伴关系必将遭到破坏。如果存在着目标，那目标也存在于社会安排本身之中，"政治家除非理解所力图控制的社会安排，不然便无法合理地提出自己的政治目标"。社会本身有自己的意志，这种意志就存在于"人们奉为神圣的历史、传统、文化和成见之中"。社会自身"包含了社会生活的全部基本原则"②。针对众多对保守主义关于政治无目的性的批评，斯克拉顿回应道，社会如人一样是个有机体，"我最终希望人们把社会比喻为人是个清晰而实在的观念"，如果这样看问题，那么，我们说政治并没有主导性的目标和政策这样的信条就是合理的。"保守主义以社会

---

① ［英］罗杰·斯克拉顿：《保守主义的含义》，王皖强译，中央编译出版社 2004 年版，第 7—8 页。
② ［英］罗杰·斯克拉顿：《保守主义的含义》，王皖强译，中央编译出版社 2004 年版，第 10 页。

机体的存在为先决条件"，因而，对这个机体状况的关注成为保守主义政治的核心关切。

斯克拉顿认为，社会有机体观念使得人们与社会环境之间形成水乳交融的关系，人们会感受到围绕在身边的那种社会的"持久的意志"。由于个人所属的社会不是一个毫无生气的机体，而是一个有机体，因此，"个人应当到社会中寻求自身的完善，应当把自身看作高于自身的秩序的组成部分，这种秩序超然于自身意志所产生的任何事物。个人必须把自己看作参与其中的那一秩序的继承者而非创造者，以便从那一秩序得出能够决定自我认同的观念和价值标准"①。正因为如此，自由不可能成为保守主义的核心观念。

三、自由以权威为条件

在《保守主义的含义》一书的《哲学附录：自由主义与保守主义》一文中，斯克拉顿梳理了关于自由的不同观念。从自由主义观点看，在价值排序上，各种形式的自由主义都将个人自由看作具有无可置疑的优先性，"是检验社会习俗和政治制度是否正当的唯一或首要的标准"。然而，斯克拉顿认为，个人自由具有无可置疑的价值优先性这一观念基于一种有缺陷的哲学人类学。自由主义可以区分为"欲望型"的自由主义与"自主型"的自由主义两大类。在前者看来，人被设想为欲望的机器，所谓个人自由就是满足个人的愿望，重在结果（如功利主义）。但如果把这样的观念作为政治理念，其结果是人人不择手段地谋取私利，霍布斯会赞同，但康德绝不愿意接受。"自主型"自由主义依据自身的内在价值行事，"追求自己珍视的事物"，在这里，自我既是理性行为的源头也是其最终接受者，个人"自主"，这是康德式自由主义的理论前设，在这样一种理论结构中，个人"自由"毫无疑问被设定为政治秩序的最高标准。然而，这种以第一人称视角诠释自由的观念实际上"消除了行为者与行为之间的距离"，以至于从一个角度看似合理的东西，从另一角度看就变成"完全是不可思议的"。②

斯克拉顿认为，在保守主义的价值排序中，个人自由"不可能在保守主义思想中占据中心位置"，这是保守主义与自由主义的主要区别。斯克拉顿认为，与

---

① ［英］罗杰•斯克拉顿：《保守主义的含义》，王皖强译，中央编译出版社2004年版，第50页。
② ［英］罗杰•斯克拉顿：《保守主义的含义》，王皖强译，中央编译出版社2004年版，第174—177页。

抽象自由不同,"英国人尊重的个人自由是一种特殊的个人自由,是漫长社会进化过程的产物,是各种制度的遗产,一旦失去这种制度的保护,这种自由不可能持久。这种自由是公认的社会安排的结果,而不是社会安排的先决条件",因此,"自由就是追求作为其先决条件的限制",没有对现有事物价值的感知能力,自主将是不可能的。"自主的先决条件在于对于社会秩序的认知,如果那种秩序是理想的,不过是因为人们曾经真切地体验到它。自主的个人是社会实践的产物。所谓个体的人,就是认识到自己并不单纯是一个个体的那些人。"因此,对于保守主义者来说,自由绝非最重要的价值,"政府是第一需要,自由只是各种渴盼中的一种"。脱离社会安排的自由既不能体现社会的连续性,也不能体现真正的个人选择,只"不过是道德真空中的一个姿态而已"。与自由主义抽象的自由不同,保守主义所理解的自由是一种特殊的个人自由,这种自由"是漫长社会进化过程的产物,是各种制度的遗产,一旦失去这些制度的保护,这种自由不可持久"。因此,相对于政府的第一需要,自由只是各种企盼中的一种。个人自由不是保守主义的核心价值,自由必须从属于更高层次的价值,即"既定政府的权威",权威概念是保守主义政治思想的核心概念,"保守主义者正是凭借权威这一理想来体验政治世界"①。

斯克拉顿认为,保守主义的态度首先是谋求"统治",普通公民应该接受统治的"义务",而不是享有凌驾于义务之上的"自然权利",民主也是如此,民主既不符合"普通公民的自然向往,也不符合他们的超自然向往",因此,关于公民的自然权利、民主权利之类可以在"无损于保守主义所理解的公共福祉的情况下予以摒弃"②。保守主义不以外在目标为手段维系社会的同一性,而面对社会秩序的破坏性状况,保守主义政治家"必定首先谋求统治,必定追逐使统治得以延续的权力"。权力的正当性不在于追求社会正义之类的外在社会目标,而在于权力本身,"权力的正当理由就在于权力本身,在于合法性或既定权利的观念"。而这种权力对于普通百姓来说,同时又是"权威",这种权威孕育于人民对社会秩序的尊重、对领袖的忠诚以及爱国主义等情感中。斯克拉顿认为,同伯克一样,保守主义对民主和平等持怀疑态度,反对革命,保守主义唯一关注的是"政府的使命",

① ［英］罗杰·斯克拉顿:《保守主义的含义》,王皖强译,中央编译出版社 2004 年版,第 5 页。
② ［英］罗杰·斯克拉顿:《保守主义的含义》,王皖强译,中央编译出版社 2004 年版,第 2 页。

他认为，保守主义的这一态度"足以防止政府的使命转变为一份社会目标的购物单"。①

斯克拉顿认为，国家事务与社会公共生活不可能像自由主义者所说的那样永久区分，"既然国家与公民社会相互依存，法律的合理范畴就是事关社会连续性的一切事物，就是可以看成是需要国家保护的一切事物。法律必须涵盖能够强化或打破信任和忠诚之纽带的所有行为"。他认为道德规范与公共行为准则之间存在着联系，因此，体现在政治上，"家庭约束形成的情感以及职业生涯养成的节制理应受到社会的保护"。所以他批判当代性道德的堕落，并借用马克思对商品拜物教的批判，认为当代的性行为或性道德是把"性行为的含义转变为对性行为本身的拙劣模仿：不是道德的完满，而是转瞬即逝的欲望的满足。这种'拜物教'是人类精神的敌人，是关于自由的幻觉，取决于性市场的波动"。对当代道德堕落的谴责可谓具有很强的现实针对性，也具有一定的杀伤力，这里最重要的问题是关于法律与道德的关系。在自由主义者那里，法律的职责首要的是保护公民安全和自由。而道德只是公民个人的事，因此，"道德多元论"是自由主义理论的逻辑必然。而当代的道德堕落与这种无信仰的"道德多元论"又有着密不可分的关系。他认为，自由主义最致命的缺陷在于缺乏信仰，正因为如此，自由主义才总是与"为什么"这样的问题相伴，同时在方法论上又认为"一切法律和道德问题都有讨论的余地"，而事实上，"道德规范如同体现它的法律一样，其基础始终是含糊不清、难以理解的"。② 但是，社会必须具有凝聚力，道德直觉可以转化为法律法规，法律必须与公民纽带密切联系起来，"以行使公民纽带所蕴含的全部权威，……法律将赋有现行秩序的全部权威，强行进入每一个对于社会纽带的强度或参与者的社会形象来说至关重要的社会生活领域"。因而，对公民生活的必要干预是正常的，比如对饮酒及酒类饮料种类的生产的控制等。

四、权威以忠诚为前提

法律体现了国家的意志，并因而成为公民生活的有形实体，国家权威的合法性与公民对于生活于其中的社会的忠诚密切相连。公民与社会的关系就像家庭

---

① ［英］罗杰·斯克拉顿：《保守主义的含义》，王皖强译，中央编译出版社 2004 年版，第 11—12 页。
② ［英］罗杰·斯克拉顿：《保守主义的含义》，王皖强译，中央编译出版社 2004 年版，第 58—61 页。

关系一样,其联结在一起的是自然而非自愿的纽带。家庭——公民社会的一个单元,它的特征是非契约性,不是选择,而是天性使然。而权威的政治作用,就像父母的权力和意志一样。公民对既定权威的忠诚正如子女对父母的尊重和孝顺一样是一种义务,但这种义务不是出于正义而是出于"尊敬、敬重以及忠孝"。这是一种超验的纽带,斯克拉顿说,"社会的纽带正是这样一种'超验的'纽带,公民必然倾向于认可其合法性。……公民倾向于把权威赋予现有的秩序"。正如父母权力的无可置疑和强大一样,斯克拉顿认为,保守主义谋求的是强大的国家权力,但必须以宪法为基础,而不是任意地滥用权力。因此,斯克拉顿以及其他保守主义者如伯克、奥克肖特,都强调宪法、法治的重要,"宪法以及支撑着宪法的制度始终是保守主义思想的核心"①。因此,以宪法为基础的国家权力即权威就是保护现有的一切社会安排,也即尊重传统和习俗,以社会的要求为前提。"如果以个人价值观的名义提出的要求与社会必需的忠诚相抵触",那么这些个人的要求就要受到质疑。"人之为人的前提在于:个人在人作为自主的存在物生存和活动的同时,能够首先把自身认同于某种更为重要的东西。也就是说,把自身看成是社会、集团、阶级、国家或民族的一分子。"②

当代保守主义特别重视传统家庭的作用,他们认为,家庭是一个有着广泛作用和功能的社会机体,家庭与自由、家庭与法、家庭与权威、家庭与财产等都有着密切的联系。一般认为,保守主义对家庭的倚重最重要的原因在于,他们认为,家庭是唯一流传下来的最具传统性的社会纽带和共同体,这无疑是正确的。同家庭一样,"个性让位于家庭,接着让位于整个社会机体,最终为成熟的忠诚所取代"③。当然这种忠诚只是一定程度上的,而不是狂热,因为狂热终有衰退的时候,保守主义希望这种忠诚是适度的,然而是持久的,正如子女对父母的爱。

忠诚的前提是一定的社会架构和制度安排,斯克拉顿认为,对先在社会秩序的强调必定意味着承认各民族社会和文化的多样性,"令保守主义者肃然起敬、生气勃勃的正是特定的国家、特定的历史、特定的生活方式",正是这些构成了一个民族所特有的东西(所谓民族性),从而成为爱国主义的前提条件。爱国主义

① ［英］罗杰·斯克拉顿:《保守主义的含义》,王皖强译,中央编译出版社2004年版,第18—19页。

② ［英］罗杰·斯克拉顿:《保守主义的含义》,王皖强译,中央编译出版社2004年版,第20页。

③ ［英］罗杰·斯克拉顿:《保守主义的含义》,王皖强译,中央编译出版社2004年版,第21页。

有着多样化的形式，这些形式并非达到一定目的的手段，而是"使社会和个人融为一体的所有象征性姿态的表现形式"。总之，斯克拉顿认为，一个民族的文化也是个人借以理解自身的前提和条件，"这种理解与其说通过选择实现，不如说是通过社会机体中包含的各种概念和感觉，通过各种惯例（例如婚姻的惯例）来实现的"。一个人只有在一定社会架构的前提下行动，才能从自身的行为中理解自己，参与政治活动也是人们认识事物的方式（想象性认同）。保守主义者也会理解其他社会的社会安排，而不是排斥或将自己的政治和社会安排强加于其他社会。保守主义者排斥的是基于抽象观点的社会和政治安排。由此也决定了保守主义者的具体政治主张也必然是多样的，"何种程度上存在业已在社会生活中得到证明、具备博得参与者忠诚的权力安排，就在何种程度上存在多样性的保守主义政治主张"①。

五、宪法与习俗

斯克拉顿强调国家权力的作用。他如此诠释伯克的国家观：在他看来，柏克国家观的核心是这样的"理念"，即"宪法"是"导致国家行为的政治生活"的核心。但是，在英国，无论是成文法还是不成文法"都并非一套法规"。理解法规只能从习俗、惯例等传统入手。然而，如果宪法并非就是法规，那么，如何理解和辨识宪法与由习俗形成的法规之间的区别呢？斯克拉顿认为，最简单的方法就是"宪法存在于人们以之行使权力的法规和习俗之中，它指导、限制、认可权力，并因此首先通过法律，通过法律的'样式'，通过法律界定的公民的地位显现出来"。并且，依据其自身的内在逻辑，即"先例、惯例及抽象司法概念的逻辑"变化和发展。而这实际上揭示了保守主义政治目标的本质，即"维护社会"，因为社会本身事实上是脆弱的，在他看来，现代社会流行的社会契约、民主等观点等都威胁着社会的团结和连续性。②

斯克拉顿关于个人与社会关系，社会与国家、国家与宪法等关系的阐释提供了他关于保守主义信条的基本理据，而所有这些观点最后又必然集中到关于传统的阐述上。无论是权力、权威还是忠诚都是在一定的社会架构中运用的，人们

---

① ［英］罗杰·斯克拉顿：《保守主义的含义》，王皖强译，中央编译出版社 2004 年版，第 22—25 页。
② ［英］罗杰·斯克拉顿：《保守主义的含义》，王皖强译，中央编译出版社 2004 年版，第 37—38 页。

关于自我的认知是由被投入其中的既定社会模式塑造的,"是社会架构给追求它的那些人提供了概念和认知……一旦那些主要的、也许是核心的概念和认知能够传承下去,习俗、传统及共同的文化就成为主导性的政治概念"①。而这些概念有可能成为普通人的价值观念,因而忠诚与自我认同就得以一致,这就是斯克拉顿所说的"关于自身社会性的观念"。忠诚是第一位的,忠诚受到威胁,社会秩序就会受到威胁,制度和传统就受到威胁。因此,制度和传统是第一位的(保守主义的价值孕育其中),维护社会秩序就成为保守主义政治活动最重要的职责或使命。

第二节　斯克拉顿对传统概念的再诠释

从传统中寻找政治活动的力量和源泉是保守主义的共同特征。斯克拉顿认为,权威和忠诚都源于先在的社会秩序,而不是对抽象"正义"等的追求。因此,传统必然成为保守主义政治的核心关注。在伯克那里,人类的价值和智慧潜藏在历史和传统中,因此,对传统的守护成为伯克保守主义的核心理念。20 世纪下半期以来,随着现代性的世界性扩张,一切传统性的东西也在不断被瓦解。在这样的背景下,斯克拉顿对保守主义的传统概念进行了再诠释。

一、传统:保守主义的"终极概念"

追随伯克,斯克拉顿认为,"传统"毫无疑问是保守主义的"终极概念",这一概念"囊括形形色色的习俗、礼仪以及制度化生活的参与方式"。与一般传统主义的理解不同,在斯克拉顿看来,依传统行事的人并非缺乏理性,而是按照理性行事的人,只不过这种理性并非"存在于未然之中"的抽象,而是"存在于已然之中"的、由历史给定且无法陈述的历史理性。"传统具有双重力量,首先,它赋予历史以理性,从而把过去引入现在的目标";其次,"传统发轫于每一个社会组织",如俱乐部、社团、地方生活、宗教、家庭、学校等,总而言之,传统"形成于所有

---

① [英]罗杰·斯克拉顿:《保守主义的含义》,王皖强译,中央编译出版社 2004 年版,第 24 页。

使人们与同胞交往的制度"。①

传统是变化的。保守主义强调传统的重要性，但传统不是不变的，而是随着社会本身的变化而变化。这就决定了崇尚传统的保守主义政治原则本身也不是一成不变的。正如斯克拉顿所说的，保守主义可归纳为两项原则："有两项原则足以构成保守主义思想的公理：第一项，保守主义没有什么普遍的政治主张，保守主义的形式随社会秩序的变化而变化。第二项，保守主义与事物的外观保持一致，与社会从中汲取活力的动机、理性、传统和价值观念相吻合。再有，社会通过权威而存在，认可权威就意味着以家庭关系的方式忠于超验而非契约性的纽带，这种忠诚有赖于形成了法规的传统和习俗。传统并非静止不变，它是连续性的积极成果；一旦时机成熟，便得以恢复、拯救和修正。"②

传统也具有选择性。传统并不代表所有的过去，也并非所有的历史都是传统，"如果说传统是保守主义政治所固有的，那是因为它所代表的不是历史本身，而是转变为现在的和可察觉的历史"③。但是，并非所有转变为现在的传统都是值得捍卫的，不同的传统蕴含着不同的价值，这些价值本身存在着张力甚至矛盾，比如自由与平等之间的张力。正因为"各种传统也会相互抵触，自以为有理由从属于一切传统是徒劳无益的"④。斯克拉顿认为，保守主义应该摒弃"天赋人权""自然权利"诸如此类的传统观念。保守主义应该将权利与国家权力及权威联系在一起。任何权利都需要与习俗和传统联系起来。这意味着对传统的取舍是有标准的，保守主义关于传统的取舍有其自身的标准。这充分体现了保守主义传统概念的反思性和意识形态性。

保守主义要保守的传统有以下几个标准。而并非所有的传统都蕴含符合保守主义者需要的标准。如何取舍不同的传统？标准是什么？斯克拉顿说，在不同传统之间做出取舍，取舍的标准必须以社会连续性为其特征。保守主义培育和认可的传统符合独立的标准：首先必须具有成功的历史，即必须是经久不衰的某种事物的可感知的部分。其次，它们必须能够博得参与者的忠诚，能够使参与

---

① ［英］罗杰·斯克拉顿：《保守主义的含义》，王皖强译，中央编译出版社 2004 年版，第 26 页。
② ［英］罗杰·斯克拉顿：《保守主义的含义》，王皖强译，中央编译出版社 2004 年版，第 50 页。
③ ［英］罗杰·斯克拉顿：《保守主义的含义》，王皖强译，中央编译出版社 2004 年版，第 115 页。
④ ［英］罗杰·斯克拉顿：《保守主义的含义》，王皖强译，中央编译出版社 2004 年版，第 28 页。

者在意识深处确定关于自己是什么以及应当是什么的观念。最后，必须指向某种持久的事物，使行为具有意义，并且比具体的行为更能持久。因此，"传统必须包括足以界定个人作为'社会存在'的所有惯例"（如各种重大场合的习俗、好客、竞争、阶级忠诚、各种宗教制度）。传统构成了个人的这样的一种观念：个人把自身看成更为重要的社会机体的一个片段。同时，"作为社会机体的个体部分，自己本身就包含了整个社会机体"。同时，"传统使个人重新回到眼前的行为，传统表明了关于行为的理由，满足了个人对于正当目标的渴望"。①

在这里，我们发现了斯克拉顿关于传统的诠释与伯克、奥克肖特的连续性以及独特性。在伯克那里，传统本身就是政治的标准（以抗拒抽象理性），奥克肖特的政治观反对一切标准，包括传统的标准，传统只是给政治家提供某种暗示，就像给一个在没有航标的大海上航行的舵手提供某种暗示一样。斯克拉顿则明确提出了传统的选择及其标准问题，不过这种标准不是从外部强加的，而是认为这种标准和目标蕴藏在既定秩序中，以特有的方式向人们显现着，有的可能需要人们去努力发现，这种发现的前提就是人们身处既定的社会安排之中。

二、历史与传统——面向未来的过去

发现和选择传统标准的前提在于人们参与社会的安排，身处这一安排之中，"参与社会安排不仅意味着人们拥有一系列信仰……人们还把它当作借以体认行为价值的理解方式"。因此，"意志"（即法的意志）"存在于人们奉为神圣的历史、传统、文化和成见之中"，一个国家的民族文化基础"自身就包含了社会生活的全部基本原则。真正的保守主义者与那些原则保持一致，他会尽量友好地与自己赖以生存的民族共存"。②

在这里，斯克拉顿以浓厚的黑格尔主义风格赋予历史和传统以理性、意志的特征。斯克拉顿认为，典型的保守主义政治观"关注社会习俗和政治制度的长期作用，认为这些制度造就了那些甘心接受这些制度，接受自身地位带来的一切事物的人们的幸福，他从人们借以指导生活的那些直接而令人安慰的成见中发现

---

① ［英］罗杰·斯克拉顿：《保守主义的含义》，王皖强译，中央编译出版社 2004 年版，第 28 页。

② ［英］罗杰·斯克拉顿：《保守主义的含义》，王皖强译，中央编译出版社 2004 年版，第 10 页。

智慧，不愿意鼓励对这样的制度进行改革"①。但保守主义并不反对一般性的变革，"而是捍卫历经变革保留下来的本质"，因为，"不同的变革阶段就是整个国家或民族生命历程的各个阶段。而宪法的本质会维护社会的本质"。②

斯克拉顿继承伯克，强调过去对于现在和未来的意义。保守主义之所以关注传统，是因为保守主义"以对过去的想象构想未来"，同时，未来也受到过去的约束。"公民展现的过去是面向未来的过去。连续性属于一个选择性的目标；……过去占有突出的地位"。③

第三节 "自然的"正义

传统是保守主义强调的核心，而习俗、惯例等由长期建立的人类情感所维系，保守主义正是通过强调这种情感体系的维护而不是抽象教条以彰显其思想特征。比起反思性的抽象原则，保守主义更相信人类世代传承的历史经验（即传统）可以为政治提供更好的指导。然而，在抽象人权话语占主导地位的现代语境下，保守主义必须利用当代的话语体系阐发其新的内涵，伯克对自然权利重新阐发，奥克肖特凭借对意识形态政治的批判，斯克拉顿用基于情感基础的"自然的"正义观念批评抽象的人权观念以及建基其上的正义理论。

一、自然的正义——源于相互交往的情感

在《保守主义的含义》中，斯克拉顿提出了"自然的"正义概念。什么是自然的正义？"自然的"正义针对的是"社会的"正义。社会的正义主要是具有平等倾向的自由主义的正义理论，如著名的罗尔斯的《正义论》。罗尔斯正义理论的两个原则，即自由原则和差别原则内含了对财富的再分配原则。而这在保守主义看来，违背了"自然的"正义。所谓"自然的正义"即"所有人在彼此交往中认识到（但并不总是服从）的一个内省的过程，没有这样一个过程，就无法以友谊的精神

---

① ［英］罗杰·斯克拉顿：《保守主义的含义》，王皖强译，中央编译出版社 2004 年版，第 177 页。
② ［英］罗杰·斯克拉顿：《保守主义的含义》，王皖强译，中央编译出版社 2004 年版，第 38 页。
③ ［英］罗杰·斯克拉顿：《保守主义的含义》，王皖强译，中央编译出版社 2004 年版，第 25 页。

来看待人类的交往"①。自然正义是一种关于正义的直觉观念,涉及人与人之间的相互关系。比如,罗尔斯认为,不经另一个人的同意就征用他的财产就属于不公正的行为。因此,"自然正义是人与人之间友谊的基本成分,一个国家只要博得了公民的友谊,被公民作为目的而非手段来膜拜,其法律就必然体现自然的正义"。自然的正义的对象是人类的行为及其引发行为的天性。表达的是人与人之间的相互交往。所谓正义与非正义,并非指"现实的性质,而是导致那些现实产生的原因。……只有当这些事实是因为不公正而造成的时候,才是非正义的"。就是说,一个人比另一个人富有并非不正义,而假如财富(经过几代积累而成)从一个富人转移到一个穷人手中(通过政府的再分配政策等方式),这样就损害了自然的正义,因而也就是非正义的,因为这种转移并非基于自然的情感和理性,而是基于"怨恨"。由此看来,实施财富再分配的社会正义所导致的恰恰是非正义,自然的正义与社会的正义之间存在着不可避免的冲突,根据社会正义原则所形成的法律也必然是非正义的法律。

显然,在斯克拉顿看来,所谓正义的法律就是体现"自然的"正义的法律,而一个"国家只要博得了公民的友谊,被公民作为目的而非手段来膜拜,其法律就必然体现自然的正义"。② 可见权力与正义之间有着密切的关系,"因为权力始终是伸张正义的必要条件"。当然,并非所有的权力都伸张正义,"只有在博得尊重的既定制度的框架中,正义的伸张才是合意的"③。因此,斯克拉顿认为,并不是每一种社会安排都值得保全,一旦形成一种超出现状之外的有效性的正义的评判标准,那种认为每种社会安排都值得保全的观点就会受到抵制。那么,保守主义抵制的社会安排是什么? 斯克拉顿直截了当:保守主义的真正敌人是"社会正义"和"公有制"。④

这里,我们不妨与伯克关于正义的观点做一下比较。在伯克那里,正义是根据一个抽象的理论或一个预先被接受的界定而显示自己。伯克也强调自然正义,而所谓自然正义就是通过感知存在于传统中的价值和制度,若如此,一个人

---

① 〔英〕罗杰·斯克拉顿:《保守主义的含义》,王皖强译,中央编译出版社 2004 年版,第 68 页。
② 〔英〕罗杰·斯克拉顿:《保守主义的含义》,王皖强译,中央编译出版社 2004 年版,第 69 页。
③ 〔英〕罗杰·斯克拉顿:《保守主义的含义》,王皖强译,中央编译出版社 2004 年版,第 74 页。
④ 〔英〕罗杰·斯克拉顿:《保守主义的含义》,王皖强译,中央编译出版社 2004 年版,第 77 页。

就能够在最实际的样式中行动。伯克这样描述自然正义的状态：

> 当人们受到现行法律的鼓励而接受某种生活方式，并在那种方式中像在一种合法的职业中受到保护时；当他们已经使自己全部的思想和全部的习惯都适应了这种生活方式时；当法律长时期以来已经使得他们之遵守这种方式的规则成为了一种荣誉的理由，而背离它们则是一种耻辱、甚至于是受惩罚的理由时……

因此，在伯克看来，法国大革命及建基其上的所有的行动都是对人民情感的粗暴干涉，"使人们的思想、感情遭受突然的粗暴行动的立法就是非正义的"[1]。比较一下斯克拉顿与伯克，两人的背景十分不同。柏克担心的是英国的贵族制度受到法国大革命和理性主义政治的颠覆，斯克拉顿面对的则是社会正义和福利国家这一欧洲的大环境。斯克拉顿所谓的"自然的"正义观念所针对的正是罗尔斯的社会正义理念以及福利国家的社会政策。"自然的"正义观念源于对人类不平等状况不可改变的信念。同伯克（以及奥克肖特）一样，斯克拉顿认为，不平等是人类固有的、不可改变的状况。虽然基于出身的不平等的特权制度已经废除，但基于人的技能、才智等深层次的不平等是永远无法消除的，而社会正义无法消除这些不平等，反而"导致财富转移到百无一用的人手中"[2]。很显然，保守主义的正义理论将人类的不平等永恒化，这一点从保守主义对日益扩大的民主化趋势的担忧和反对中进一步体现出来。

二、民主具有非自然特征

关于民主，斯克拉顿认为，"民主既不符合普通公民的自然向往，也不符合他们的超自然向往，可以在无损于保守主义者所理解的公共福祉的情况下予以摒弃"[3]。斯克拉顿对民主的基础提出了质疑，在他看来，民主选择无法单独赋予政府以合法性，"公众舆论只有得到政府的认可，方是合法的指导力量"。他认

---

[1] ［英］柏克：《法国革命论》，何兆武、许振洲、彭刚译，商务印书馆1998年版，第203—204页。
[2] ［英］罗杰·斯克拉顿：《保守主义的含义》，王皖强译，中央编译出版社2004年版，第72页。
[3] ［英］罗杰·斯克拉顿：《保守主义的含义》，王皖强译，中央编译出版社2004年版，第2页。

为，政府的合法性并不在于是否由普选产生，普选与政府的合法性并没有多少联系，"倘若选举权限定于有地位、受过教育、富裕或有权有势的那些人，……那么，我们国家的宪法本质极有可能直到今日依然丝毫未受影响"①。显然，这里隐含着对大众政治深刻的不信任。那么，如何解释历史上英国保守党的选举改革？19世纪中叶的后三十年左右，面对英国国内的新形势和困境，由本杰明·迪斯累利主政的保守党内阁进行了大跨度的选举改革，赋予大部分农民以及部分工人以选举权。斯克拉顿认为，保守党的选举改革只是一种战略"姿态"，而不是对大众能力的信任。这种说法或许是真的，正如尼斯比特所分析的，"迪斯累利的极大的兴趣在于使用竞选的基础增强王室、贵族和教会的实力而不是任何改善贫穷的和遭受痛苦的人们的生活。1867年，他为保守党赢得了大众基础"②。这一评论是中肯的，正如斯克拉顿自己承认的，民主本身不可能是保守党的原则，但面对不可阻挡的民主潮流和选举的压力，保守党不可避免地改变其策略以适应社会的变化。

但是，斯克拉顿认为，民主化潮流促使工会权力迅速增长，破坏了议会的平衡机制。斯克拉顿认为，民主只是把"权利交给煽动家和只有个人意志的人"。而上院则"代表了历史演化而成的国家既得利益"，所以他说，如果说世袭制过时了，那么"民主同样也过时了"。在他看来，上院议员（贵族）的突出特征是："闲适的特质。闲适把争论转化为对话"，这是其他群体不可能具备的。如果说保守党赞同上院改革的话，那么改革的目的"不是削弱，而是恢复上院的权力、特权及尊严"。③ 他认为，民主无异于一种传染病，平等主义亦是如此。平等原则是抽象哲学思考的结果，不仅不能成为现实，而且"许多自治制度被推到毁灭的边缘"，应立刻加以根除。④

① ［英］罗杰·斯克拉顿：《保守主义的含义》，王皖强译，中央编译出版社2004年版，第39页。
② Robert Nisbet. *Conservatism*: *Dream and Reality*, The University of Minnesota Press, p.59.
③ ［英］罗杰·斯克拉顿：《保守主义的含义》，王皖强译，中央编译出版社2004年版，第41页。
④ ［英］罗杰·斯克拉顿：《保守主义的含义》，王皖强译，中央编译出版社2004年版，第44页。

第四节　私有财产与家庭

保守主义对民主化潮流的抵制与某种关于人性的看法密不可分。我们知道，在伯克那里，私有财产与人的卓越联系在一起，将自由与私有财产联系在一起是保守主义的核心观念。

一、私有财产是社会性存在的确认

斯克拉顿援引黑格尔的精神哲学和法哲学为私有财产权辩护，他认为，"人类绝对而根深蒂固地离不开私有财产"，这不仅因为私有财产观"发端于人类社会意识深处的直觉"，而且因为这是保守主义的基本原则。人作为社会性的存在是借助于财产关系而实现的，"所有权关系是人与自然结合起来的基本关系。因此，它是各种客体社会化的首要阶段，也是所有更高层次制度的前提条件……借助于财产，人类就得以把意志赋予人类世界，由此开始发现作为一种社会存在的自我"①。正是通过确认事物的所有权关系，人们才把自己作为社会性的存在。正是通过财产以及相关权利的方式，物才摆脱其"物性"，并且"打上了人类社会关系的印记"，而这种印记体现的正是作为所有者的人的自我形象，而这就意味着私有财产与自我实现之间存在着"深层次的联系"。斯克拉顿把私有财产区分为消费和占有，所谓消费就是出于欲望而追逐某物以求消费某物，消费并不以所有权为先决条件。"消费只是财产的一部分，而且不是表明财产社会属性的那个部分"。能够充分体现这种社会属性的是对土地的永久占有权，因为这种财产观意味着"存在永久性的占有对象"。② 这种财产观的本质可以通过家庭体现出来。

二、家庭是理解私有财产本质的场所

斯克拉顿认为，不是从消费而是从内在价值方面来理解私有财产，才能理解

---

① ［英］罗杰·斯克拉顿：《保守主义的含义》，王皖强译，中央编译出版社 2004 年版，第 81 页。

② ［英］罗杰·斯克拉顿：《保守主义的含义》，王皖强译，中央编译出版社 2004 年版，第 82 页。

私有财产的本质,最恰当的场所则是家庭以及家庭观念中的"家产"概念。

家庭作为社会的纽带,是保守主义极为珍视的传统之一,"保守主义者始终把家庭和私有财产看作两种一荣俱荣、一损俱损的制度"①。斯克拉顿认为,人们把私有财产理解为家产,就容易理解私有财产的本质。"人们建立家产,不是出于急不可耐的动物性欲望,而是出于建构价值观念的愿望,在这种愿望中,人际关系、财产价值以及美学意义总是不可分割地交织在一起。"②

三、私有财产是人的内在价值的延伸

针对马克思主义对私有财产与异化劳动之间内在关系的揭示,斯克拉顿做了保守主义式的回应。

斯克拉顿认为,马克思的异化概念描绘了资本主义条件下整个人类的境况。马克思认为,异化的根源是私有财产,克服异化就意味着消灭私有制,从而实现人的类生活。斯克拉顿认为,马克思的这种观点无疑是一种"政治神学"。但他又不得不承认马克思揭示的关于当代社会普遍的异化状况,承认马克思将异化与资本主义生产方式联系起来所进行的深刻分析,但他拒斥马克思关于异化的根源是私有财产的论断。

根据斯克拉顿的观点,异化的根源不是私有财产,而是人们单纯追求消费却不去形成一种财产关系的结果。斯克拉顿承认现代社会存在严重的异化现象,一如马克思所描述的,如商品拜物教。斯克拉顿认为,现代社会表现为两方面的特征:一是机械化生产以及人为的劳动分工;二是商品拜物教。所谓人为的劳动分工,主要指的是一切机械化的生产方式所导致的专业化的特殊过程。涂尔干在《社会分工论》中指出,"在这种情况下,个人常常埋头工作,在自己的特殊活动中把自己孤立起来,他不再会意识到在他身边从事着同样工作的同事,他甚至已经完全想不起来还有什么共同的工作"③。斯克拉顿认为,以上两种特征具有相同的趋势,即把世界表现为手段而不是目的,一个消费者的算计取代了理性生活的地方,人被迫把自身看成是他们并不了解的欲望所驱使的对象,人孤立于外

---

① [英]罗杰·斯克拉顿:《保守主义的含义》,王皖强译,中央编译出版社 2004 年版,第 83 页。
② [英]罗杰·斯克拉顿:《保守主义的含义》,王皖强译,中央编译出版社 2004 年版,第 108—109 页。
③ [法]埃米尔·涂尔干:《社会分工论》,渠东译,生活·读书·新知三联书店 2000 年版,第 317 页。

界,缺乏与同胞的自然的融合。斯克拉顿甚至抨击当代社会是一个只知道消费的社会,人们毫无意义地生活在一个手段的世界中,对可消费和可替代之物的追求否定了理性生活的实现,沦落为马克思所描述的"商品拜物教"的受害者。因此,在这样一个消费大行其道的社会里,人们就不可能把政治有机体作为目的。他认为专家治国论的盛行就是这种拜物教的标志,因此,斯克拉顿说,"必然伴随着商品统治的,不是资本主义,而是专家治国论的社会主义"。① 由资本主义生产关系导致的商品拜物教就这样被斯克拉顿转嫁到了社会主义头上。

当代社会普遍产生的异化现象其根源既不在于私有财产,也不在于资本主义的所有制形式,"而是由于工业化进程,由于人为的劳动分工(一切机械化生产方式所导致的专业化的特殊过程),以及工作的精神实质大规模地同化了人类公共生活,这就使得人类的满足和价值似乎不再属于公共事务,而是只在家中从事的个人事务,人类不再充分展现与其同胞之间的认同"②。在马克思看来,异化的最终原因是私有制,而斯克拉顿得出的结论的却是机械化生产。因为机械化生产的不是物品而是复制品,这不仅导致人们会在行为中异化,还会在他们的愿望中异化。这样,在马克思那里作为异化根源的生产关系在斯克拉顿那里就转变成了纯物质的因素,与所有制毫无关系,当然也就与私有财产、资本主义毫无关系。

斯克拉顿认为,异化在很大程度上是自觉异化,"自觉的异化精神试图把自身的超然说成是一种纯洁,极力把世界说成是卑劣的"。而"思想一旦脱离了客观参照物,就会变得自主而盲目迷信"。③ 因此,在他看来,异化只是一种麻木不仁无所事事的旁观者的心态,"异化,即对于缺乏我们各自从属的社会秩序的集体意识"④。对异化的补救方法首先就是如何让人们不去片面追求消费,或者说如何形成一种真正的、类似家庭关系那样的所有权关系,从而使工作成为目的而不只是手段(而马克思那里,异化的基础是旧式的分工,是私有制,因此,异化的消亡只能是私有制的消灭)。异化并非由私有制度导致,因而,斯克拉顿(与奥克

---

① 〔英〕罗杰·斯克拉顿:《保守主义的含义》,王皖强译,中央编译出版社 2004 年版,第 110 页。
② 〔英〕罗杰·斯克拉顿:《保守主义的含义》,王皖强译,中央编译出版社 2004 年版,第 106 页。
③ 〔英〕罗杰·斯克拉顿:《保守主义的含义》,王皖强译,中央编译出版社 2004 年版,第 121 页。
④ 〔英〕罗杰·斯克拉顿:《保守主义的含义》,王皖强译,中央编译出版社 2004 年版,第 104 页。

肖特一样)反对全面的福利国家政策。

　　小结：斯克拉顿对保守主义思想的阐发具有鲜明的时代印记，如 20 世纪下半叶福利国家及其困境、消费主义的盛行、社会凝聚力的进一步弱化，等等。所有这些构成了斯克拉顿保守主义思想的现实前提，也构成其理论的问题域。这同时也决定了斯克拉顿的保守主义思想必然有其自身的特点。但是，强调思想的时代内涵并不意味着否定这一思想传统所具有的内在统一性，正是这种统一性使保守主义与自由主义、社会主义等意识形态区分开来。

第五章
传统与保守主义的核心价值观

　　在前面三章,我们分析了英国三位保守主义者的思想。在这一章,我们可以做一个总结,梳理他们之间有哪些共同特征或共享的价值观念。

　　按照亨廷顿的说法,保守主义是对情境的一种回应,从这个意义上讲,保守主义没有历史和传统。然而,这显然不符合事实。以上我们讨论了三位不同时期英国保守主义代表人物的主要思想观点。由于他们所处时代的社会政治环境差异,也由于个人思想倾向以及学说立场的不同,三位保守主义者的主要思想有其一致的地方,也有明显的差异性。比如,伯克的思想侧重于对传统制度的捍卫,且具有较为浓厚的宗教神学背景(至少从文本上看是如此)。奥克肖特则主要从哲学角度阐述其保守主义思想,斯克拉顿对保守主义思想的阐发更多是对当下一系列社会政治问题所进行的某种方式的回应。尽管三位思想家所处的背景和面临的时代问题各有不同,但不难看出,其思想之间仍然存在明显的一致性和继承关系。这种一致性和继承关系可以从不同的视角进行分析,比如从思想方法、思想内容等角度加以阐述。本书主要从价值观视角阐述保守主义思想所具有的内在一致性及其继承关系,传统概念则是理解保守主义政治哲学的切入点和关键点。

第一节　保守主义的传统概念

　　我们知道,保守主义是打着"传统"的旗号出场的,传统作为一个反思性的概念完全是一个现代的词汇。传统既是保守主义反理性主义自然法体系的最主要武器,也是保守主义思想方法的基本特征。作为反对启蒙理性主义抽象体系的理论武器,保守主义意指的传统既有丰富的思想内涵和实践指向,又具有方法论的特征和意义。

一、保守主义传统概念的特征和内涵

在《论传统》一书中,美国著名社会学家希尔斯对"传统"内涵做了如下分析。首先,传统是指"代代相传的事物",在这里,"事物"可以指实物,如建筑物、绘画、雕塑等,也可以指习俗(习惯)、行为范式、思想、制度等。"可以世代相传的部分是行动所隐含或外显的范型和关于行动的形象,以及要求、建议、控制、允许或者禁止重新确立这些行动范型的信仰。"代代相传的行为范型,即世代延续的风俗等活着的传统是现存的过去,但它又与任何新事物一样,是现在的一部分,并且与其他事物一样"富有生命力"。传统在流传中会发生变化,因而形成"传统的延传变体链",如"柏拉图传统""康德传统"等。"作为时间链,传统是围绕被接受和相传的主题的一系列变体。这些变体间的联系在于它们的共同主题,在于其表现出什么和偏离什么的相近性,在于它们同出一源"。在延传的过程中,传统不可避免地经历变化,但总是有一些"基本因素"被保存下来,而正是那些"基本因素"使传统成其为传统。[①] 传统似乎主要通过"无意识"的方式得以延传,但传统不可能单靠自身而延续,"只有活着的、求知的和有欲求的人类才能制定、重新制定和更改传统"。任何具有实质性内容的事物都能够成为传统。比如,由人类活动造就的所有"精神范型""信仰或思维范型""社会关系范型"等,所有的"技术惯例""物质制品或自然物质"等都可以成为延传的对象,即成为传统。因此,所谓"传统就是历经延传而持久存在或一再出现的东西"。[②]

但是,有一种看待传统的"现代观点",在这种观点看来,似乎只有那些口头传闻、无名无姓、查无实据的东西才成为"真正的传统"。这些传统还包括"世袭头领和长者的统治""君主制或寡头制"等,"由传统继承而来的信仰似乎天然就伴随着等级分层、宗教虔诚和文盲无知"。此外,在 18、19 世纪传统概念形成时,研究传统的人主要从民俗学的角度看待传统。在这种方式下,"传统被说成是在绝对的权威保护下进行延传的;人们把传统呈现出来时的教条方式说成是传统的典型特征。……由传统延传下来的信仰被说成是没有理性内容或只有最低限

---

① [美] E. 希尔斯:《论传统》,傅铿、吕乐译,上海人民出版社 1991 年版,第 16—18 页。
② [美] E. 希尔斯:《论传统》,傅铿、吕乐译,上海人民出版社 1991 年版,第 19—21 页。

度的理性内容"①。因此，最早的保守主义者如法国的博纳德等人，其学说常常具有传统主义倾向。而到 20 世纪上半叶，针对科学理性、个人主义和享乐主义的盛行，保守主义者（如艾略特等）批判资本主义的无序性，在他们看来，"传统是秩序的保证，是文明质量的保证"②。

我们已经指出过，保守主义的传统概念具有反思性，因而是一个现代的概念。这种传统用世界著名的历史学家霍布斯鲍姆的说法，可以称为"被发明的传统"，比如英国的圣诞节等。所谓"被发明的传统""意味着一整套通常由已被公开或私下接受的规则所控制的实践活动，具有一种仪式或象征特性，试图通过重复灌输一定的价值和行为规范，而且必然暗含与过去的连续性"。这种"被发明的传统"与普通的习俗存在着明显的区别，前者"目标和特征在于不变性"，而后者则具有"发动机和惯性轮"的双重功能，且习俗常常是变化的，习俗本质上与实践中已经确立的权利有关。但习俗和"被发明的传统"两者又存在着联系，前者的衰微"不可避免地改变了通常与其紧密关联的'传统'"。"被发明的"传统与惯例和常规之间也存在着区别，后者一般并不存在显著的仪式和象征性功能，尽管习惯和常规也常常被法律化和形式化。③ 总之，形式化和仪式化是"被发明的"传统的主要特征，以寻求固定化和连续性。发明传统这种情况的出现，其现实基础则是现代社会变革的加速以及由此形成的流动性和不稳定性，如霍布斯鲍姆所说的，当社会变动加速，从而不断摧毁旧的社会秩序和生活模式，"并产生了旧传统已不能再适应的新社会模式时"，新传统就会被发明出来以适应新的社会。其中，值得注意的是那些"为了相当新近的目的而使用旧材料来建构一种新形式的被发明的传统"④。

总之，当传统被自觉地加以运用，即当传统成为传统的时候，其目的显然是寻求强化其社会连续性。很显然，当保守主义用传统抵抗如"天赋人权"等的抽象原则时，他们意指的传统也决不是随便什么习俗或习惯，而是那些承载保守主义者所欲求的特定价值的习俗和传统，如伯克大加称颂的英国宪法、君主制等。

① ［美］E.希尔斯：《论传统》，傅铿、吕乐译，上海人民出版社 1991 年版，第 23—24 页。

② ［美］E.希尔斯：《论传统》，傅铿、吕乐译，上海人民出版社 1991 年版，第 25 页。

③ ［英］E.霍布斯鲍姆、T.兰格：《传统的发明》，顾杭、庞冠群译，译林出版社 2004 年版，第 2—3 页。

④ ［英］E.霍布斯鲍姆、T.兰格：《传统的发明》，顾杭、庞冠群译，译林出版社 2004 年版，第 5—6 页。

因此,保守主义传统概念的核心内涵是价值观,也即希尔斯所称的实质性传统,主要指思想、价值观以及承担这些价值观的团体、机构、法律乃至国家权威,等等。"实质性传统是人类的主要思想范型之一,它意味着赞赏过去的成就和智慧以及深深渗透着传统的制度,并且希望把世传的范型看作是有效的指导。"①反对从社会外部寻找指导社会的价值标准,这是保守主义的思想特征,对社会有意义的价值标准应当从社会本身去找,从传统中衡量和判断事物的价值准则。可见,传统之所以成为保守主义的核心概念,其奥秘就在于传统是承载保守主义所欲求的价值观的载体。

二、保守主义传统概念的功能

有人认为,"理解作为一种社会和政治思想的独特模式的保守主义,其关键在于区分保守主义与正统。对制度的正统捍卫建立在认为制度符合某种终极真理的信仰之上,而更具怀疑精神的保守主义往往避免用终极基础来证明制度的合法性"②。这里所谓的正统指的是启蒙以来占支配地位的理性主义形而上学思想,在这种思想看来,某种制度和实践或者建立在特殊启示或者自然法的基础上,或者建立在某种不变的人性基础上,因而这种制度和实践具有某种终极的真理性。保守主义与其相反,保守主义维护现存制度的合理性,其方法和理由在于强调其"功能上的有用性"。保守主义往往做如是论证:假设"去除这些制度可能导致有害和意想不到的后果,或者是由于长期确立的制度所凝聚的崇高感使其有潜力满足新的目的"。这是伯克反对法国大革命,为英国宪制辩护的思想方法。即使保守主义和形而上学思想在某种观点上存在着一致性,但他们达致那一结论的"思想路径也是不同的"③。照这种观点看,保守主义似乎确实具有某种功能主义的特征,至少从思想方法上是如此。在保守主义者那里,传统至少具有以下作用或功能。

传统是价值的载体。作为价值载体的传统主要表现在制度、仪式、习俗等物

---

① [美]E.希尔斯:《论传统》,傅铿、吕乐译,上海人民出版社1991年版,第27页。

② [美]马勒编:《从休谟到当前的社会政治思想文集》,刘曙辉、张容南译,译林出版社2010年版,第8页。

③ [美]马勒编:《从休谟到当前的社会政治思想文集》,刘曙辉、张容南译,译林出版社2010年版,第9页。

质性的东西。同时也是传递这些价值的方式和手段，即价值的载体。这些载体可以是某种组织、团体，如家庭、教会、学校、自治团体；也可以是某种信仰、价值观念，如宗教信仰等。伯克说："英格兰人民并不要模仿他们所从未试验过的款式，也不会回到他们经过试验而发现是灾难性的款式……他们把他们国家目前所存在的那样的结构，看作是具有无可估量的价值的；并且他们把不受干扰的王位世袭制设想为是对我们宪法所有其余组成部分的稳定性与持久性的一种保证。"①当代的保守主义者斯克拉顿说，传统包括"形形色色的习俗、礼仪以及制度化生活的参与方式。身处传统之中的人，他们的所作所为不是机械的，而是出于一种理性，这种理性不存在于未然之中，而是存在于已然之中"②。人们身处各种传统之中，虽然难以被描述，但可以被理解。人们"只有在实践中才能理解我们拥有的各项传统"。如斯克拉顿所说，正是这些惯例、习俗等标明了人的"社会性存在"。这些实实在在、感同身受的"传统构成了个人的这样一种观念：个人把自己看成更为重要的社会机体的一个片段"，同时，人体自身也"包含了整个社会机体"。③ 正是这些制度结构、习俗礼仪等所承载的价值使得这些制度、习俗礼仪本身也成为有价值的东西。

传统是人类知识的储备。伯克认为，每个人的储存是有限的，理性不足以获得对社会和政治生活所需的全部知识。而每个民族世世代代的总库存和总资产则是十分丰富的。包括习俗在内的传统能够向人们传达一定的信息和指令，每一代人都能以传统的方式向过去学习，并教育后代。"我们的许多思想家不是去破除那些普遍的偏见，而是运用他们的智巧要发现贯彻其中的潜存的智慧。"④传统所包容着的先人的智慧对于不同时代、一切社会的人们都是必需的，它们不仅不会过时，反而会历久弥新，代代相传。奥克肖特则把人类知识分为技术知识和实践知识，政治活动主要靠实践的知识，这种知识主要靠师傅带徒弟式的习得和传授而获得。总之，对于保守主义者来说，习惯、经验等对于人类活动来说，是比抽象推理和逻辑运演更好的指南。必须承认，传统体现了一种比任何个人的

① ［英］柏克：《法国革命论》，何兆武、许振洲、彭刚译，商务印书馆 1998 年版，第 34 页。
② ［英］罗杰·斯克拉顿：《保守主义的含义》，王皖强译，中央编译出版社 2004 年版，第 26 页。
③ ［英］罗杰·斯克拉顿：《保守主义的含义》，王皖强译，中央编译出版社 2004 年版，第 28 页。
④ ［英］柏克：《法国革命论》，何兆武、许振洲、彭刚译，商务印书馆 1998 年版，第 116 页。

有限的理智都深刻的智慧。

传统是人类行为的基础。 伯克认为，人类主要是靠本能、习惯而不是理性活动的情感动物，因此，对于"具有天然情感的"我们来说，要做的"不是抛弃我们所有的那些旧的成见，而是在很大程度上珍视它们；……因为它们是成见，所以我们珍视它们"①，成见并非像启蒙思想家所说的那样要接受理性的检验，成见恰是理性的外衣，"因为偏见及其理性有一种使那种理性运行起来的动力以及使之持续下去的热情……偏见使一个人的美德成为习惯……正是通过偏见，一个人的责任才成为他天性的一部分"②。

传统价值经由先辈在特定的历史环境中生成和发展，然后不断地得到回顾、修正而代代相传。传统作为其真正的智慧对后人起着规范性的作用，失去这种规范和准则，生活将变得没有目标和意义。这也正是保守主义对现代性及其所导致的意义丧失和虚无主义的批评。他们强调传统价值的作用。在他们看来，所谓偏见、习俗等实际上意味着对一个漫长的历史进程的部分的不同理解。它包括文化传统的发展，这种传统赋予人智慧和古人强调的美德。这些给人以力量：不容易变成怀疑的和犹豫不决的，也不接受瞬间的奇想。③ 因此，传统作为认识手段有一种预先确定性，正如伯克所说的，"偏见可以在紧急情况下得以运用，它事先就把我们的思想纳入一种智慧和道德的稳定行程之中而不让人在决定的关头犹豫不决、困惑、疑虑以及茫然失措"④。因此，传统是理性时代的补充物而不是其知识上的对立面。在伯克那里，传统还具有某种超验和神秘的品质，或超出人类当下认识能力的"大智慧"，并具有一种"自然性"特征。在认识论上，传统可以起到一种约束人类意志的作用。传统的智慧是上帝的智慧在人类历史发展中通过人类的经验而发挥作用的。

传统提供了认识世界的框架。 我们已经分析过，宗教神学世界观、认识论的怀疑主义及经验主义等是保守主义意识形态的神学和哲学基础。人们要么服从于由上帝建构的绝对的道德秩序。当启蒙思想家认为公民社会产生于自然状

---

① ［英］柏克：《法国革命论》，何兆武、许振洲、彭刚译，商务印书馆 1998 年版，第 116 页。

② ［英］柏克：《法国革命论》，何兆武、许振洲、彭刚译，商务印书馆 1998 年版，第 117 页。

③ Pekka Suvanto. *Conservatism From the French Revolution to the 1990s*, Macmilan Press，1997，p.24.

④ ［英］柏克：《法国革命论》，何兆武、许振洲、彭刚译，商务印书馆 1998 年版，第 117 页。

态，因而人权是天赋的时候，伯克则认为，社会这一自然的创造物是上帝之手创造的，因此人是复杂的，社会是复杂的，人类理性很难认清复杂的人类社会，更谈不上人为地去改变社会。"天意的秩序"是无法改变的，就像商业法则是"上帝法则"一样。由于人类理性无法达到对世界的完整的认识，因而服从于传统的引导不失为明智的方法。人们借以理解和认识社会的首先是生活于其中的先在的模式，只有在这种前提之下，理性才能正常发挥作用。伽达默尔认为，人的一切思维都植根于永远不可能消除的传统和成见之中，虽然他并非一个完全的保守主义者，也并非如伯克一样认为传统和偏见是一种无反思的智慧。

在伽达默尔看来，理性并不是孑然一身，孤家寡人，而"总是经常地依赖于它所活动的被给予的环境"①。对流传物的理解是一种历史性的理解，不仅作者有其历史性，读者也有其历史性，而读者的历史性或前见、偏见是无法消除的。如同道德一样，"道德的实在性大多都是而且永远是基于习俗和传统的有效性。道德是在自由中被接受的，但决不是被自由的见解所创造的，或者被自身所证明的"。伽达默尔承认，权威可能是偏见的源泉，如果权威完全取代了自明的判断，但"这并不排除权威也是一种有真理源泉的可能性"。我们不会否认知道这种见地是正确的，否则，我们就不会提出发扬优秀文化传统的口号。传统与理性之间没有绝对的对立。"传统按其本质就是保存，尽管在历史的一切变迁中它一直是积极活动的。但是，保存是一种理性活动。"传统不是我们身外别的什么，"它一直是我们自己的东西，一种范例和借鉴，一种对自身的重新认识"②。人类的活动其实是一个开放的视域，"我们的历史意识所指向的我们自己的和异己的过去一起构成了这个运动着的视域，人类生命总是得自这个运动着的视域，并且这个运动着的视域把人类生命规定为渊源和传统。……获得了一个视域，这总是意味着，我们学会了超出近在咫尺的东西去观看，但这不是为了避而不见这种东西，而是为了在一个更大的整体中按照一个更正确的尺度去更好地观看这种东西"③。伽达默尔给了传统一个合适的地位，由传统构成的前见是理解的前提，但人对传统的理解并不是被动的，而是通过理性积极主动地参与其中，对传统进

---

① ［德］伽达默尔：《真理与方法》，洪汉鼎译，上海译文出版社 2004 年版，第 357 页。

② ［德］伽达默尔：《真理与方法》，洪汉鼎译，上海译文出版社 2004 年版，第 360—362 页。

③ ［德］伽达默尔：《真理与方法》，洪汉鼎译，上海译文出版社 2004 年版，第 391—392 页。

行掌握、肯定和培养，在理解中使过去和现在融为一体，传统也因而实现了创造性的保存、更新和传递。

传统是历史连续性的体现方式。 在保守主义看来，传统连接的是过去和未来，是历史连续性的体现方式。对历史连续性的强调是保守主义意识形态的核心关切，从伯克到奥克肖特再到斯克拉顿，尽管他们各自强调的传统的具体内容有所不同，但将传统与社会连续性紧密相连是其共同特征。

因此，他认为，革命所造成的反复无常要比最盲目的偏见要坏上一千倍。社会不是通过革命而得到改造，而是遵循传统而逐步变化。正如斯克拉顿所说的，"传统并非静止不变，它是连续性的积极成果"。连续性概念集中体现了保守主义的改革观。

保守主义不是一层不变的守旧理论，也不是固守于过去的某一个"黄金时代"，而是强调过去对于现在的重要性。因此，对保守主义者来说，传统是一个动态的概念，传统所内含的价值随着历史发展和社会情境的变化而变化，保守主义深知变化的必然性。但在变化中尽可能地保守值得珍视的价值是保守主义者所渴望的。因此，保守主义反对如法国大革命那样的激剧的社会变革，不是变革本身。但变革的依据不是"人权"之类抽象的原则，而是来自经验和传统，奥克肖特称为追求传统中的"暗示"。而改革的目的不一定使社会更完善，他们认为社会完善的概念是可疑的，启蒙思想及法国革命就起源于这样的乐观主义的认识。伯克说，改革是为了纠正"偏离"和"违规"的部分，是保持社会的连续性，从旧秩序中"衍生出一种新的公民秩序来"。而要做到这一点，其前提就是更好地保存传统，保存和纠正两条原则。马克思讽刺英国的保守主义改革"是地道的英国老味道的改革，新事物一个不立，旧事物一个不破。这种改革的目的是要保存旧的制度，办法是使它具有新的、人们比较能接受的形式，即所谓教它学会采取新的姿态。这就是英国的寡头立法的'传统智慧'的秘密"①。

传统是民族性和自我认同的来源。 保守主义者通常把民族和国家视为有机体，但并非都是如此。我们看到，在伯克那里，将社会看作有机体的倾向比较明显，但在奥克肖特那时并不存在。斯克拉顿则明确认为，社会是一个有机体，而不是自由主义意义上的一盘散沙的"个人集合体"。而"国家并不仅仅意味着政

---

① 《马克思恩格斯全集》（第12卷），人民出版社1998年版，第56页。

府，它还意味着领土、语言、行政以及既定的制度，所有这一切均产生于无意识的习俗与深思熟虑的选择之间的相互作用"。这就是所谓的民族国家，一个民族国家"就是臻于自觉意识顶点的国家。它有自己的领土、自己的人民、自己的语言乃至自己的教会"。所有这些构成一个民族独特的东西，即"民族性"或"民族精神"。"所谓民族性，就是一个人对他看成是自己的东西的强烈感情。"①斯克拉顿认为，正是这些"自己的"语言、风俗、惯例等确立了民族和个人身份。在保守主义者那里，人是社会存在物，正是从历史性生成的民族国家中，社会性存在找到了自己的角色、价值和理想。民族国家因而成为合法性和每个公民忠诚的基础。

第二节　传统与政治

作为意识形态的保守主义对传统的强调，其核心是对于政治的意义。自由主义将政治的基础奠定在抽象原则的基础上，如抽象的自由、平等、人权等。

一、传统作为确定政治活动的方式

在保守主义看来，政治的本质就是在现有的价值体系内趋善避恶，而不是追求完美性的外在目标。在伯克看来，原因首先在于人性和社会的复杂性，"人性是错综复杂的；社会的目标也有着最大可能的复杂性；因此之故权力就没有一种单纯的意图或取向是能够适合于人性或者人事的性质的"②。因此，政治体制的合法性不是理性的同意，而是历史和传统所赋予的。换言之，权利不是抽象的逻辑推演，而是历史地形成的，是历史的权利。伯克认为，历史和传统不仅赋予社会秩序以合法性，而且还赋予其神圣性。在谈到英国的宪制时，伯克似乎非常自豪地说道，"我们有一个世袭的王位；一种世袭的贵族制；以及从一个漫长的祖先系列那里继承的特权、公民权和自由权的下院和人民"。而这种"政治体制被置于与世界秩序、并与一个由各个短暂部分组成的永恒体所注定的生存方式恰

① ［英］罗杰·斯克拉顿：《保守主义的含义》，王皖强译，中央编译出版社2004年版，第167—168页。
② ［英］柏克：《法国革命论》，何兆武、许振洲、彭刚译，商务印书馆1998年版，第81页。

好相符合并且相对称的状态"。正是这种神圣的秩序所提供的世袭原则"提供了一条确凿的保守原则和一条确凿的传递原则"。正是由于这样的原则,一种"巨大的智慧的安排,人类的伟大神秘的结合一旦铸成为一个整体,它便永远既无老年,也无中年或青年,……由于保持着自然的方法,我们就永远都不是全新的;在我们所保存的事物之中,我们永远也不会过时"①。

奥克肖特从哲学视角阐释传统之于政治行为的意义。他认为,政治活动作为人类行为的一种模式,其根据不在于外在的资源或目的,而在于行为本身。"政治系统主要是对一种公认的法律和社会关系进行保护和做偶尔的调整。政治系统无法自己解释自己,它的目的和意义处于外在于它自身的社会整体之中,它自身从属于这个社会整体。一个社会整体是由既存的法律、习俗和传统决定的,而法律、习俗和传统却都不是政治活动的创造物。"通过对政治活动的反思可以带给我们关于政治活动的原则,如《大宪章》和《权利法案》这样的文件,但是,它不能带给人们政治活动的具体内容。"一种政治系统预设了一种文明,它对于此种文明发挥着某种功能,但这种功能主要是保护,以及较低程度上仅仅是机械的解释和表达。"②奥克肖特的意思是,任何一种政治理论或哲学对实际的政治活动并不产生直接的影响,更谈不上指导政治活动。政治活动作为一种实践性的活动,从属于社会整体,社会整体的习惯和传统塑造着政治行为的习惯和传统。在他看来,一个政治行为的传统是一个复杂的、难以捉摸的、基本上是不可知的东西,既不固定,也没有中心;既没有最高目的,也没有不变的方向,没有什么现存的复制模式,也没有要实现的观念和遵照的规则,政治哲学不过是具体政治活动的总结。

总而言之,传统的"原则是延续的原则:权威散布在过去、现在和未来之间;散布在老的、新的和将来的东西之间……一切都是暂时的,但没有什么是任意的"。政治就是追求由传统提供的暗示,它通过政治实践的过程而发生。因此,政治教育不是从学校开始,而是从摇篮中开始;不是从学习词汇开始,而是在使用中学习。政治教育是一个参与实践的过程,"从享有一个传统开始"。当然,奥

---

① [英]柏克:《法国革命论》,何兆武、许振洲、彭刚译,商务印书馆 1998 年版,第 44—45 页。
② [英]迈克尔·欧克肖特:《宗教、政治与道德生活》,张铭、姚仁权译,上海译文出版社 2019 年版,第 148—149 页。

克肖特也承认学术层面的政治研究有着一定的作用,但"政治研究应该是一种历史研究——首先不是关心过去是合适的,而是因为我们需要关心具体的细节。的确,政治活动的传统在眼前表面呈现的东西,都深深扎根在过去,不注意它的生成常常就丧失了发现它的意义的线索;因此,真正的历史的研究是政治教育不可或缺的部分"。奥克肖特强调行为传统对于政治的重要性,一个行为传统"要学的不是抽象的观念,或一套技艺,甚至也不是一种礼制,而是一种在生活的全部错综复杂中具体地、一以贯之地生活的样式"①。斯克拉顿更是明白无误地指出,"传统确定了政治生活的方式,从而势必在每一项自觉活动中得到重塑"②。

二、审慎是政治中的首要美德

传统与政治的关系决定了政治的审慎性,决定了保守主义的政治观是审慎的政治观。什么是审慎? 按照塞西尔的解释,所谓审慎就是"不考虑任何一般的原则,而是要以一种对未经考验的事情抱有怀疑,宁可发展而不去推翻和改造现有体制的审慎态度……如果听从审慎的意见,宁可赞成现有的和经过考验的体制,而不赞成陌生的体制"③。

纵观伯克等重要保守主义者的思想和观点,审慎的核心首先在于反对抽象观念对于政治的决定性影响。伯克将法国大革命归于启蒙抽象观念的决定性影响,而抽象观念的要害在于将观念与现实割裂开来。在他看来,如果用观念指导现实的话,将是对一切现存事物的动摇和威胁,后果则是颠覆性和灾难性的。但是,正如我们已经分析的,伯克并不反对一切形式的革命,他甚至赞同英国 1688 年革命和美国独立革命,但给出的理由是前两种革命与法国革命是性质完全不同的革命。前者保持了社会连续性,而后者则是对旧制度的完全颠覆。伯克关于革命的不同阐释不能不说带有深刻的意识形态因素。法国大革命作为彻底的资产阶级革命,对旧制度的彻底颠覆并非启蒙思想的结果,而是社会发展必然性的体现。自由、平等、博爱等启蒙思想所表达的抽象原则,其深刻的基础恰恰在

---

① [英]迈克尔·奥克肖特:《政治中的理性主义》,张汝伦译,上海译文出版社 2004 年版,第 52—53 页。

② [英]罗杰·斯克拉顿:《保守主义的含义》,王皖强译,中央编译出版社 2004 年版,第 28 页。

③ [英]休·塞西尔:《保守主义》,杜汝楫译,商务印书馆 1986 年版,第 122 页。

于法国以及欧洲社会的土壤中,同时也深深地影响了法国革命。伯克将法国革命归之于启蒙思想的抽象性,主要在于他确实看到了这种抽象观念对于英国以及整个欧洲社会秩序的巨大颠覆性。他预感到,人生而平等的抽象理念动摇和摧毁的将不再是法国的旧制度,而是整个欧洲乃至整个世界,"不只是在有关法国的事情上,而且是在有关全欧洲,或者不仅是全欧洲的事情上。把一切境况都合在一起,法国革命乃是世界上迄今所曾发生过的最为惊人的事件"①。从这个意义上说,伯克确实看到了某种实质的东西,即抽象观念具有的颠覆作用。对抽象观念之于政治的核心作用的反对构成了伯克及其后来的保守主义者的共同特征,"这种反对构成了保守主义意识形态真正的促进因素"②。尊重传统,反对抽象,强调政治的实践性,审慎地对待变革就成为保守主义意识形态的显著特点之一。必须注意的是,保守主义者对抽象观念之于政治作用的反对并不意味着对于理性本身的反对,保守主义并非都是非理性主义者,保守主义的"传统"本身恰恰是理性反思的产物。

伯克认为,抽象观念与现实政治无关,政治的核心在于保持社会连续性。他认为,"判断人类幸福或痛苦的依据是人类的感受和情绪"而非任何抽象的形而上学。政治的核心是审慎,"审慎是政治生活中的首要的美德"③。这一观点在休谟那里可以找到理论依据。休谟认为,理性与善恶之间没有直接的关系,"在理性能够觉察罪恶之前,罪恶必然先已存在;因此,罪恶是独立于我们理性的判断之外的,它是这些判断的对象,而不是它们的结果"④。理性只能是发现善恶,而不是产生善恶。因此,自古以来关于理性控制激情的观点是错误的,事实是,"理性是,并且也应该是情感的奴隶"⑤。

伯克一再声明,政治道德中的最高价值和标准就是审慎,人民的幸福和痛苦

---

① [英]柏克:《法国革命论》,何兆武、许振洲、彭刚译,商务印书馆1998年版,第13页。
② [澳大利亚]安德鲁·文森特:《现代政治意识形态》,袁久红等译,江苏人民出版社2005年版,第98页。
③ [英]柏克:《自由与传统:柏克政治论文选》,蒋庆、王瑞昌、王天成译,商务印书馆2001年版,第305页。
④ [英]休谟:《人性论》(下册),关文运译,商务印书馆2004年版,第508页。
⑤ [英]休谟:《人性论》(下册),关文运译,商务印书馆2004年版,第453页。

就成为立法者的行动准则,而对这一准则的遵循要求政治家必须去了解人民的想法、习惯和爱好,了解一个社会独特的环境条件。因此,在政治和道德问题上,"不能用理性证明任何普遍的东西,道德或政治事务不接纳任何形而上学的抽象。处理道德问题的方式不像处理数学问题那样采取推理的方式,……而只能靠奉行审慎的原则来达到。审慎不仅是政治生活与道德生活中的首要价值,也是政治生活与道德生活的指导者、调节者和最高标准。缺少精确的定义形而上学就不能存在,而审慎则可以自己确定自己的本质"。伯克真正想说的是,政治生活是一项极其复杂的事情,利益和邪恶往往是同时并存的,任何一场消除邪恶的革命不仅无法清除邪恶,反而会带来新的邪恶。"每一场革命不可避免地都含藏着某些邪恶。"①因此,政治的本质不是以革命去清除邪恶,而是审慎地、"自觉地谨防邪恶发生"。②

三、审慎是一种实践的智慧

政治审慎的前提是承认人性本身的缺陷和不完美性,因此,"默许某些有限的计划"而不是"推行无限完美的计划"是顺应人的天性的需要;审慎是一种中庸(moderation),"中庸是一种美德",这是一种有选择的妥协,它需要智慧,也需要勇气,它促进的是和平与和谐③,审慎决不是无原则的退让,而是一种政治智慧。审慎体现了政治活动中的审时度势,而不是刻板教条,是原则性与灵活性的统一。伯克自身政治生涯似乎一定程度上体现了他的这种政治态度,比如,他对美国革命的退让,对东印度公司改革法案及黑斯廷斯弹劾案的倾力投入以及对法国革命的全力反对,等等,一定程度上帮助人们理解伯克关于审慎的真正含义。实际上,伯克的审慎其根本在于维护现存秩序前提下的审时度势,而不是死守教条和抽象原则。

---

① [英]柏克:《自由与传统:柏克政治论文选》,蒋庆、王瑞昌、王天成译,商务印书馆2001年版,第308页。

② [英]柏克:《自由与传统:柏克政治论文选》,蒋庆、王瑞昌、王天成译,商务印书馆2001年版,第308页。

③ [英]柏克:《自由与传统:柏克政治论文选》,蒋庆、王瑞昌、王天成译,商务印书馆2001年版,第304页。

审慎与理性并不矛盾,审慎表现为另一种理性,不是逻辑运演的抽象理性,而是实践理性。实践理性是由个人所处的历史和社会环境所形成的习俗和传统所赋予的,只有参与具体的实践,个体才能对具体的社会情境有所了解并懂得如何应付它们。审慎要求每一个人,特别是政治家去面对每一个民族独特的状况,去"了解人民的想法、爱好、习惯和一切使生活千差万别、各具特色的环境条件"①。实践理性是从先人那里传下来的、由漫长的历史孕育而成的传统智慧,也即伯克所说的"潜存的智慧"。实践理性也是一种伦理能力、一种美德,如勇敢等。伯克认为,"只有没有理性的人才会用抽象的定义与普遍的观念来支配自己"②。伯克批评巴黎的政治家就是这样一些缺乏理性的人,他们拥有的是"冷酷无情的心和顽固不化的信念"③。

审慎在奥克肖特那里表现为"熟悉"。一个熟悉的世界虽然无法激起我们热爱,但能引起我们注意。"熟悉是工具使用的本质",而"大部分工具都需要使用技巧,技巧与实践和熟悉是不可分的:一个有技巧的人,不管他是一个水手、一个厨师或一个会计,都是熟悉某类工具的人"。④ 因此,政治作为实践知识,只能像师傅带徒弟式地学习,"不能指望政治哲学增进我们在政治活动中成功的能力。它不会帮助我们区别好和坏的政治规划;它没有力量在追求我们传统的暗示中指引或指导我们"⑤。

四、审慎的核心在于法治

强调法治、秩序和稳定是保守主义意识形态的核心。但是,保守主义强调法治的根据是传统而不是抽象原则。伯克认为,英格兰历史的光荣就在于孕育出英国独特的宪政。宪政的核心在于任何人都无权凌驾于法律之上,包括国王。

---

① [英]柏克:《自由与传统:柏克政治论文选》,蒋庆、王瑞昌、王天成译,商务印书馆2001年版,第305页。

② [英]柏克:《自由与传统:柏克政治论文选》,蒋庆、王瑞昌、王天成译,商务印书馆2001年版,第308页。

③ [英]柏克:《法国革命论》,何兆武、许振洲、彭刚译,商务印书馆1998年版,第219页。

④ [英]迈克尔·奥克肖特:《政治中的理性主义》,张汝伦译,上海译文出版社2004年版,第137页。

⑤ [英]迈克尔·奥克肖特:《政治中的理性主义》,张汝伦译,上海译文出版社2004年版,第57页。

1688 年革命正是詹姆斯二世企图独断专行，无视法律的结果。革命去掉了专权的国王，但保存了宪政和法治的理念。伯克承认公民社会是约定的产物，但这种约定必须是它的法律，"那种约定就必须限制和规范所有的宪法条文——它们全都是在那种约定之下形成的。每种立法的、司法的或行政的权力，都是它的产物"①。英国革命是英国宪政框架下的革命，而法国革命则不是，法国革命"抛弃了他们对君主的效忠以及他们国家古代的宪法"。而法国国民议会在"构建民主政府的时候，他们事实上已经肢解了他们的国家"②。而宪政的要义就在于宪政原则的逐步变化而不是重新设计，推倒重来。

在奥克肖特那里，法治没有任何神圣的光环，只是一套处理问题的程序。"一个社会的仅有的依靠就是制度性的程序。这些程序有其历史。它们是从因应历来政府遭逢的问题中发展而来。"这些旧的统治程序并没有过时，而是需要不断地调适，以应对不熟悉的环境。对环境的适应也需要技巧，审慎地运用技巧和智慧，即使在危机时刻也能渡过难关，但绝对不是改变建制。"奥克肖特如同所有的保守主义者，认为这是一种有害的倾向。"③斯克拉顿则在《保守主义的含义》中明确写道，保守主义反对权力赤裸裸地行使，"而是给它披上宪法的外衣，让它始终通过完备的法律体系来运作，使权力的转移永远不会采取野蛮暴虐的方式，而是自始至终采取有节制、合情合理的方式，成为激起忠诚之心的文明活力的表现。因此，宪法以及支撑着宪法的制度始终是保守主义思想的核心"④。审慎强调的是法律、秩序和稳定，正如斯克拉顿所说的，秩序"可以是一个俱乐部、一个团体、一个阶级的秩序，也可以是共同体、教会、地区或国家的秩序，个人在面对这些事物时会感到一种一成不变的态度"⑤。因此，捍卫秩序或共同体就成为保守主义的又一重要特征。

---

① ［英］柏克：《法国革命论》，何兆武、许振洲、彭刚译，商务印书馆 1998 年版，第 78 页。
② ［英］柏克：《法国革命论》，何兆武、许振洲、彭刚译，商务印书馆 1998 年版，第 69 页。
③ ［美］约翰·麦克里兰：《西方政治思想史》，彭淮栋译，海南出版社 2003 年版，第 849 页。
④ ［英］罗杰·斯克拉顿：《保守主义的含义》，王皖强译，中央编译出版社 2004 年版，第 19 页。
⑤ ［英］罗杰·斯克拉顿：《保守主义的含义》，王皖强译，中央编译出版社 2004 年版，第 7 页。

第三节　保守主义的共同体理论

一、保守主义的共同体概念

罗伯特·尼斯比特认为,在伯克以及柏纳尔、迈斯特等保守主义者的作品中,存在着一种历史哲学的轮廓,这种历史哲学是关于进步哲学的对立物。伯克等人特别强调传统社会各种共同体,如家庭、教会、行会等等之于政治和社会的重要性,但是,这样一种观念几乎已经从欧洲现代政治思想中消失。① 伯克引发的保守主义思潮对理性主义的原子化个人观念进行了深刻的反思和批判,从传统视角重新审视个人与共同体的关系。安德鲁·文森特认为,尼斯比特把 19 世纪以来的保守主义"坚定地放在中世纪信仰复苏的旗帜下"。换言之,伯克等的保守主义实质上是对中世纪信仰和价值的留恋。这一观点或许值得讨论,但伯克等保守主义者"确实想要使封建社会的地方共同体和行会组织复苏"却是一个事实,而伯克对现代自然法观念的改造则蕴含着这样的理想。② 与现代自然法对人类个体理性的强调不同,柏克强调个体与共同体之间所具有的"自然的"情感的意义。在他看来,像家庭、教会、行会、邻里关系等群体或关系是道德、情操(伯克多次提到这个词)、卓越和身份的最自然、最有效的来源。伯克倾向于将传统形成的共同体作为有机体,这也是早期保守主义思想的共同特征,是保守主义对付启蒙原子论哲学的思想武器。

有机体理论有着悠久的历史渊源。在古希腊,自然被看成是一个自身运动的世界,而运动体之所以能够运动,是"由于活力和灵魂"。而灵魂作为一个立法者和支配及调节的因素,首先把秩序和规则"先加于自身再加于从属于它的所有事物"。③ 自然本身就是有理智的存在。从苏格拉底起,希腊人将目光集中的重

---

① Robert Nisbet. *Conservatism Dream and Reality*, University of Minnesota Press,1986,p.1.
② [澳大利亚]安德鲁·文森特:《现代政治意识形态》,袁久红等译,江苏人民出版社 2005 年版,第 96 页。
③ [英]罗宾·柯林伍德:《自然的观念》,吴国盛、柯映红译,华夏出版社 1998 年版,第 4 页。

点从自然转向了人间，转向了伦理学、逻辑学、政治学等，但是，这种研究又以有机体的自然观为前提。苏格拉底、柏拉图包括亚里士多德，他们所研究的心灵，"始终首先是自然中的心灵，是通过对自身的操纵显示自己的、身体中的和身体的所拥有的心灵"。"灵魂"也即有机体自身运动的"隐德来希"。[1] 亚里士多德认为，统治与被统治的形式是一种"天然存于世上"的形式，就像人的身体和灵魂。当人的身体受灵魂或理性的统治的时候，这样的人就拥有君主或政治家的权威，成为当然的统治者（这犹如苏格拉底、柏拉图所说的哲学王），而那些缺乏理智的人只能成为被统治者或奴隶。"统治与被统治不仅必需而且有益。一部分人天生就注定治于人，一部分则注定治人。"[2]中世纪的托马斯·阿奎那将亚里士多德的哲学和基督教信仰加以综合，形成系统的古典自然法和有机体理论。在阿奎那那里，统治的动力是自然秩序。那些拥有更多智慧的人拥有更多的决定权。缺少智慧天赋的人在各种各样服务性行业劳动。这意味着某种等级制的采用。[3]

保守主义（至少是一部分）接过了有机体概念，并经过改造，成为反对自由原子主义的理论武器。曼海姆认为，在伯克那里，有机体观念还只是萌芽，"有机论以及总体直觉的观点尚未完全展露。他所见的一切不过是事物的慢慢成熟"[4]。当代美国保守主义思想家拉塞尔·柯克则认为，伯克的"秩序"含义实际上意味着，社会秩序只是更大的超自然秩序的一部分。社会远不只是一种政治机制，而是复杂的"人类神秘的结合体"，这种结合体"将死人、活人和尚未出生之人联结在一起的永恒协定中，在上帝与人的盟约中，人是其中的伙伴"[5]。 在我们讨论的三位保守主义作家中，奥克肖特可能是个例外，他关于个人与社会的观点建立在否定公共善、强调个体性的基础上。但他通过吸收卢梭的"公意"、黑格尔的"理性意志"以及鲍桑葵的"真实意志"的学说，形成自己所谓的人类自由的学说，

① ［英］罗宾·柯林伍德：《自然的观念》，吴国盛、柯映红译，华夏出版社1998年版，第6页。

② ［古希腊］亚里士多德：《政治学》，颜一、秦典华译，中国人民大学出版社2003年版，第9页。

③ Pekka Suvanto. *Conservatism From the French Revolution to the 1990s*, Macmilan Press, 1997, p.12.

④ ［德］卡尔·曼海姆：《保守主义》，李朝晖、牟建君译，译林出版社2002年版，第140页。

⑤ ［美］拉塞尔·柯克：《保守主义思想：从伯克到艾略特》，张大军译，江苏凤凰文艺出版社2019年版，第64—65页。

"他借此以这种方式来构想人类自由或能动性:道德和法律对自由或能动性所构成的限制并不使它受到侵害,通过这种构想他试图克服传统自由理论的原子主义"[1]。不过,正如我们已经分析的,当代英国保守主义者斯克拉顿则明确将社会看成有机体,而且在这里,社会不是与国家相对应的意义上,社会就等于国家,国家"是一个有机体,甚至是一个人。它的规律也不外是生死交替、推陈出新。它蕴含理性、意志和友情。它的公民并非全都处于同等的水平,一些人享有其他人不具备的特权"[2]。斯克拉顿认为,国家已具备了人格,而且在他看来,国家人格化"在保守主义思想中占据核心地位"[3]。承认这一点非常重要,它构成了保守主义的世界观基础。一般而言,保守主义强调了传统共同体作为社会纽带的重要意义,正如斯克拉顿阐述的,"个性首先让位于家庭,接着让位于社会机体,最终为成熟的忠诚所取代。这种忠诚是政治上唯一可取的'自由'的形式。某种类型的爱国主义,即个人对于自身与社会秩序的一致性的观念,在政治上是不可缺的"[4]。这种观点在今天看来无疑有其积极意义。

实际上,在保守主义那里,共同体视角不仅体现了保守主义关于国家与个人关系的看法,同时共同体本身也是保守主义价值观的重要组成部分。这里,滕尼斯关于共同体与社会的区别或许能够帮助我们理解为什么保守主义如此重视传统共同体的意义和价值。德国著名社会学家滕尼斯在其名著《共同体与社会》中,将人类群体生活的结合抽象地概括成两种模式,即共同体与社会。共同体主要是建立在自然基础上的社会群体,如家庭、宗族,或自然地形成的规模较小的地域联合体,如村庄,小城镇等,也包括在情感、思想方面有较多联系的某些群体,如师徒、朋友形成的群体。这些群体大多建立在本能或习惯性制约以及与思想、情感有关的共同的记忆基础上,其基本形式是血缘、地缘和宗教共同体。"血缘共同体作为行为的统一体发展和分离为地缘共同体,地缘共同体直接表现为居住在一起,而地缘共同体又发展为精神共同体,作为在相同的方向上和相同的意向上的纯粹的相互作用和支配。"滕尼斯认为,在这些共同体中,精神共同体是

① [美]保罗·佛朗哥:《欧克肖特导论》,殷莹、刘擎译,商务印书馆2014年版,第188页。
② [英]罗杰·斯克拉顿:《保守主义的含义》,王皖强译,中央编译出版社2004年版,第35页。
③ [英]罗杰·斯克拉顿:《保守主义的含义》,王皖强译,中央编译出版社2004年版,第36页。
④ [英]罗杰·斯克拉顿:《保守主义的含义》,王皖强译,中央编译出版社2004年版,第21页。

最高的形式，"可以被理解为真正的人的和最高形式的共同体"①。因为它是靠人与人之间的心灵的生活及其相互关系建立在一起的。总之，共同体是浑然生长在一起的有机整体，"是一种持久和真正的共同生活"，而"社会只不过是一种暂时的和表面的共同生活……一种机械的聚合和人工制品"。② 共同体是浑然有机的整体，共同体的生活表现为"相互的占有和享受，是占有和享受共同的财产。占有和享受的意志就是保护和捍卫的意志"③。而家庭则是共同体实现的最普遍的表现。

保守主义特别强调由历史形成的社会组织和团体（教会、社区、职业社团、等级、阶层、家庭等）的原生性和有机性，这种有机性共同体有其独特的功能和作用。

二、共同体的功能和作用

共同体是个人与社会的联结纽带，是社会凝聚力的可靠保证。保守主义对现存秩序的维护必然首先体现在对传统共同体功能和意义的强调上。在保守主义者看来，传统社会共同体是连接个人、社会和国家的纽带，而随着现代性的不断展开，其结果不可避免地是这些共同体的消失和削弱。马克思、恩格斯在《共产党宣言》中曾这么描述现代资产阶级对旧秩序和传统的破坏："资产阶级在它已经取得了统治的地方把一切封建的、宗法的和田园诗般的关系都破坏了。它无情地斩断了把人们束缚于天然首长的形形色色的封建羁绊，它使人和人之间除了赤裸裸的利害关系，除了冷酷无情的'现金交易'，就再也没有任何别的联系了。"④可见，传统共同体的不断被削弱甚至消失与资本所统治的现代性的不断展开之间有着必然的联系。保守主义对于传统共同体纽带意义的强调从某种意义上是对现代性问题所做的某种回应。

在保守主义看来，家庭、教会等传统共同体承载着传统的道德和价值，并由此传达给共同体的个人，从而形成集体的、共同的行为方式和价值观。因此，传

---

① ［德］斐迪南·滕尼斯：《共同体与社会》，林荣远译，商务印书馆1999年版，第65页。
② ［德］斐迪南·滕尼斯：《共同体与社会》，林荣远译，商务印书馆1999年版，第54页。
③ ［德］斐迪南·滕尼斯：《共同体与社会》，林荣远译，商务印书馆1999年版，第76页。
④ 《马克思恩格斯选集》（第1卷），人民出版社1995年版，第274—275页。

统社会各种不同形式的共同体组织对于社会的稳定和凝聚力的加强无疑有着独特的、不可替代的功能和作用。伯克认为，法国大革命通过破坏传统社会的纽带而造成人类的原子化，把不同的公民混为一谈，从而使之成为一种同质的大众。由于一切古老界限的消灭和古老结合的瓦解，巴黎成为所有政治的一个巨大的源泉，"这样所形成的巴黎的强大，将会出现一种普遍衰弱的体制。……所有的地方观念就会消失，于是人民就不再会是加斯科涅人、皮卡德人、布列塔尼人、诺曼人，而是法国人；只有一个国家、一个中心和一个议会"。但是伯克认为，如果是这样的话，那么，人民就会很快没有国家，社会就会失去凝聚力。因为，人们"是在我们的家庭里开始我们的公共感情的"。伯克认为，教会等各种中间团体"是这个伟大国家许许多多的小化身，而心灵则在其中找到了某些自己可以去充实的东西"①。

　　共同体给不稳定的个人提供安全。保守主义者对自由主义的原子个人观存在着普遍的不信任。为了避免社会成为"一盘散沙"，伯克为保守主义确立了十分重要的"秩序原则"。在伯克那里，人类生活在一个由家庭、教区、教会、国家乃至上帝所组成的存在之链中，个人在其中找到了生命的意义，而中间性组织正是个人栖息地和个人身份的标志。几乎所有的保守主义者都怀念中世纪的个人观。个体是众多关系中的一员，关系确保了个体是拥有一定身份的人，身份意味着个人已经不是一个孤零零的人了，而是有着各种权利、义务和责任的社会人。个人的焦虑感、孤独感和主体意义的失落被有效地克服。正如斯克拉顿在赋予家庭之于保守主义的核心地位时指出的，由于"在父母与子女的交流中，双方使过去与未来交汇为现在，这里就存在着把双方结合在一起的直观而可感知的先验纽带"。正因为家庭等共同体的纽带意义，"保守主义政治是源于一种根深蒂固的社会纽带，并直截了当地维护这种纽带。它力求保全社会连续性，使人们能够面对他们的祖先和后代"②。

---

① ［英］柏克：《法国革命论》，何兆武、许振洲、彭刚译，商务印书馆 1998 年版，第 255 页。
② ［英］罗杰·斯克拉顿：《保守主义的含义》，王皖强译，中央编译出版社 2004 年版，第 127 页。

第四节　自然秩序与不平等

保守主义的有机共同体理论与一定程度的目的论宇宙观密切相关。有观点认为，保守主义的意识形态根植于君权神授和父权制的学说中，"上帝授予政府圣职，不抵抗和被动的服从是宗教职责，社会对人类而言是很自然的事，而且它与一个具有内在天然等级制度的家庭相似——依然暗含在 19 世纪的保守主义思想中"①。

19 世纪早期的保守主义者大都持有某种版本的基督教世界观，即便并不一定真的认为存在着上帝并创造了世界，但通常将社会纳入更大的宇宙秩序。拉塞尔·柯克就认为，伯克"相信基督教宇宙观，公义的上帝为宇宙设定道德秩序"，而人们的一切权利都由此而来。② 伯克将世袭制、等级制与自然秩序等同起来，等级制就是"天意的秩序"。迈斯特则公开鼓吹神权统治，"上帝自己保留着构建最高权力的领域，同时提醒我们注意：决不能让平民大众挑选他们的主人。在决定统治权命运的那些重大事变中，上帝只是把民众当作被动的工具"③。因此，人的出身和地位与其说是自己的努力，不如说是上帝的选择。现代哲学谈论人的出身的偶然性，在迈斯特看来，"人的出身的偶然性并不比别的事情的偶然性更多。世上既有贵族之家，也有帝王之家。有人能制造一位帝国吗？"④

可见，有机体理论与等级制是不可分割的，前者是后者的理论基础。既然社会是一个有机体，而社会机体又极其复杂，总会包含各种各样的等级、秩序和群体，因而，差别、权威、等级制度和统治与被统治就成为任何公民社会不可避免的特质。因此，保守主义者大多强调精英人物对国家的重要性，强调"统治"。就像斯克拉顿明确表示的，"保守主义的态度首先是谋求统治，认为公民不具备凌驾

---

① ［澳］安德鲁·文森特：《现代政治意识形态》，袁久红等译，江苏人民出版社 2005 年版，第 97 页。

② ［美］拉塞尔·柯克：《保守主义思想：从伯克到艾略特》，张大军译，江苏凤凰文艺出版社 2019 年版，第 46 页。

③ ［法］迈斯特：《论法国》，鲁仁译，上海人民出版社 2005 年版，第 102 页。

④ ［法］迈斯特：《论法国》，鲁仁译，上海人民出版社 2005 年版，第 122 页。

于接受统治的义务之上的自然权利"。①

　　当然,并非所有的保守主义者都持有机共同体的观点(如奥克肖特),但几乎所有的保守主义者都持精英主义的立场,反对平等主义和大众政治,正如我们已经分析的,从伯克、奥克肖特到斯克拉顿都是如此。

一、等级制是一种自然的秩序

　　正如第二章已分析的,在伯克那里,自然就是 "顺其自然","是不假思索而又超乎其上的智慧"。而世袭制、等级制等都是自然的,是自然秩序。贵族、教士的特权是"自然特权",法国革命对贵族、教士等自然特权的篡夺,无异于是对自然秩序的颠倒,"自然中的人是不平等的",不平等是自然的,平等则是人为的,是对自然秩序的扭曲。②

　　我们知道,伯克对贵族阶层情有独钟,他无比欣赏的是所谓的"自然的贵族",包括原有的贵族,也包括商业资产阶级,但并不是所有资产阶级,而是那些配得上贵族品质的商业资产阶级新贵。他认为,只有一种产生天然贵族的文明社会状态才是最合乎自然的状态。伯克认为,地主贵族阶级是英国自由的中坚,"在自由的制度中,有危者必持之,有颠者则必扶之"③。关于"自然贵族",伯克有长长的一段描述:

　　　　真正的自然的贵族并不是国家中某一特别的利益群体,也不可与国家分离,这个阶层是任何公正地建立起来的社会大团体中的基本组成部分。真正的自然的贵族由一个具有一些合理预设的品质的阶层构成。就一般情形而言,这些预设的品质必须被认为是真实的。真正的自然的贵族是这样的阶层:在一个值得崇敬的环境中长大;从胎儿起就不曾耳濡目染任何下流、肮脏的东西;受到过如何自我尊重的教导……由于品质不凡,不管出现在何处,都能引起富有智慧的饱学之士的关爱和注意;习惯于在军队中指挥

---

① ［英］罗杰・斯克拉顿:《保守主义的含义》,王皖强译,中央编译出版社 2004 年版,第 2 页。
② ［美］拉塞尔・柯克:《保守主义思想:从伯克到艾略特》,张大军译,江苏凤凰文艺出版社 2019 年版,第 56 页。
③ ［英］爱德蒙・柏克:《美洲三书》,缪哲选译,商务印书馆 2003 年版,附录第 306 页。

士卒和服从上级；被教导在追求道义、履行职责时要无所畏惧、不避艰险；……能够意识到自己是作为神与人之间的调解人在行动，并在这样的责任感的驱使下，戒慎恐惧，严于律己；能够膺任法律和正义的执行者，并因此优先纳入人类第一拯救者的行列；是高深学问，或是自由性和开放性学术的研究者；位居富裕商人之列，由其成功可以推断他们机敏而充沛的智力，并具有勤劳肯干、讲究秩序、不屈不挠、条理分明等美德，还具有关注商业正义的素养和习惯——正是这些品质构成了我所说的自然的贵族（natural aris-tocracy）。没有这些人，就不会有民族和国家。①

我们可以再看看恩格斯是这样评价英国贵族的：

土地贵族在英格兰至少是经济上无用的，而在爱尔兰和苏格兰，由于它那种灭绝居民的倾向，简直已经成为祸害了。把人民驱往大洋彼岸或置于饥饿的境地，而以羊或鹿来代替他们，这就是爱尔兰和苏格兰的大地主们可以自夸的全部功德。只要美国蔬菜和肉食的竞争稍微再加强一些，英格兰的土地贵族也会这样做，至少那些能够这样做的人即在城市里有大地产可以退守的土地贵族将这样做。至于其余的人，美国食品的竞争将会很快地替我们清除掉。这很好，因为他们的政治活动，不管在上院或下院，都纯粹是国家的祸害。②

以上是关于英国贵族的两种完全不同的描述，为什么会如此，根源大概只能到两种对立的世界观和阶级立场中去找了。

如果说早期的保守主义者维护传统社会的身份等级制，那么，当代的保守主义者也大都为事实存在的不平等辩护。他们认为人与之间的不平等是合理的，因为人确实存在诸如出身、环境、智力等的不平等，这是无法改变的。比如在为种族隔离辩护时，美国新保守主义者布鲁姆就认为，如今，对黑人的排斥事实上

① ［英］柏克：《自由与传统：柏克政治论文选》，蒋庆、王瑞昌、王天成译，商务印书馆2001年版，第89—90页。
② 《马克思恩格斯全集》（第25卷），人民出版社2001年版，第534—535页。

已不存在,而黑人依然怀有由受排斥引起的内心孤独感情,而"不像其他集团那样融化。就这个问题来说,显然有一些真实的原因,这就是多元社会中的任何部分使它本身与其他部分隔离的权利,取消种族隔离主义不过是白人们和汤姆叔叔们的一种意识形态"①。这种把由于长期的种族主义的歧视和排外所造成的对黑人的心灵的创伤归入黑人自身,从而为种族隔离制造借口,表明了保守主义者(即使不是全部)根深蒂固的"高贵"情结。因为,黑人的孤独状况不是黑人天性如此,是长期受压迫的结果,是被迫模仿白人文化的结果。

由于不平等是天然的,因而由此造成的阶级的差异也是必然的。斯克拉顿就认为,在保守主义者看来,阶级差别不可能被消除:"阶级差异既可以被说成是一种必然的恶,也可以看成一种社会的善。这个问题将取决于没有分享区分社会等级高低的'特权'的那些人的权力,在何种程度上反映,或者说能够反映发自内心的对特权的承认。"他还认为,一个社会如果没有对特权的承认,"任何合法性的观念都无法长久存在"②。

二、正义本质上是不平等的

在保守主义看来,不平等是自然的秩序,因而是正义的,这是一种合乎自然的正义。在为不平等辩护时,保守主义强调所谓"**应得**"的正义。所谓"应得",简单来说,就是按照人的天赋能力的高低和努力的大小分配职位和利益。柏拉图的《理想国》为人们清晰地描绘了这种正义观的内涵。在《理想国》中,所谓城邦的正义就是具有节制、勇敢、智慧三种不同美德类型的人(分别对应三个不同阶层,即生产者、护卫者、统治者),按照其所具有的美德类型各安其位,和谐相处。这就是所谓"应得"的正义。这种正义观预设了人的天生的不平等性,如柏拉图的"高贵的谎言"。亚里士多德也说,"分配的公正在于成比例"③,也即所谓**应得**。应得是道德的,也是正义的。这样,正义本质上就不是平等主义的。正义关涉的是人们的应得,且不同的人必定应得不同的利益和伤害,因为应得的基础的

---

① [美]艾伦·布鲁姆:《走向封闭的美国精神》,缪青、宋丽娜译,中国社会科学出版社1994年版,第93—94页。

② [英]罗杰·斯克拉顿:《保守主义的含义》,王皖强译,中央编译出版社2004年版,第161页。

③ [古希腊]亚里士多德:《尼各马可伦理学》,廖申白译注,商务印书馆2003年版,第136页。

特性不同，譬如诚实、和蔼、勇气或自我控制等不同的人是不同的，应得的利益和伤害也就不等。"应得"的正义基于人的自然天赋的不平等，美国保守主义哲学家约翰·凯克斯认为，这也是自由主义（如罗尔斯的正义观）之所以反对基于应得的正义的理由，而基于应得的正义必然反对平等主义。他认为："如果应得是正义的根本成分，那么平等主义者就不可能把他们赞成的分配图式奠基在也包含应得的正义的基础上，因为正义不会是平等主义的。因此，平等主义者必须否认应得是正义的根本成分。"①在保守主义者看来，平等主义的正义观要求平等地对待不同的人，而这恰恰是非正义的。"社会正义"理论要求关注平等，显得有些荒谬甚至荒唐，艾伦·布鲁姆认为："这种荒唐见解意味着，不允许人们去追求人类优秀的品质。"②罗尔斯与其说关注的是正义，不如说关注的是经济平等，罗尔斯的理论是关于经济平等的理论，而不是一种关于正义的理论。而在罗尔斯看来，经济平等就是一个正义问题，而保守主义则认为正义关涉的主要是应得的问题。"正义在其核心上具有一致和应得的结合。一致性要求类似的情况被类似地对待，不同的情况被不同地对待。应得提供了评价相似性的基础。……正义的政治目标在于创造和维持通过使行为者的满意能与他们生活的理性和德性彼此相称为良善生活贡献的政治安排。"③这里体现了保守主义与自由主义在正义观问题上的显著区别。

保守主义者认为，人的平等只能是道德意义上的平等，现实的人是不平等的。伯克认为，维护一种自然的秩序和人们已经习惯的生活方式就是正义的，打乱它就是非正义的。法国革命打乱了一切现存秩序和习惯，简直就是恶。斯克拉顿关于"自然正义"的观点也是以人的不平等为前提的，正义来自现存秩序前提下的自然情感，对这一秩序的维护就是正义的。塞西尔认为，不平等不是非正义的本质，"非正义的行为意味着把不应有的伤害施加于人，或不让其享有应得的利益"④。因此，任何从富人手中转移财富的所谓"社会正义"，在保守主义看

---

① ［美］约翰·凯克斯《反对自由主义》，应奇译，江苏人民出版社 2005 年版，第 178—179 页。

② ［美］艾伦·布鲁姆：《走向封闭的美国精神》，缪青、宋丽娜译，中国社会科学出版社 1994 年版，第 23 页。

③ ［美］凯克斯：《为保守主义辩护》，应奇、葛水林译，江苏人民出版社 2003 年版，第 196 页。

④ ［英］休·塞西尔：《保守主义》，杜汝楫译，商务印书馆 1986 年版，第 106 页。

来都是非正义的。哈耶克也认为,不平等是任何社会的必然现象,"正是由于过去的不平等,今天最穷的人也能拥有他们自己的一些物质财富"①。他认为,不平等只有在"武断的决定"和"只向特定的人授予特权"时才是不合理的。而在所谓的自由社会中,"只有等级差异或多或少继续存在下去,只要人们的收入中呈现出比较合理的金字塔形,那些低收入者也必定会因有人领先获得物质利益"②。从这个意义上,哈耶克显然是个保守主义者。

三、等级制是遏止专制主义的工具

保守主义者似乎都是反平等主义者,在为不平等辩护时,他们的立场是一样的。保守主义者似乎都有高高在上,追求"卓越"的天性(伯克语),这似乎使得他们对民主化潮流有着天然的敏感和反感。在反民主这一点上,几乎所有的保守主义者都是一致的。从伯克对"自然贵族"的无比尊崇,到奥克肖特对所谓"反个人"的分析,再到斯克拉顿对"机会平等"和"普及教育"制度的反对,都表明了保守主义反平等主义的世界观。19世纪早期的保守主义大都持某种形式的等级制世界观。伯克在抨击法国革命时指出:"法国的建设者,把他们所发现的一切东西都当作是垃圾给清除掉了,并且像他们精于装饰的园丁一样地把一切事物都纳入一个精确的水平上。"③在为等级制辩护时,保守主义者把民主与极权相提并论。伯克认为,恰当排列的等级制是缓冲专制主义的一种间接的限制方法。迈斯特也认为,君主政体下,可以根据不同的需要和等级授予社会公职人员相应的荣誉称号,而在共和政体下,"只给尽可能少的所谓执政者以最多的权力,而尽可能多地剥夺其余一切所谓国民的权利。共和政体越是趋向纯粹的民主,上述情况就越是明显"④。莫斯卡也有大致的观点。他认为,人人平等的民主地位对社会组织的稳定并不一定有利,而"情况可能恰好是:如果某个统治阶级要适当维护其声誉和职能,某些知识素质以及特别是道德素质,对它就是必要的,这些素质也对社会有用,同时,如果它们要得以发展和施加影响,那就要求同样的家

---

① [英]哈耶克:《自由宪章》,杨玉生、冯兴元、陈茅等译,中国社会科学出版社1999年版,第71页。
② [英]哈耶克:《自由宪章》,杨玉生、冯兴元、陈茅等译,中国社会科学出版社1999年版,第73页。
③ [英]柏克:《法国革命论》,何兆武、许振洲、彭刚译,商务印书馆1998年版,第225页。
④ [法]迈斯特:《论法国》,鲁仁译,上海人民出版社2005年版,第111页。

族在几代人中一直占据相当高的职位……贵族精神并没有在我们中间完全消失，也许绝不会消失"①。

在保守主义看来，民主与自由水火不容，民主必然导致对自由的破坏，民主的反面必然是极权和专制，是多数人对少数人的压迫。阿克顿认为，"判断一个国家是否真正自由最可靠的检验是看少数人享有多少安全"②。20世纪以来，保守主义反平等主义的显著表现就是对民主化潮流和大众民主的批判，尽管他们在思想特征和理论内容上各有差别，但是，对大众民主的抵触和批判是一致的。在他们看来，民主的反面就是专制。美国新保守主义者布鲁姆就认为："民主的特征都是消除任何一种凌驾于他人之上的感觉，不管它是世俗的还是自然的；重要的是它要否定凌驾感的存在，特别是那种统治性的凌驾感，渴望成为天下第一的心理和获得伟大声誉的向往同时潜伏于人的天性之中，或许在经过锤炼之后，会成为人心灵中的一种伟大力量。民主自身与这样的精神是敌对的，它阻止着这种精神的实现。"③

大多数保守主义者似乎或多或少地带有不同程度的等级观念或贵族情结，即使是20世纪的保守主义者也是如此。美国新保守主义者布鲁姆在其《走向封闭的美国精神》一书中感叹哈佛、耶鲁、普林斯顿等传统名校的变化，这些学校"如今不再是这个民主国家内贵族情感的最后营地。根据古旧家族和古旧财富造成的阶级分化已销声匿迹"。在布鲁姆看来，如今大学对所有不同阶层的人开放，而不是像以往一样优先录取校友子女，同时"拒绝录取圈外人，特别是犹太人"，等等。如今，这些名校录取学生的标准是"学习成绩和测验结果"，而在以往，录取学生的标准有"阶层差异""性别差异""种族差异"等。在布鲁姆看来，如今学校大量女生的存在实际上是件不太正常的事，"学校没有意识到女人的这种发展更多地不是人类史中的常态而是阴盛阳衰"④。布鲁姆甚至感叹，当代的美

---

① ［意］加塔诺·莫斯卡：《统治阶级》，贾鹤鹏译，译林出版社2002年版，第497页

② ［英］阿克顿：《自由史论》，胡传胜、陈刚、李滨等译，译林出版社2004年版，第5页。

③ ［美］艾伦·布鲁姆：《走向封闭的美国精神》，缪青、宋丽娜译，中国社会科学出版社1994年版，第350—351页。

④ ［美］艾伦·布鲁姆：《走向封闭的美国精神》，缪青、宋丽娜译，中国社会科学出版社1994年版，第89页。

国已经失去了伯克和托克维尔所说的公民和政治家的社会，感叹那些世界名校"几乎没有学生出身于那种享有国家公职的特权和责任的家庭，因为这类家庭所剩无几"①。

第五节　私有财产与自然秩序

根据前几章的分析，我们看到，私有财产权是保守主义的核心关切。正如当代保守主义者斯克拉顿所说的，"如果说保守主义的核心是所有权问题，这并不是因为保守主义就是被这样定义的，乃是因为保守主义的基本态度自孕育出对私有财产的需要"②。对私有财产的坚定维护是保守主义意识形态的显著特征。

一、私有财产是人性和能力的证明

私有财产权是保守主义与自由主义共享的核心价值，所不同的是两者为其辩护的基础和方法不同。自由主义将包括财产权在内的人的权利奠定在人类主体性的基础之上。保守主义则一般将这种权利与社会或更大的秩序联系起来。伯克认为，作为一项自然权利，是一种纯粹自然和道德意义上的权利，是人的卓越性的证明。在为教会财产辩护时，伯克指出，那些拥有大量地产的主教、司铎和受奖方丈等，他们的产业主要靠继承而来，他们之所以值得拥有大量的财产，就在于他们"在虔诚、道德和知识等方面的出类拔萃的程度……反过来以其鹄的给了最高贵的家族以新生和支持，也给了最卑贱者以尊严和提高的手段"③。斯克拉顿则为私有财产合法性做了黑格尔式证明。在他看来，"所有权关系是把人与自然结合起来的基本关系。因此，它是这种客体社会化的首要阶段，也是所有最高层次制度的前提条件。借助于财产，人类就得以把意志赋予人类世界，由此开始发现作为一种社会存在的自我"④。私有财产是人类本质的需要和体现。

① ［美］艾伦·布鲁姆：《走向封闭的美国精神》，缪青、宋丽娜译，中国社会科学出版社 1994 年版，第 85 页。

② ［英］罗杰·斯克拉顿：《保守主义的含义》，王皖强译，中央编译出版社 2004 年版，第 76 页。

③ ［英］柏克：《法国革命论》，何兆武、许振洲、彭刚译，商务印书馆 1998 年版，第 212 页。

④ ［英］罗杰·斯克拉顿：《保守主义的含义》，王皖强译，中央编译出版社 2004 年版，第 81 页。

比如,在希腊神话中,那些完美的英雄形象得以成功形塑,"私有财产起到了至关重要的作用"①。几乎所有的保守主义者都是私有财产的坚定捍卫者,在财产所有权观念上,保守主义与自由主义共享同样的观念。

不过,保守主义者一般并不主张对财富的无节制追逐。伯克认为,财富与美德、荣誉之间并不存在天然的一致性。财富只有与德性、美德相连才是可欲的。"如果财富是德性和公共荣誉驯服、勤劳的奴隶,那么,财富就处在自己的位置上,发挥其用途。……如果我们指挥自己的财富,我们将会富有和自由;如果我们的财富指挥我们,我们就确实要贫穷了。"②伯克实际上更欣赏旧的贵族土地所有制,同时为教会的财产辩护。在他看来,教会的财产就等于私有财产,"出于宗教上和宪政政策上的综合考虑,基于对确保弱者得到慰藉、愚昧者得到指导的义务的认识,他们(指英格兰人)把教会的财产认定为'私有财产'的范畴"③。因此,他强烈谴责法国大革命对贵族和教会财产的剥夺,认为这种剥夺无疑是对自由的侵犯。

二、私有财产是权利与义务的交汇点,有利于强化社会情感

在自由主义者那里,私有财产权被当作实现个人目标的手段,并且从劳动的视角证明私有财产权的合法性,正如洛克在《政府论》中所做的那样。保守主义一般从政治的角度为私有财产权辩护。在保守主义者看来,承认私有财产权的必要并非意味着鼓励对财富的贪恋,而是认为,财产权作为一种特殊形式的权利与义务不可分割,"财产并不意味着类似物品的积聚,它属于一种特殊形式的权利"④。财产与权利、义务等是紧密相连的,"一样东西以财产的面目出现,就不再仅仅是无生命的物件,而是转化各种权利与义务的交汇点,这种权利与义务压根就不是契约性的"⑤。

---

① [英]罗杰·斯克拉顿:《保守主义的含义》,王皖强译,中央编译出版社 2004 年版,第 107 页。
② [英]柏克:《自由与传统:柏克政治论文选》,蒋庆、王瑞昌、王天成译,商务印书馆 2001 年版,第 55 页。
③ [英]柏克:《自由与传统:柏克政治论文选》,蒋庆、王瑞昌、王天成译,商务印书馆 2001 年版,第 248 页。
④ [英]罗杰·斯克拉顿:《保守主义的含义》,王皖强译,中央编译出版社 2004 年版,第 84 页。
⑤ [英]罗杰·斯克拉顿:《保守主义的含义》,王皖强译,中央编译出版社 2004 年版,第 82 页。

在保守主义者看来,私有财产是连接家庭和社会之间的最持久、最稳固的纽带。斯克拉顿认为,财产与家庭生活有着密切的联系,"家庭生活的本质就在于共享,私有财产附着于这一首要的社会纽带,同时也强化了这一纽带。正是出于某种这样的原因,保守主义始终把家庭和私有财产看作是两种一荣俱荣、一损俱损的制度"①。因此,对遗产、继承权、世袭特权等的干涉实质上就是在削弱维系社会情感的纽带,"遗产使得家庭比其个人成员更为持久,其本原就在于它是家庭关爱的结果。世袭特权的本原亦是如此。对遗产和继承权的大规模法律干涉,直接冒犯了最牢固的社会情感"。斯克拉顿认为,对社会连续性的重视和强调是保守主义政治的核心关切,保守主义"直接源于一种根深蒂固的社会纽带,并直截了当地维护这种纽带。它力求保全社会连续性,使人们能够面对他们的祖先和后代"②。因此,在斯克拉顿看来,保守主义者重视私人财产权是"出于对其内在的价值观念"。斯克拉顿通过区分占有和消费来为此观点辩护。他认为,一种人由于追求无止境的"消费"贪欲而赞同私有财产权,而另一种人只是出于"目的"性的"理性意志"而占有财产。出于消费的欲望而"把市场价值提升为唯一的价值标准",私有财产只是满足欲望的手段,这里并不存在"目的"性因素。而出于"目的"性因素而对私有财产的占有正如爱情一样,并不具有市场价值,而是爱情本身的价值,因此,"所有权的最高形态就是拥有因其自身的美而被人们渴望得到的一个对象"。而"家产"以及人们的家庭观念就是凭着这些内在所具有的价值"才得以形成"。③ 这一关于私有财产权的辩护看起来确实高雅!

三、私有财产限制专制权力的行使

保守主义者在为私有财产权辩护时还有一个十分重要的观点,这一观点认为,私有财产权可以有效地限制和约束专制权力。伯克就认为,那些拥有大地产的贵族、士绅以及富有的商人、工厂主等是限制王权专制的天然的力量。20 世纪的保守主义者大都反对福利国家政策,认为这是以国家利益的名义对私有财产权的侵犯。塞西尔在为自私、私有财产辩护时认为,利用国家权力转移富人财

① [英] 罗杰·斯克拉顿:《保守主义的含义》,王皖强译,中央编译出版社 2004 年版,第 83 页。
② [英] 罗杰·斯克拉顿:《保守主义的含义》,王皖强译,中央编译出版社 2004 年版,第 127 页。
③ [英] 罗杰·斯克拉顿:《保守主义的含义》,王皖强译,中央编译出版社 2004 年版,第 108 页。

富与基督教乐善好施的精神背道而驰。因为，福音书认为，"解除贫困是一切基督徒的义务；放弃全部财富也许是某些人的义务；但是，如果这些自我克制的行为是被迫做出的，那么，它们就失去了使其具有基督教性质的唯一因素"①。因为任何强制的措施改变不了富人的自私，自私是自愿的，或者就是天生的。因此，塞西尔宣称："维护教会的国教地位及其所得的捐赠基金以反对人们对教会的攻击，是'保守主义'的任务中一个重要的部分。"因此，任何形式的对教会捐赠财物的剥夺"不但割断了传播福音所必需的资财，而且也粗暴地破坏了享有财产的权利，因而是违背'保守主义'原则的"②。塞西尔认为，对教会的捐赠理应属于教会，是为教会而捐赠的，保守主义以及保守党的一个重要组成部分就是"反对废除教会的国教性质，也反对剥夺教会所得的捐赠"，而典型的保守党人的特征就是"尊重宗教和财产"。③ 需要注意的是，在这里，教会等宗教团体的财产被当作私有财产来看待，这是伯克的观点，大部分保守主义者继承了伯克的这一观点。正因为如此，在他们看来，对教会财产的侵犯就是对私有财产的侵犯，是国家专断权力的运用，而承认和保护其存在，对专制权力来说可以形成有效的限制。

第六节　保守主义与宗教

通过以上分析我们看到，保守主义对私有财产权的辩护与对宗教的维护和强调不可分割。维护宗教和教会的地位，在保守主义者那里具有十分重要的意义，无论是在早期保守主义者还是在当代保守主义者那里，这一情况都是十分清楚的。

一、宗教是国家的基础

我们已经分析过，伯克将法国大革命对教会的猛烈冲击看作伏尔泰等文学

① ［英］休·塞西尔：《保守主义》，杜汝楫译，商务印书馆 1986 年版，第 60 页。
② ［英］休·塞西尔：《保守主义》，杜汝楫译，商务印书馆 1986 年版，第 63 页。
③ ［英］休·塞西尔：《保守主义》，杜汝楫译，商务印书馆 1986 年版，第 71 页。

家集团的阴谋，"文学家阴谋集团在几年前就制订了某种摧毁基督教的正式计划之类的东西"①。因此，伯克（以及迈斯特、博纳德）等早期保守主义者将维护宗教和教会地位当成自己的历史使命。迈斯特抨击法国大革命对宗教的攻击是"犯罪"，而革命本身就是"恶魔"。他认为："一切可以想象到的制度，无不奠基于宗教观念之上，否则只能朝生暮死。"②托克维尔在评价法国大革命对教会的攻击时认为，法国大革命对宗教和教会的攻击其实并没有太多攻击的理由，但之所以将宗教和教会当作靶子，原因不在于宗教有多大的罪恶，而在于宗教成为表达对政府不满的对象，这种表达潜藏在文学中，从而使启蒙作家们"成为旨有推翻国家全部社会政治制度的强大政党的真正首领"。因此，在托克维尔看来，问题的关键并不在于宗教和教会本身有多大的罪恶，而在于"教会在哪些方面阻碍着这场酝酿中的政治革命"。根据托克维尔的观点，"教会用治理教会的各项原则来阻挡作家们欲在世俗政府中树立的原则。教会主要依靠传统，作家对建立在尊重传统之上的所有制度表示极度的轻蔑；教会承认一种高于个人理性的权威，作家则只信赖个人理性；教会建立在等级基础之上，作家欲混合各等级"。而正因为以上原因，作家们要推翻旧的国家制度，则"必须摧毁教会制度，教会制度乃是国家制度的基础和楷模"③。托克维尔的观点或许揭示了旧制度与宗教和教会之间的紧密关系。在这一问题上，伯克、迈斯特等确实抓住了为旧制度辩护的关键，即教会与国家之间的关系。正如托克维尔分析的，对启蒙思想来说，攻击宗教和教会体制就是扫除旧制度的宗教意识形态基础，而早期的保守主义者则从教会和国家的关系入手全面维护宗教和教会的地位，正如伯克、迈斯特等所做的那样。

　　宗教是国家和社会的基础，这是保守主义为宗教辩护的核心和关键，而这正是启蒙思想力图加以摧毁的地方。因此，无论是伯克还是迈斯特、博纳德等都竭力维护宗教的权威和地位，谴责法国启蒙思想家是"无神论者和不敬神的庸俗人们"。在他看来，英国从没出现那样的人们，英国人从内心"感觉到宗教乃是公民

① ［英］柏克：《法国革命论》，何兆武、许振洲、彭刚译，商务印书馆1998年版，第212页。
② ［法］约瑟夫·德·迈斯特：《信仰与传统：迈斯特文集》，冯克利、杨日鹏译，江西人民出版社 2017年版，第36页。
③ ［法］托克维尔：《旧制度与大革命》，冯棠译，商务印书馆1997年版，第186页。

社会的基础，是一切的善和一切的慰藉的源泉"。进一步而言，宗教情感是人性的表现，"人在本质上是一种宗教动物"①。

后来的保守主义者虽然并不像伯克等早期保守主义者那样将宗教与国家牢牢绑在一起，但强调宗教的政治、社会以及道德功能是他们比较突出的方面。奥克肖特在一篇早期论文中阐述了宗教与道德的关系。他认为，不能把宗教生活和道德生活完全分开，很显然，宗教生活和道德生活存在着密切的关系。人们应该把"宗教看作对纯粹道德的完成或'理想化'"，他认为，这是关于宗教与道德之间相互关系的最合理的理解。进一步说就是，"道德是对至善的无止境的追求，是一种无止境的、实际的努力，这种努力导致了短暂的个人成败，导致了道德观念和价值原则的逐渐变化"。然而，促进这一努力和变化的"洞察力、能量和动力"就是宗教，正是宗教"在没有尝试提供惩处的情况下，展示出从抽象之物到无穷无尽之'应然'的整体性"，宗教"是动力、是生长点，是纯粹道德理念的完成了的整体"②。

二、宗教是政治判断的道德标准

在保守主义者看来，由于宗教是国家和社会的基础，理应成为判断政治生活的道德标准。什么是宗教的道德标准？依据托克维尔的阐述，政治生活的道德原则依据的就是宗教原则，也即传统的原则、权威的原则、等级制的原则等，而这些原则正是启蒙思想家和革命家意欲摧毁的旧秩序所遵循的原则。伯克认为："主张国教是我们的第一个成见——不是一个缺乏理性的成见，而是一个含有深邃的、广大智慧的成见。"国教在人们心中始终"是第一性的、终极的和最具中心性的内容。因为，立足我们现有的宗教制度，我们一直在遵循着早已确立的、仍然普遍存在着的人类的成见"③。伯克认为，宗教意识确保国家大厦的神圣性，政府的管理人员代表着上帝本身，因而便有着崇高感和使命感。而"宗教制度提供了可以不断唤起、落实这些原则的东西。各道德传统、社会传统和政治传统都

---

① ［英］柏克：《法国革命论》，何兆武、许振洲、彭刚译，商务印书馆 1998 年版，第 120—122 页。

② ［英］迈克尔·欧克肖特：《宗教、政治与道德生活》，张铭、姚仁权译，上海译文出版社 2019 年版，第 70—71 页。

③ ［英］柏克：《自由与传统：柏克政治论文选》，蒋庆、王瑞昌、王天成译，商务印书馆 2001 年版，第 237 页。

有助于加强人类理智和人类神圣情感之间的合理而自然的纽带。要树起'人'这一神奇的建筑,这样的传统至关重要"①。只有这样,才能维护国家的神圣性和历史长河中一代又一代人之间的连续性。不过,塞西尔认为,保守主义所选择的必须是《新约全书》揭示的基督教道德观念。他认为,这种立场不仅是保守党的立场,"而且的确也是大多数人民的立场,不管他们隶属于哪个政党"。遵守这一道德原则就意味着"在国家本身范围内服从当局的意志是人民应尽的义务"。显然,这里的核心关切是强调宗教对于国家和社会稳定的作用。同伯克一样,塞西尔强调,社会稳定是第一位的,无论如何,"让社会秩序的稳定性取决于某个时刻关于政治危机的诡辩,那是极其危险的"②。

三、宗教既抑制权力的滥用,也是个人安全的堡垒

同强调私人财产权一样,保守主义者也同样强调宗教对于权力的滥用有一定的约束作用。在他们看来,宗教及其体制不仅使国家和政府具有神圣感,同时,一个制度化的、具有显著特征的强大的教会也是抑制国家权力滥用的重要因素。伯克指出,一方面,宗教能使人更接近于自我完善,对上帝的敬畏能使那些拥有权力的人认识到,"他们只是受委托而行事的;他们必须就自己的那种委托来向一个伟大的主人、社会的创造者和奠基者陈述自己的作为"③。另一方面,教会与君主制、贵族制等国家制度一道相互依存,并且每一个都对另一个形成一定的限制,由此构成井然的社会秩序。"当教士的影响力依赖于王权时,他们就为自己的自由而战栗;而当教士沦于依附王权之外的任何其他人的时候,其内部就必然会分裂、混乱,他们就会因公共的安宁受到派系之争而战栗。因此,他们才使自己的教会,就像他们的国王和他们的贵族一样成为独立的。"④保守主义者对宗教和教会的维护还有一个十分重要的理由,这一理由认为,人不能没有(超验的)信仰,信仰缺失的后果将是灾难性的,人类将会成为脱缰的野马,遭受由信仰缺失带来的无尽痛苦。关于这一点这里无须再赘述。

---

① ［英］柏克:《自由与传统:柏克政治论文选》,蒋庆、王瑞昌、王天成译,商务印书馆 2001 年版,第238 页。

② ［英］休·塞西尔:《保守主义》,杜汝楫译,商务印书馆 1986 年版,第 47—50 页。

③ ［英］柏克:《法国革命论》,何兆武、许振洲、彭刚译,商务印书馆 1998 年版,第 124 页。

④ ［英］柏克:《法国革命论》,何兆武、许振洲、彭刚译,商务印书馆 1998 年版,第 134 页。

　　总之，对于 19 世纪早期的保守主义者来说，鉴于启蒙思想对宗教的攻击以及法国大革命对教会的打击，他们特别强调国家神圣基础的重要性。而当代的保守主义者大多强调宗教的道德和社会的整合功能。不过，事实不一定真的如此，正如美国著名社会学家默顿所指出的，同一社会中并存的不同的宗教团体之间常常有着深刻的冲突。还有，如果宗教教义和价值的内容与同一社会中许多人奉行的其他的非宗教价值的内容不一致的话，宗教在什么意义上对更大社会的整合有益呢？默顿认为，这些强调宗教整合作用的思想家和社会学家，"把宗教描述为整合的，而没有限定确实适用的结构范围。至少可以相信的是，从无文字社会研究中得出的理论取向，模糊了本应清晰的宗教在多宗教社会中的功能角色的事实。也许，正是功能一体假设的转移，导致了对宗教战争、宗教法庭（破坏一个又一个社会）、宗教团体自相残杀的全部历史的抹杀"[①]。

第七节　旨在价值保守的保守主义

一、保守主义并非形式上的"守成"

　　根据以上分析，本书认为，保守主义的核心特质是价值保守（由传统提供）。这一命题可以从发生学视角看，保守主义直接源于法国革命的刺激，其直接的理论立场和目的就是反对类似法国式的革命和激剧的社会变革，这一特征在早期的伯克、迈斯特等保守主义者那里表现得十分清楚。但是，深层次地分析，似乎并不尽然。在伯克那里，我们看到的一个鲜明特征是对法国大革命的坚决反对。但是，正如事实表明，人们也一直认为的，伯克并不反对一切形式的革命（比如美国革命）。而迈斯特则不惜号召来一场复辟君主制的"反革命"，当然，他认为是"恢复秩序"，"当人们致力于重建秩序时，他就与秩序的缔造者结合在一起了。所以他将得到自然的帮助……他的行动带有了神性，既优雅又高贵，他无须强

---

① ［美］罗伯特·K.默顿：《社会理论和社会结构》，唐少杰、齐心等译，译林出版社 2006 年版，第 120—121 页。

制,他所向披靡。他部署的计划使事物恢复了健康"①。我们也清楚,20 世纪后半期英美新保守主义改革的力度同样是不小的,只不过运用的是国家的力量。这表明,定义保守主义的不只是形式上,笼统地用"反对革命""守成"之类术语来界定作为意识形态的保守主义显然并不能准确表述保守主义意识形态的核心内涵。理解特定保守主义思想的具体内容,必须结合时代背景及其具体的社会历史情况加以考察。很显然,伯克等早期保守主义者反对革命或急剧变革,其参照物是当时旧的社会秩序,因此,其形式必然表现为反对革命或急剧变革,"守成"为其主要的表现形式。然而这只是早期保守主义的形式特征,尽管后来的保守主义者尽可能将这一形式固定化。然而事实并非如此。正如我们看到的,在前文关于三位英国保守主义者的主要思想的分析中,三位思想家的思想无论在内容上还是形式上,都有着较大的区别。但是,其表达的核心价值基本是一致的。人们也知道,20 世纪 80 年代以来的新保守主义政治家都是大刀阔斧的改革家,而诸如奥克肖特、哈耶克、再到列奥·施特劳斯、斯克拉顿等保守主义思想家都很难看到其思想的"守成"特质。实际上,保守主义保守的核心是价值,而非形式。

二、保守主义保守的是源于传统的核心价值

以上是对保守主义共享的价值观所做的简单阐释。尽管不同时代的保守主义对这些价值所做的阐释在内容和方法上会有所不同,但对这些价值本身的坚守是共同的,也构成了保守主义区别于其他意识形态的鲜明特征。当然,其中有些价值,如私有财产、宗教等在其他意识形态(如自由主义)那里也是重要的价值之一,但他们的阐释视角和方法有着明显的不同。保守主义是从传统和社会连续性视角加以阐释的,这些价值一般不是理性反思的结果,而是传统赋予的,这些价值本身构成保守主义传统概念的核心要素。保守主义作为现代三大意识形态之一,要保守的到底是什么? 保守主义要保守的就是由传统而非理性反思提供的这些核心价值。然而,为什么这些价值成为保守主义意欲保存的核心价值? 正如我们已经分析的,使"传统"或"传统价值"成为话题"核心"本身则是反思性

① 〔法〕约瑟夫·德·迈斯特:《信仰与传统:迈斯特文集》,冯克利、杨日鹏译,江西人民出版社2017 年版,第 67 页。

的，这正是保守主义价值观区别于其他意识形态(如自由主义)的根本特质所在。

　　保守主义本质上是一种价值保守主义，保守主义意欲保守的价值由传统提供，内容是多样的，也是动态的，随着社会的变化而变化。保守主义也不是一个十分体系化的意识形态，正如历史上呈现出的那样。尽管本书主要阐述的几位思想家都是英国人，但由于时代和个人的因素，他们的思想风格和思想内容仍然具有很大的差异。尽管如此，仍然可以概括保守主义意欲保存的核心价值，正是这些核心价值构成了保守主义政治哲学的核心内涵及其意识形态特征。根据以上分析，保守主义的核心价值简单来说就是"传统"，主要方面包括：强调共同体之于个人的优先性；强调私有财产、宗教等之于政治和社会连续性的重要性；强调不平等是自然的秩序，不可能通过人为的制度而消除，正如20世纪保守的精英理论家莫斯卡所认为的，在任何社会，无论是"刚刚出现文明曙光的社会，直到最发达、最有实力的社会都会出现两个阶级———一个是统治阶级，另一个是被统治阶级"[1]。在他看来，"所有的统治阶级如果不是法律上、也都试图在事实上变成世袭的。所有的政治力量都拥有一种物理上的惯性力量，倾向于维持他们发现自己所处的那一点或状态。通过道德传统和继承，财富和军事上的勇气非常容易维系下去"[2]。虽然他也承认精英会随着代表不同利益的社会力量的变动而产生流动，但等级或阶层的差别是始终存在的。精英理论主要针对的是20世纪日益扩张的民主化倾向。这些理论与自由市场并不相悖，"这些理论真正的对手实际上是社会主义特别是马克思主义的社会主义"，强调通过精英的流动来反驳马克思关于阶级对立和无阶级社会无法实现的观点。[3] 但在莫斯卡这样的精英理论家看来，以社会的方式消除不平等并不一定就能实现绝对的正义，而且也不可能，尽管"那些试图撼动实行于任何国家和任何时代的社会等级制度的人总期盼它"[4]。

　　小结：在前三章对英国三位保守主义代表人物的主要思想进行分析的基础上，本章对保守主义思想的价值观进行了分析。此分析主要基于如下考虑：英国

---

① ［意］加塔诺·莫斯卡：《统治阶级》，贾鹤鹏译，译林出版社2002年版，第97页。

② ［意］加塔诺·莫斯卡：《统治阶级》，贾鹤鹏译，译林出版社2002年版，第109页。

③ ［英］巴特摩尔：《平等还是精英》，尤卫军译，辽宁教育出版社1998年版，第12页。

④ ［意］加塔诺·莫斯卡：《统治阶级》，贾鹤鹏译，译林出版社2002年版，第496页。

是现代保守主义意识形态的"原产地",从一定意义上说,英国保守主义思想具有某种"正统"的地位。埃德蒙·伯克作为保守主义思想的先驱,他的思想及其理论范式所产生的典范性效应是巨大的,正如卡尔·曼海姆所说的,几乎影响了后来所有的保守主义者,如美国当代的保守主义者拉塞尔·柯克,直接从伯克保守主义思想出发,为美国秩序进行系统的保守主义阐释(详见第八章分析)。从这个意义上说,本章和上一章的分析,一定程度上也适用于其他传统的保守主义,比如,美国的新保守主义,虽然从理论特征等很多方面,美国新保守主义具有很多特质,但所蕴含的基本价值观仍然是一致的。如果说各种传统的保守主义有什么共同特征的话,那就是他们所持的核心价值观是一致的。

本章的主要观点是,保守主义作为现代政治社会的重要意识形态之一,其保守的是源于传统社会的核心价值,如传统共同体、宗教、私有财产、不平等的自然性、政治的审慎,等等。本章得出的结论是,保守主义的核心是价值保守。当然,保守主义保守的价值源于传统,而非人的理性和思维,这是保守主义价值观的重要特征。这些特征在后面还要阐述的美国保守主义思想的代表人物拉塞尔·柯克那里,我们还会清晰地看到。可以说,这里分析的保守主义的主要核心价值几乎是所有保守主义共享的价值观,尽管保守主义在其演变过程中,其理论内容、风格和特征会发生一定的变化,比如美国的保守主义,但其核心价值观具有基本的一致性。

第六章
保守主义的理论范式及其思想基础

本书以伯克开创的保守主义作为主要的讨论对象,因此,本章标题中的"理论范式"主要指的是伯克开创的保守主义理论范式,主要包括思维方式、思想风格等。不同传统的保守主义其思想风格存在着一定的区别,有的甚至有较大的区别,本书下一章将要讨论的美国新保守主义思想家列奥·施特劳斯的保守主义思想当属此例。在思想渊源上,本书认为,西方各种传统的保守主义在其思想渊源和哲学基础上存在着基本的一致性,从这个意义上讲,本章讨论的保守主义思想基础也适用于美国保守主义。

第一节 保守主义的理论范式

一、以"传统"的名义言说现代

我们知道,启蒙自由主义思想的最大特色在于抽象性和非历史性。在那里,历史只是作为"否定性的历史"而存在。为了推翻君主专制制度,寻求改变社会现实的合法性,启蒙思想家诉诸"自然",以反对现实的专制权威。在这里,"自然"意味着原来如此,本来如此,具有非历史的特征。很清楚,启蒙思想家对"自然"的诉求是"指望通过自然秩序对抗现实的局面,期待自然的力量结束糟糕的历史际遇"①。这里关于"自然"的概念预设了这样一个前提,即既存的道德秩序是不自然的,也即自然与历史的对立,而这一对立在亚里士多德到中世纪的古典

---

① [法]耶夫西蒙:《自然法传统——一位哲学家的反思》,杨天江译,商务印书馆 2017 年版,第 44 页。

思想家那里并不存在。在古典思想家那里,自然意味着事物按照其本性自然生长,具有多样性特征和目的论因素。而古典的自然秩序(即自然法)观念则意味着这样一些内涵,在那里,存在着普遍而永恒的人性,即存在着"被给予的、已被规定了的方式被建构而成的"人性,并且"拥有一些对应于他的自然构造的目的"。同时,所有人又是一个理智的存在者,在其行动的过程中能够调适自己,从而与自然的本性相协调。"这意味着,基于人类之本性,存在着一种人类理性可以发现的秩序或倾向,人类意志活动必须根据这一秩序和倾向,以便使其自身符合于人类的必然目的。这便是自然法这一不成文法。"显然,在古典思想家那里,自然法或自然秩序"与那种深层次的神圣的尊重联系在一起"。① 伯克关于自然秩序和自然权利的解释显然属于这一种,换言之,伯克关于自然以及自然秩序的观念是通过回到亚里士多德、托马斯·阿奎那等古典自然法思想而做到的。然而,启蒙思想家关于自然以及自然权利的观念显然是对古典思想的颠覆。

　　启蒙思想的"自然"观念通过清除所有目的论因素而得到现代的改造。比如,在古典政治经济学那里,自利的个人、自由竞争合乎自然;而人为的社会制度(如封建制度、习俗、贸易壁垒、行会制度、公司许可等)制约着自由竞争,因而是反自然的。在古典经济学家看来,社会制度是人为的,只有个人的欲望才是真正自然的。因此,社会制度应该满足人的自然欲望,因此,自由竞争的秩序就是自然秩序。当代法国自然法理论家耶夫·西蒙指出,"'自然秩序'与最为彻底的个人主义的结合是关于自然与社会的观念进化过程中最具意义的头等大事"。在这些经济学家那里,"经济生活的一种根本的粒子理论就与自然法和自然秩序的'科学'决定论变得同一起来"。在他们看来,"个人能量的释放是他们清除过时体制的最为有效的方式"②。而在政治哲学领域中,无论是霍布斯的"一切人反对一切人的战争",还是洛克的"自然状态"与社会"契约",其基础都不再与自然秩序的神圣性有关,而关乎原子化个人的自然本性,而这种自然本性有着自然科学特别是牛顿物理学的强有力支撑。只要看一看伏尔泰对所谓"创造物的链索"的解构就一清二楚。在伏尔泰看来,"万物从最轻的原子直到最高的主宰,层层

---

① 　[法]雅克·马里旦:《人权与自然法》,吴彦译,商务印书馆2019年版,第61页。
② 　[法]耶夫西蒙:《自然法传统——一位哲学家的反思》,杨天江译,商务印书馆2017年版,第77页。

递进",这是一直以来的传统观念,但只要仔细想一想,这种观念"就像往昔每当鸡鸣报晓,一切鬼魅幽灵就消形灭迹一样"。因为,牛顿告诉我们,宇宙并不存在有序的等级链条,它只是不同星球"在这个无极的太空中彼此吸引着"①。

由此可见,通过现代性改造,在启蒙思想家那里,"自然"与"自然法"思想成为反对封建特权以及推翻君主专制统治的有力思想武器。在启蒙思想占主流地位的 18 和 19 世纪,保守主义通过对启蒙话语体系的再改造而反击和批判启蒙思想,从而为保存其自身的利益辩护。正如我们已经分析的,在《法国革命论》中,柏克通过回到古典自然法传统并结合英国的语境而重释了"自然""自然秩序""权利""契约"等概念,从而强调历史和传统本身的意义。启蒙自由主义思想的最大特色是普遍主义和非历史性,在那里,"历史"只是作为否定性因素而存在。为了反对历史,寻求改变社会现实的合法性,自由主义诉诸抽象的"自然权利"。保守主义则通过强调具体的历史和传统本身的作用而反对抽象的普遍主义话语体系。在保守主义那里,历史并非否定的,由迷信和无知所组成。"历史中的一切事物都在渐进的连续性中建构自身,启蒙主义在这一事实中只找到否定的东西。而保守主义发现的也不是历史自身,而是一种特殊意义的变化,一种特殊意义的过去——一种特殊意义的传统和连续性。"②如卡尔·曼海姆所说,是伯克引导人们对历史进行深刻的反思,但"尚未在他那里发现具有方法论的精细性的历史观"。而在德国保守的历史学派那里,历史发展成了具有方法论意义的历史主义,一种精细的历史观。在这种历史观看来,"每一已经存在的事物、有机体生长过程中的每一种结构都有其自身的独特价值"③。普鲁士王朝法学家萨维尼也强调,过去并不一定高于现在,过去与现在存在着鲜活的联系。在法律方面则认为,不存在抽象的、哲学的法律,也没有能被编纂的自然法。历史中有变化,但也不存在进步,因为每个时代都其自身的目的和价值。兰克则认为:"历史的所有产物和在历史社会的背景中活动的一切都有具体的、客观的价值。……这一思想是兰克与历史学派的其他支持者以及浪漫主义传统的很多思想家所共同所

---

① 〔法〕伏尔泰:《哲学辞典》(上册),王燕生译,商务印书馆 2019 年版,318—320 页。
② 〔德〕卡尔·曼海姆:《保守主义》,李朝晖、牟建君译,译林出版社 2002 年版,第 141 页。
③ 〔德〕卡尔·曼海姆:《保守主义》,李朝晖、牟建君译,译林出版社 2002 年版,第 140 页。

有的。"①当认为所有植根于历史的制度或观念都是有价值的时候,保守主义者也就形成了评判政治决策的基础,这种基础是历史和传统,而非抽象的理性原则。

当然,正如卡尔·曼海姆分析的,并不是所有的保守主义思想都具有历史性(如列奥·施特劳斯式的美国保守主义),但是,就埃德蒙·伯克开创的保守主义思想风格而言,对历史和传统意义的强调构成了这一保守主义思想潮流的主要特征。正是在伯克那里,人们首先发现了"'历史主义'最重要的理智种子",但"历史主义"作为一种方法论则是在德国保守主义那里得到了"哲学深化"。②

保守主义强调历史和传统的多样性及其价值,反对用抽象原则考察社会和政治问题。然而,正如卡尔·曼海姆指出的,保守主义视域中的传统并非自然主义意义上的。"传统"来自历史,但经过了人类理性的选择,但选择的标准并非永恒不变的,而是随着社会历史本身的变化而变化。这是因为,任何一种政治意识形态首先面临的主要任务是解释历史发展的进程,而"对历史的解释也成了一种武器,在政党冲突的最高领域使用"。资产阶级"将国家变成历史事物的载体",而在保守主义那里,"历史"和"传统"取代了神圣的超验性,成为其"统治的合法性"依据。③ 伯克认为,传统提供给人们"潜存的智慧",这些传统智慧和价值某种程度上比人类理性更为可靠,它们本身就是理性的一定形式。

然而,正如我们已经分析和强调的,在保守主义那里,并非一切传统都是可欲的,因而都是需要保存的。以"传统"名义出场的保守主义所言说的"传统"是经过"反思"的传统,这些传统承载着特殊的社会历史功能。正如曼海姆所分析的,现代保守主义在塑造现代性发展总体过程中发挥着特殊的功能,保守主义作为"一种有意识的酝酿和设计的潮流,其出现已经昭示着在现代发展的进程中社会和精神世界产生的方式呈现出了一种完全不同的结构。仅仅是保守主义的存在就已经表明,历史进程越来越依赖于类似的宏大潮流和相关的反潮流,它们有的以进步的名义,有的则以克制的名义构建着自身"④。这就是说,现代保守主

---

① [美]格奥尔格·G.伊格尔斯:《德国的历史观》,彭刚、顾杭译,译林出版社 2006 年版,第 91 页。

② [德]卡尔·曼海姆:《保守主义》,李朝晖、牟建君译,译林出版社 2002 年版,第 23 页。

③ [德]卡尔·曼海姆:《保守主义》,李朝晖、牟建君译,译林出版社 2002 年版,第 35—36 页。

④ [德]卡尔·曼海姆:《保守主义》,李朝晖、牟建君译,译林出版社 2002 年版,第 71 页。

义其实是以自己的方式在参与和塑造现代性过程，它本身就是现代性的组成部分。与理性主义以"理性""天赋人权"的方式言说现代性不同，保守主义以传统的名义言说现代，这样的保守主义"不仅意味着一种向某种政治内涵的定位，而且还表明一种特殊的经验和思想方式"①。

二、以反理性的方式将传统"理性化"

表面上看，保守主义以传统对抗理性，然而，正如卡尔·曼海姆所说的，无论是浪漫主义还是保守主义，实际上都是通过另一种方式将没有被启蒙自由主义理性化的非理性因素"理性化"。从形式上看，保守主义（以及浪漫主义）站在启蒙理性主义的反面，"抓住了生活的早期的、衰退的形式和内容，并在意识层面上对它们进行了详细的描述"。他们通过"抢救"那些被启蒙思想驱逐的非理性化因素（即传统）以"赋予它们新的尊严"并加以捍卫，以反对社会的急剧转向。如用"家庭反对契约，直觉确定性反对理性，作为知识来源的内在经验反对机械论"，等等。② 所有这些在伯克等人的文章中都有所体现。

保守主义常常以传统主义的方式表达其观念，但正如卡尔·曼海姆所说的，作为政治意识形态的保守主义并非传统主义。保守主义有其自身的世界观和思想风格，他们的"传统"是反思性的，因而是理性化的。卡尔·曼海姆在《保守主义》一书里对保守主义与传统主义做了区分。他认为，现代保守主义"是一种特殊的历史和社会学状况的功能"，而一般所谓的传统主义"指的却是一种一般的心理态度，这种态度为坚持旧有方式的个体中所拥有，表现为对革新的恐惧"③。传统主义是个体性的无反思、无意识的存在，而保守主义则是一种思想方式和世界观，在社会发展中具有一种"历史状况的功能"，但两者又有密切的联系，这种联系表现在，随着社会阶级的不断分化以及不同的敌对的思想风格的出现，作为个体的传统主义也就向作为群体的思想方式的保守主义发生转变。因此，保守主义是一种既具有"方法论的一致性"，又"是一种可以从历史上和社会学加以把握的连续性，它在一定的社会历史状态下产生，并在与生活史的直接联系中发

---

① ［德］卡尔·曼海姆：《保守主义》，李朝晖、牟建君译，译林出版社 2002 年版，第 72 页。
② ［德］卡尔·曼海姆：《保守主义》，李朝晖、牟建君译，译林出版社 2002 年版，第 46 页。
③ ［德］卡尔·曼海姆：《保守主义》，李朝晖、牟建君译，译林出版社 2002 年版，第 70 页。

展"，而传统主义由于只是一种心理上的"半反应性而没有历史"。① 依照卡尔·曼海姆的分析，保守主义是一种世界观，而传统主义只是一种"天然的守旧心理"，保守主义不等于传统主义。保守主义的"传统"是一种"反思"的传统，是一种话语，一种意识形态。尽管在特定的历史条件下，传统主义的因素可以促使其向保守主义转变。但并不意味着可以将两种样式混淆或等同起来。保守主义作为一种世界观，有其自身独特的思想和话语风格，其显著的风格还表现在所谓的"反体系""反理论"上。

三、以"反体系"构建体系

伯克《法国革命论》的外观仅仅只是一封长信，然而作为保守主义意识形态的宣言书，有其核心的理论关切，这就是首先对启蒙自由主义的自然法思想模式展开系统的批判和颠覆性的重构，并由此形成被称为保守主义的独特思想范式。正如卡尔·曼海姆分析的，"保守主义，不仅仅是要思考与它的自由主义对手'不同的东西'。它**还要进行不同方式的思考**，而且正是这种冲动提供了那种不仅需要新的内容而且意味着一种新的思想模式（但是，这种模式仍然为意识中旧有的因素所滋养）的补充因素"。正如前文已经分析的，启蒙思想家运用非历史的现代自然法思想模式作为反封建的思想武器，保守主义则从日常的生活经验、历史和传统中吸取批判的资源，并且"有意识地反对资产阶级的革命思想风格、反对自然法的思想模式"，由此，"一种确定的实体和动态的结构外形出现了"。针对启蒙思想家的抽象思维模式和体系化哲学，保守主义则创造和发展了一种独特的"反体系"的思想范式。② 正是以"非体系""反体系"的思想和话语形式，保守主义向启蒙自由主义的现代自然法体系发动了猛烈的批判。

所谓"反体系"，简单来说通过制造具体与抽象的对立来凸显保守主义"对直接事物和具体事物的坚持"。由此，"具体地经验和思考指的是一种特殊的行为模式，一种只在某人所处的特殊的直接环境中有效的愿望，一种对所有仅仅是'可能'或'理论上的'东西的完全厌恶"。而在启蒙进步主义那里，"对可能性的意识的鼓舞"则是其思想特征，因而必然通过寻求抽象的体系以反对现存的直接

---

① ［德］卡尔·曼海姆：《保守主义》，李朝晖、牟建君译，译林出版社 2002 年版，第 61 页。
② ［德］卡尔·曼海姆：《保守主义》，李朝晖、牟建君译，译林出版社 2002 年版，第 103 页。

事物（君主专制）。正如卡尔·曼海姆的分析，这种"具体和抽象之间的对立，是关于世界的经验之间的对立……在这种逻辑对立的现代形式之下还隐藏着一种基本的政治经验"①。显然，人们不难从伯克的《法国革命论》中体察到这一显著的方法论特征以及这种特征背后的"政治经验"和理论立场。当然，这一特征主要指的是伯克式的保守主义，并不涵盖所有的保守主义。但尽管如此，保守主义的思维模式和话语方式仍然具有其显著的特征。比如关于个体的理解，卡尔·曼海姆写道：保守主义"在某种程度上从后面、从过去接近个体"，而对于自由主义而言，"所有个体事物的终极意义，常常都是从某种在其身之上或之外的东西，从一个未来的乌托邦或从一种标准的超越的存在获得的"。而根据之前的文本解读，不难发现，无论是伯克还是奥克肖特、斯克拉顿等保守主义思想家，他们对一切由抽象思维得出的有关超越性的东西都保持警惕或反对。保守主义不是从未来，而是"从某种隐藏在其后面的东西，从过去或从在起源处就已经预示了的东西导出个体的意义"。② 而对于启蒙自由主义而言，与超越现实的"应然"假设构成了现实评判的基础。伯克认为，法国革命正是这样一种"思辨的哲学"的结果，自然权利成为"应然"的权利。伯克也强调"自然"和自然权利，但"自然"的含义变成了在历史中的自然生成，正如伯克在《法国革命论》中将英国的宪政体制描述为"顺其自然"结果。其结果是，在启蒙自由主义那里，作为"应然"的自然权利在保守主义这里转换成为由传统形成的"历史的权利"。如果说，自由主义的"应然"方法"不仅通过潜在性而且通过标准来看待现实"，那么，保守主义"则力图在偶然性中理解现实或者通过存在来理解标准物"。③ 保守主义正是通过这种思想方式瓦解自然法体系的"应然"法则，这不仅是早期保守主义的主要目标，也是现代保守主义的重要内容。这在当代保守主义者斯克拉顿那里有很好的体现。斯克拉顿把自由主义表述为第一人称视角，这一视角总是从"应然"的角度看问题，"我应当做什么"，"为什么我应当做那件事"，这是典型的自由主义的表述方式，其结果是，"自由主义理论不可避免地倾向于自然权利的理念"。④ 而保

---

① ［德］卡尔·曼海姆：《保守主义》，李朝晖、牟建君译，译林出版社 2002 年版，第 78—80 页。

② ［德］卡尔·曼海姆：《保守主义》，李朝晖、牟建君译，译林出版社 2002 年版，第 92 页。

③ ［德］卡尔·曼海姆：《保守主义》，李朝晖、牟建君译，译林出版社 2002 年版，第 90 页。

④ ［英］罗杰·斯克拉顿：《保守主义的含义》，王皖强译，中央编译出版社 2004 年版，第 178 页。

守主义则倾向于采用第三人称的视角,因为,第一人称的视角只是一种系统化的幻想,而具体社会中的人总是受制于一定的历史条件和社会的约束。比如君主制,如果从第三人称的视角来看,君主制无疑是最合理的政府形式,"对君主的情感是一种自然而然的反应",而如果从第一人称视角看,则"难以理解对于君主的忠诚"。① 两种不同的人称视角或许是区分自由主义和保守主义方法论的重要差别之一。斯克拉顿认为,以第一人称为特征的自由主义只是作为一种"系统化的幻想",而保守主义只能阐述某些信条,而不可能是体系化的理论。但是,当"反体系"成为一种自觉的意识行为时,由信条构成的保守主义难道不是另一种形式的"体系"?

四、以多元反对普遍

保守主义反对启蒙绝对主义和普遍主义,强调传统的优先性,而传统的特征就在于多样性和多元性,对历史和文化传统优先性的强调决定了保守主义必然是价值多元主义。保守主义不承认脱离现实历史而存在的普遍有效的抽象价值,如启蒙自由主义所理解的自由概念。凯克斯认为,保守主义者一定是多元主义者,"多元主义者认为在每一种情境中都有一个正确的排列,但这种排列究竟是什么是随情境变化的;而且他们认为决定一种排列之正确性的并不是主观偏好,而是客观的——当然是地方性的而不普遍的——考虑"②。多元主义者既反对绝对主义也反对相对主义,其解决的办法就是诉诸传统,并以此解决这样的问题,"什么样的排列相冲突的价值其相对重要性的基础能够把客观性和对情境的依赖性这两者结合在一起"③。因为,传统是多种多样的,"人们参与传统是因为他们是部分地根据特定的传统的价值、信念和活动理解良善生活的。……如果传统以不同的方式解决价值之间的冲突,那么通过从做出那种选择的人的良善生活观的角度考虑哪一种传统是更为重要的,就仍然可以做出一种客观的选择"④。不过,保守主义在反对绝对主义的同时,又不想付出相对主义的代价(但

---

① ［英］罗杰·斯克拉顿:《保守主义的含义》,王皖强译,中央编译出版社 2004 年版,第 184 页。
② ［美］凯克斯:《为保守主义辩护》,应奇、葛水林译,江苏人民出版社 2003 年版,第 65 页。
③ ［美］凯克斯:《为保守主义辩护》,应奇、葛水林译,江苏人民出版社 2003 年版,第 66 页。
④ ［美］凯克斯:《为保守主义辩护》,应奇、葛水林译,江苏人民出版社 2003 年版,第 68 页。

是，正如后来列奥·施特劳斯担心的，以历史和传统担保的历史主义的保守主义不可避免地陷入相对主义的泥潭，于是，施特劳斯通过回到苏格拉底传统的方式而回到了普遍主义）。

总之，受法国大革命直接刺激而产生的保守主义作为一种政治意识形态，其出现无疑离不开产生它的具体的社会历史环境，正如卡尔·曼海姆所说的，"即使最孤独的思想家也不是通过离散的知觉，而是在一个更广泛的、以某种方式影响其生活的思想设计的基础上来思考的"①。正是启蒙理性主义的宏大叙事和抽象特征造就了保守主义独特的思想模式和话语风格。

第二节　保守主义的思想基础

一、保守主义的宗教渊源

我们在前文已经分析，保守主义常常将社会看作有机体，以对抗原子化个人的自由主义社会观。尽管对有机体的解释各有不同，但其共同的特征就在于强调社会的整体性、系统性和有机性。保守主义的有机社会观与神学世界观有着一定的联系，特别是在早期保守主义思想家那里。伯克认为，"由于受事物本质的组织结构的限制，在一切人类的构建物中都存在固有的弱点。这种弱点往往如此紧密地附着在我们政治机制本身的完美性上，以至其中的某种缺点——牵制着它的原则对它起着控制作用、缓解作用和软化作用的东西——成了追求理论上完美而可能引出邪恶的一种必要矫治器。我深信，这是常见的现象，其真实性可以用充分的例子证实"②。迈斯特则认为，"人世间已知的所有自由制度，无不是通过两种方式之一形成的。有时，它们是因为大量条件的汇凑，在不知不觉中悄然肇端。有时，它们来自唯一的创造者，他像自然界的奇迹一样能让人

---

① ［德］卡尔·曼海姆：《保守主义》，李朝晖、牟建君译，译林出版社 2002 年版，第 27 页。

② ［英］柏克：《自由与传统：柏克政治论文选》，蒋庆、王瑞昌、王天成译，商务印书馆 2001 年版，第143 页。

服从。"①

当然，并非所有的保守主义者都具有宗教神学的世界观背景，比如，奥克肖特的保守主义思想一般从哲学角度加以阐述，并不能判断其世界观是否具有浓厚的宗教因素。但是，大多数被公认或自认的保守主义者大多都有较深厚的宗教情结，或用宗教因素阐述其保守主义思想，如斯克拉顿、拉塞尔·柯克等。斯克拉顿将"国家比作人"，人是有机体，国家也一样。国家与社会之间的关系是紧密联系在一起的，"国家依赖于有机的基础，它的意志和自我形象有赖于社会机体的延续，社会机体同样依赖于各种合法权力。国家与公民社会彼此相互渗透；割裂两者即意味着双方的消亡"②。斯克拉顿关于国家与社会关系的观点既体现了保守主义在国家与社会的关系上与自由主义的区别，同时又不得吸收自由主义关于两者之间区别的观点（这种区别在早期保守主义那里并不清晰），并希望在国家与社会、个人与社会之间保持平衡，以增强社会凝聚力的努力。而宗教无疑是最古老和最方便的因素。

保守主义者的神学世界观体现（起码对早期保守主义者而言）在人性观上，就是强调人性与生俱来的不完美性。伯克认为，历史就是由种种恶行组成的，"历史——就其大部分而言——包括由傲慢、野心、贪婪、报复、欲念、叛乱、虚伪、失控的狂热和一大串无序的欲望给世界带来的苦难"。他咒骂法国大革命就是在过去种种恶的基础上产生的新恶，"正是这些恶行才成为这种风暴的原因，而宗教、道德、法律、优先、特权、自由、人权等等都是借口罢了"。他认为，历史中的"恶"随着时代的不同而不断变化着形式，最具"创新精神的"就是"恶"，且永远无法消除，因为它是根植于人性中的，而非制度中的。③ 保守主义关于恶的人性观植根于宗教神学世界观中（或显性或隐性），与启蒙思想家关于人性的观点形成对比。在启蒙思想家那里，尽管存在关于人性的各种不同的观点，比如，卢梭认为，人类本性善良，但同时强调良好社会环境和教育的重要性。边沁等功利主义者一般认为人本质上是自私的动物。但总的来说，启蒙思想家一般都认为，存在

---

① ［法］约瑟夫·德·迈斯特：《信仰与传统：迈斯特文集》，冯克利、杨日鹏译，江西人民出版社2017年版，第44页。

② ［英］罗杰·斯克拉顿：《保守主义的含义》，王皖强译，中央编译出版社2004年版，第36页。

③ ［英］柏克：《法国革命论》，何兆武、许振洲、彭刚译，商务印书馆1998年版，第184—185页。

着一致和共通的人性。"即使有个体特征以及随不同环境而来的广泛的、往往是惊人的变异，大自然也决定了人的发展和基本行为模式具有一定的一致性。"更为重要的是，尽管启蒙思想家关于人性的具体看法并不一致，但是，他们都"坚信人生而清白，从而决定性地与基督教人类学决裂"①。

正如并非所有的保守主义者都是有机体论者，也并非所有的保守主义者都具有宗教神学的世界观背景，但对人类理性和社会进步持有怀疑和不信任是其共同特征，这种怀疑和不信任有的是基于认识论而并非宗教的缘由。

二、保守主义的哲学基础

尽力避免为其思想寻求一个统一的理论或哲学基础，这是伯克开创的保守主义思想范式的基本特征。伯克说："我绝不会用抽象的定义与普遍的观念来支配自己。"②但这绝不意味着保守主义没有抽象的观念前提或哲学基础，休谟认为，人类的道德观念不是理性发现的结果，而是由自然的"道德感"得来的，"道德宁可以说是被人感觉到的，而不是被人判断出来的；不过这个感觉或情绪往往是那样柔弱和温和，以致我们容易把它和观念相混，因为它依照我们平常的习惯，一切具有密切类似关系的事物都被当作是同一的"③。

可见，反哲学的保守主义作为一种政治哲学、一种意识形态，不可避免地有其自身的理论和哲学基础。根据我们的分析，保守主义在关于国家、社会、政治、人权、宗教、正义、财产等一系列观点上都与启蒙自由主义传统有着明显的区别（在其历史过程中也有一定程度的相互影响和渗透）。比如，在国家和社会观上，保守主义强调共同体的优先性和自然秩序的等级性，反对自由主义基于个人的"权利"和"契约"观点；在政治观上，保守主义强调政治的审慎性，重实践理性而轻理论理性，反对宏大叙事；在民主观上，保守主义强调贤人政治，反对大众民主；在正义观上，强调"应得"的正义，反对基于公平的分配的正义，等等。很清楚，保守主义的这些思想和观点与古典自然法理论、亚里士多德哲学、近代怀疑

---

① ［美］彼德·盖伊：《启蒙时代：人的觉醒与现代秩序的诞生》（下：自由的科学），王皖强译，上海人民出版社 2019 年版，第 193—195 页。

② ［英］柏克：《自由与传统：柏克政治论文选》，蒋庆、王瑞昌、王天成译，商务印书馆 2001 年版，第 308 页。

③ ［英］休谟：《人性论》，关文运译，商务印书馆 2004 年版，第 510 页。

主义认识论等有着直接和间接的联系。

三、保守主义的心理学基础

正如曼海姆分析的,作为政治意识形态的保守主义有着自己的思想结构和风格特征,因而与非反思的传统主义有着明显的区别。但是,人们同时又发现,保守主义者总是愿意从人们的日常心理中寻找保守的天然合理性。塞西尔把伯克的保守主义归因于伯克"天然的守旧思想"。奥克肖特在《论保守》一文中,则把政治保守直接建立在保守的性情上。在《论保守》一文中,奥克肖特详细描述了保守气质的特征:"它集中于一个倾向上,即使用和欣赏现存可用的东西,……反思可以表明对现存可用的东西的适当感谢,从而表明承认过去的馈赠或遗产;但不会将过去和已逝的东西纯粹偶像化。被尊重的东西是现在"①,现在受到尊重的原因就在于熟悉性;在于"和我在一起,因为我附属于你"②。因此,保守就是"宁要熟悉的东西不要未知的东西,宁要试过的东西不要未试的东西,宁要事实不要神秘,宁要实际的东西不要可能的东西……宁要方便不要完美……宁要熟悉的关系与忠诚,不要更有利的依附的诱惑……保守就是按自己的收入水平生活,安于自己和自己环境的不那么完善"。奥克肖特承认变化的存在,但他把变革与变化或变动做了区分,"变动指我们必须经受的交替,革新指那些我们设计和执行的东西"。也就是说,变动是被动接受的,革新则是主动施加的,一个具有保守气质的人不喜欢变动,"变动是对同一性的威胁,一切变动都是一种灭绝的象征……但变动不得不承受",因为它是无法逃避的。一个保守的人希望变动尽可能"小而慢",以便更可容忍些,而对"一切延缓的现象"则给予高度评价(从这里,我们可以把迪斯累利等保守主义政治家的改革理解为适应环境的迫不得已的措施)。奥克肖特认为,保守的人并非对一切变动都无动于衷,而是根据情形对待,有可能调动一切资源来对付变动。就像早期的保守主义者对待法国大革命那样。但保守的人一般不赞同主动的、有计划的革新,因为"革新的含义是改善"。然而,并非所有革新都能改善,除非"设计来纠正某种特殊的失衡的革新,要比从一般改善人类环境的条件的观念产生的革新更可取,比由完善的幻想

① ［英］迈克尔·奥克肖特:《政治中的理性主义》,张汝伦译,上海译文出版社 2004 年版,第 126 页。
② ［英］迈克尔·奥克肖特:《政治中的理性主义》,张汝伦译,上海译文出版社 2004 年版,第 127 页。

产生的革新更可取得多"，因为，对于一位保守性情的人来说，"一个已知的善不可轻易为一个未知的更好的东西放弃"，而保守性情或气质是人性的组成部分。①

但是，正如我们已经分析的，作为个体性无反思、无意识的传统主义并非就是保守主义，保守主义是一种既具有"方法论的一致性"，又具有历史和社会学的可把握性的政治意识形态。保守主义是一种世界观，而传统主义只是一种"天然的守旧心理"，因此，保守主义不等于传统主义。但是，正如卡尔·曼海姆所分析的，在特定的历史条件下，传统主义可以向保守主义转变。因为，"起决定作用的社会阶级的基本设计不仅把理念变成现实的思想运动，而且还创造着不同的敌对的世界观，其中体现了不同的敌对的思想风格。一句话，传统主义向保守主义的转变只能发生在一个阶级分化了的社会里"②。当代保守主义者斯克拉顿这样给保守主义下定义，他认为，所谓保守主义就"是把它说成是一种保守的愿望；因为，每一位男女都具有某种保全可靠而亲近事物的冲动，需要验证的正是这种'亲近'（familiarity）的性质"③。凯克斯也认为，传统主义是保守主义的基本信念，他认为传统主义既承认自主的重要性又承认权威的重要性，……两者的正当要求都是由个人对他们的社会中的各种传统的参与来实现的。"社会是部分地由个人参与其中的各种持久的传统构成的，因为人们是根据这些传统体现的信念、价值和实践理解良善生活的。"④可见，保守主义虽然不等于传统主义，但传统主义可以看作保守主义的心理学基础。

小结：本章主要从学理上对伯克传统的保守主义进行了深层次分析和探究，以便于对保守主义意识形态及其理论特质有更深入的理解和把握。同时也为后面的研究提供必要的学理基础。

---

① ［英］迈克尔·奥克肖特：《政治中的理性主义》，张汝伦译，上海译文出版社 2004 年版，第 127—130 页。

② ［德］卡尔·曼海姆：《保守主义》，李朝晖、牟建君译，译林出版社 2002 年版，第 75 页。

③ ［英］罗杰·斯克拉顿：《保守主义的含义》，王皖强译，中央编译出版社 2004 年版，第 7 页。

④ ［美］凯克斯：《为保守主义辩护》，应奇、葛水林译，江苏人民出版社 2003 年版，第 48 页。

第七章
全球化与保守主义的当代发展

一般认为,20 世纪下半叶,特别是 80 年代以降,西方社会开始了总体性的政治右转,与此相应的是保守主义的复兴。

第一节　全球化与现代性危机

一、全球化的社会学和文化内涵

关于全球化,有着种种的描述和阐释。英国当代著名社会学家齐格蒙特·鲍曼将全球化的世界描述为一个"拥挤的世界",意思是说,这个世界的人们已经永远地失去了藏身之所,没有了"外部",只有"内部"。"对于这个拥挤的世界,我们都是知情人士和永久居民,我们没有别的去处"。在这个世界里,原先具有的因果联系、时空概念等都发生了巨大的变化,"时间—空间"变成了"速度—空间",并因而"把每个地方几乎都变成了同样的速度—距离(speed-distance),使所有的地方都彼此接近"。① 全球化是现代性的展开。现代性是什么? 鲍曼这样描述现代性:"现代性是对旧制度逐渐的、但持续的和令人震惊的瓦解的一种反应";现代性意味着"力图消除偶然事件和随机事件"。② 现代性的形式随着时代的不同而发生改变,20 世纪晚期以来的现代性与 19 世纪的现代性就有着非常不同的表现。如果把 19 世纪称为"稳固的现代性"的时代,那么 20 世纪则是"流动的现代性"的时代。所谓"稳固的现代性"指的是这样一种雄心,即"把短暂

---

① ［英］齐格蒙特·鲍曼:《被围困的社会》,郇建立译,江苏人民出版社 2005 年版,引言第 12—13 页。

② ［英］齐格蒙特·鲍曼:《被围困的社会》,郇建立译,江苏人民出版社 2005 年版,第 5—6 页。

转变成持久，把随机转变成规律，把偶然转变成惯例，把无序转变成有序。它想使人类世界成为透明的和可预测的，并且它相信能够做到这一点"。然而事实是，一切都在流动，今天的现代性是"流动的现代性"，"生活的艺术主要是如何安全地在海啸中游泳"。① 总之，这是一个完全失去了连续性的时代，社会不再是经典社会学家们所描述的具有真实意义的共同体。在涂尔干、马克斯·韦伯等经典社会学家那里，"社会现实就是我们共同参与的日常经历"，正是这种经历使每一个人都感受到社会是真实存在的，正如涂尔干所说的，"社会现实就是经验事实"。"那是'稳固的现代性'的年代，是建造坚硬的框架和围栏的年代，是整合和统一的年代；换言之，是把分散的车间连接成工厂的年代，是把大量分散的公共岛屿连接成民族国家构成的紧密相连的大陆的年代，是把分散而多样的方言、习俗和生活方式连接成具有同一语言、目的和政府的民族的年代。"②然而，到了20 世纪末，人们关于"社会"的经历很快变成了另外一种经历，社会不再意味着"社团"，而是意味着"同个体相分离"的世界，"没有明确的生活期待的存在"。最为可能的经历是"消费者经历：一种把生活视为一系列的消费者选择的经历"③。

　　鲍曼是从社会学的角度分析全球化所带来的巨大的社会变迁以及人们生活状态的改变，格雷则从经济及其文化变迁的视角阐述全球化的特征。他认为，全球化首先意味着全世界每个社会的工业化或即将工业化。全球化还意味着每一个经济体制的互相联系。全球化不是单一的线性的过程，也"决不是各个经济体制都要殊途同归的终结状态。全世界经济活动的普遍和程度相同的一体化恰恰不是全球化。相反，在全世界，经济活动相互联系的日益增长加剧了国家之间发展的不均衡"。这种不均衡的结果是在加强了现存的国与国之间的等级关系的同时，"产生出新的等级关系"。因此，全球化意味着差别，包括经济体制的差别。"世界市场的兴旺依靠的是经济体制之间的差别。这就是全球化潮流的动力不可抵抗的一个原因"。格雷认为，支配全球化的是单一的理念，"即非地方化（de-localuzation），就是从地方根源及其文化中把活动和关系连根拔除"④。因此，在

① ［英］齐格蒙特·鲍曼：《被围困的社会》，郇建立译，江苏人民出版社 2005 年版，第 165 页。
② ［英］齐格蒙特·鲍曼：《被围困的社会》，郇建立译，江苏人民出版社 2005 年版，第 22—23 页。
③ ［英］齐格蒙特·鲍曼：《被围困的社会》，郇建立译，江苏人民出版社 2005 年版，第 25 页。
④ ［英］约翰·格雷：《伪黎明：全球资本主义的幻象》，张敦敏译，中国社会科学出版社 2002 年版，第 68—70 页。

世界市场和全球资本主义的混乱中,民族国家所面对的不是风险,而是彻底的不确定性。正如格雷所说的,风险"指的是可以了解到的各种行动的代价的合理概率,而不确定性是不能了解这种概率"①。

安东尼·吉登斯从社会关系视角阐述全球化的当代特征:"世界范围内的社会关系的强化,这种关系以这样一种方式将彼此相距遥远的地域连接起来。"②全球化过程是现代性从四个维度的全球性展开:世界经济体系[主要由资本主义国家(特别是跨国公司)控制着世界经济的权力]、民族国家体系(民族国家是全球政治秩序的重要行动者)、国际劳动分工、世界军事秩序。③全球化具有辩证的性质:第一,"表现在以下两种倾向之间的相互'推—拉':一方面是由诸国家体系的反思性自身所固有的权力集中化倾向,另一方面却是各特定国家所具有的维护其主权的倾向。"④

塞缪尔·亨廷顿则从文化和意识形态视角阐述了冷战以后全球化发展的状况。他认为,冷战时期,世界图景主要以意识形态为核心被二极化,世界本身主要被分成三个部分,即美国为首的富裕国家,苏联为首的共产主义阵营,还有其他贫穷的国家。而在冷战后,世界按照文明的不同呈现多极化趋势,"在后冷战的世界中,人民之间最重要的区别不是意识形态的、政治的或经济的,而是文化的区别"。在以后的世界中,政治情形将发生重大变化,"区域政治是种族的政治,全球政治是文明的政治。文明的冲突取代了超级大国的竞争"。他认为,在此后的世界中,文化成为统一和分裂的主要力量,"人民被意识形态所分离,却又被文化统一在一起……我们只有在了解我们不是谁、并常常只有在了解我们反对谁时,才了解我们是谁"⑤。塞缪尔·亨廷顿文明冲突论的前提是:冲突是人类固有的,时代的变化只是改变冲突的形式,如从经济、政治、意识形态到今天的文明的冲突。在他看来,后冷战时代,国家主要根据文化来确定其利益,不同世

---

① [英]约翰·格雷:《伪黎明:全球资本主义的幻象》,张敦敏译,中国社会科学出版社 2002 年版,第 88 页。

② [英]安东尼·吉登斯:《现代性的后果》,田禾译,译林出版社 2000 年版,第 56 页。

③ [英]安东尼·吉登斯:《现代性的后果》,田禾译,译林出版社 2000 年版,第 62 页。

④ [英]安东尼·吉登斯:《现代性的后果》,田禾译,译林出版社 2000 年版,第 72 页。

⑤ 塞缪尔·亨廷顿:《文明的冲突与世界秩序的重建》,周琪、刘绯、张立平等译,新华出版社 1998 年版,第 6—7 页。

界中的国家"日益认为威胁会来自文化不同的社会"。[①]

生态问题的凸显似乎与全球化有着不可分割的关系，美国著名左翼社会学家约翰·贝拉米·福斯特认为，生态问题与资本主义的发展方式及其资本主导的全球化有着密切的关系。他认为，由于追求利润是资本主义生产方式的内在目标，因此不惜一切追求经济增长和扩张，"包括剥削和牺牲世界上绝大多数人的利益"。短期行为而不是总体规划是资本的特征，而与人类社会密切相关的自然、环境等因素"则需要更长远的规划"。有限的资源与无限的扩张存在的不可避免的矛盾，"因而在全球资本主义和全球环境之间形成了潜在的灾难性的冲突"[②]。

乌尔里希·贝克从风险社会的视角阐述了全球化的现状和后果。他认为，今天的社会已从工业社会（阶级社会）转变成"风险社会"，如果说"在工业社会中，财富生产的'逻辑'支配风险生产的'逻辑'，而在风险社会中，这种关系颠倒了过来"。也就是说，在今天，"生产力丧失了其清白无辜的面目。技术——经济的'进步'带来的力量，日益为风险生产的阴影所笼罩。"（资本主义）现代化所产生的"风险不再局限于特定的地区或团体，而是呈现出全球化趋势……在这个意义上，全球化趋势引发了全球性危害"[③]。

当代英国社会学家马丁·阿尔布劳认为，全球化发展的历史过程已经证明，当代的世界已经是一个"全球化时代"，这"是一个看得见、摸得着的经验性的过程。"[④]20 世纪 70 年代以来，随着以计算机为核心的通信技术网络的快速发展以及由此带来的全球化过程的加速，人类进入了"全球时代"，而当我们用"全球的"或"全球性的"指称这个世界的时候，意味着世界本身有着不同于以往时代的内在特质，它表明的"不再是别的什么事情的一种偶然品性，它成了内在于某事本

① 塞缪尔·亨廷顿：《文明的冲突与世界秩序的重建》，周琪、刘绯、张立平等译，新华出版社 1998 年版，第 16 页。
② 约翰·贝拉米·福斯特：《生态危机与资本主义》，耿建新、宋兴无译，上海译文出版社 2006 年版，第 2—3 页。
③ ［德］乌尔里希·贝克：《风险社会》，张文杰、何博闻译，译林出版社 2018 年版，前言第 7 页。
④ ［英］马丁·阿尔布劳：《全球时代——超越现代性之外的国家和社会》，高湘泽、冯玲译，商务印书馆 2004 年版，第 167 页。

身的东西"①。如果说"现代的"首先强调的是时间,强调对旧事物的废除、创新、控制和扩张,而在空间上则主要意味着"生产和消费带来的一种结果",那么,"全球的"则首先是一种空间上的意味,"是地球在空间的位置的产物,是对生存的具体完整性和完善性的召唤,它不是把人类区分开来而是使人类抱成一团"。"全球的"意味着某种"全球性",全球性本身"是人与世界之间的相互作用的后果的客观化",因而具有某种独立性,这种独立性既是相对于个人的,也是相对于人类整体,因此,这样一种观点强调全球生态、强调自然资源的有限性,强调世界的可持续性发展,也强调世界的和平与安宁。人类不可能再像以往一样对自然为所欲为,而是强调"把世界作为一个整体看待并承担对于世界的责任"。②

以上是关于全球化的种种描述或分析,尽管视角、观点、理论立场等不尽相同,但都揭示了这样一个共性的问题,那就是,全球化不仅是全球经济的扩张过程,也是全球性经济政治、文化秩序的整合和重构过程,还是充满危机和矛盾的过程。全球化这一过程充斥着各种矛盾和冲突,"是各种过程的复合",如"本土民族主义的复活以及本土认同的增强直接与相对立的全球化力量交织在一起"。③

二、现代性危机与批判

现代性危机某种意义上就是资本主义的危机。全球化不仅导致了新的矛盾和冲突,也使现代性固有的紧张和矛盾日益尖锐、复杂化。

詹姆斯·施密特在《启蒙运动与现代性》"导论"中,开列了启蒙现代性的种种"罪状":启蒙运动把自然作为一个"只是一个要被统治、处置和开拓的对象";一种对"绝对价值"怀疑的虚无主义;"启蒙运动对权利和自由的激情释放出一种毁灭的个人主义,这种个人主义削弱了对共同体的任何感觉";"启蒙运动假设人性是无限可塑的,这个假定为极权主义国家将所有个性的痕迹从其主体那儿抹

---

① ［英］马丁·阿尔布劳:《全球时代——超越现代性之外的国家和社会》,高湘泽、冯玲译,商务印书馆 2004 年版,第 126 页。

② ［英］马丁·阿尔布劳:《全球时代——超越现代性之外的国家和社会》,高湘泽、冯玲译,商务印书馆 2004 年版,第 130—131 页。

③ ［英］安东尼·吉登斯:《超越左与右——激进政治的未来》,李惠斌译,社会科学文献出版社 2000 年版,第 5 页。

掉的企图提供了思想灵感"；"启蒙运动试图构造一个道德哲学"，但实际上"要么留给我们一个贫乏的道德景象，一个对所有无法还原到工具有效性的价值进行压制的景象，要么留给我们一个腐化变质的道德话语"；启蒙运动对"主人式的元叙述"的热爱，对"他性"的敌视，如此等等。① 施密特认为，现代人重新反思"什么是启蒙"这样的问题绝不是全新的问题，而对这个问题的不同回答则构成了现代政治经济和文化思想之间的长期紧张和对立。

"什么是启蒙"？也许 18 世纪末关于这一问题的争论并没有得出一个清楚的答案，是法国大革命以事实回答了这一问题。正如詹姆斯·施密特分析的，革命的批评者（所谓右派）认为，"启蒙这个过程就是对政治权威所依据的传统的信念模式进行破坏"。而忠于革命理想的人（所谓左派）则认为，"启蒙体现法律和理性所制约的一种社会形态"。对于右派来说，"启蒙与一种具有种种危险后果的政治幼稚简直就是同义词。而对左派来说，它表达了对一个公正、理性的社会的尚未实现的梦想"。② 总之，人们对"什么是启蒙"并未达成理论上的一致性，但启蒙的模式仍然被认为是现代性的主流模式甚至是唯一的模式，启蒙就是向迷信、狂热和偏见宣战，就是世界的世俗化和理性化，简言之就是"除魅"。不过，现代性在其不断展开的过程中，其内在的矛盾和紧张一直存在着。随着现代性的全球展开以及全球化的不断深入，这种紧张和矛盾也随之日趋尖锐和复杂，当代社会的各种矛盾，如人与自然的矛盾、社会矛盾、民族矛盾等，无疑是这种紧张和矛盾的体现，由此，"什么是启蒙"这个 18 世纪并未得到解决的问题到了 20 世纪下半叶又一次成为热烈而又尖锐的话题。根据詹姆斯·施米特的分析，20 世纪关于启蒙的批评话题主要有三条线索，几乎每一条都是围绕启蒙运动与法国革命的关系所作的回答。第一条线索涉及的是关于理性与传统的关系，可以看作柏克对法国革命疑虑的进一步深化的形式。第二条线索集中于理性、恐怖和支配之间令人不安的关系，继续了一条黑格尔在《精神现象学》中开创的论证路线。第三条线索是力图把启蒙的理想从与法国革命的一切联系中抽离出来，

---

① ［美］詹姆斯·施密特编：《启蒙运动与现代性》，徐向东、卢华萍译，上海人民出版社 2005 年版，第 1 页。

② ［美］詹姆斯·施密特编：《启蒙运动与现代性》，徐向东、卢华萍译，上海人民出版社 2005 年版，第 15 页。

这在尼采的著作中发现了它的起源。① 这三条批评路线既有联系，又有区别。而第一条批评路线所展开的话题是本书关注的核心内容。因此，本章将继续沿着这条线索而展开。

从理论上看，当代关于理性与传统关系的争论典型地体现在伽达默尔与哈贝马斯之间。我们知道，在伯克那里，对传统的捍卫主要在于传统本身，因为偏见所以捍卫是伯克保守主义的信条。在伯克看来，社会本身是一种契约，是各个世代之间的协作，而每一世代之间的联系就是传统。传统将每一世代放在一个固定的位置上，扮演自己的角色，历史是由一个接一个的世代之环衔接而成的，每一个世代都应在自己的位置上安分守己，不可逾越。从祖先那里接过传统，再把它传给下一代人，由此而构成人类社会的和谐链条。伯克的保守主义传统影响了此后大多数保守主义者，包括当代的保守主义者奥克肖特、斯克拉顿、拉塞尔·柯克、尼斯比特等。而在启蒙传统看来，理性而不是传统构成权威的基础。伽达默尔认为，启蒙思想对偏见的理解本身就是一个最大的偏见。在伽达默尔看来，理解是一种历史性的活动，不仅作者有其历史性，读者也有其历史性，而读者的历史性或前见、偏见是无法消除的。传统与理性之间不存在绝对的对立，"传统按其本质就是保存，尽管在历史的一切变迁中它一直是积极活动的。但是，保存是一种理性活动"。传统不是我们身外别的什么，"它一直是我们自己的东西，一种范例和借鉴，一种对自身的重新认识"。② 人类的活动其实是一个开放的视域，"我们的历史意识所指向的我们自己的和异己的过去一起构成了这个运动着的视域，人类生命总是得自这个运动着的视域，并且这个运动着的视域把人类生命规定为渊源和传统。……获得了一个视域，这总是意味着，我们学会了超出近在咫尺的东西去观看，但这不是为了避而不见这种东西，而是为了在一个更大多整体中按照一个更正确的尺度去更好地观看这种东西"③。从思维方式上看，伽达默尔的思想无疑具有保守主义的倾向，他说："经验就是对人类有限性

① ［美］詹姆斯·施密特编：《启蒙运动与现代性》，徐向东、卢华萍译，上海人民出版社2005年版，第16页。
② ［德］汉斯-格奥尔格·伽达默尔：《真理与方法》，洪汉鼎译，上海译文出版社2004年版，第361—362页。
③ ［德］汉斯-格奥尔格·伽达默尔：《真理与方法》，洪汉鼎译，上海译文出版社2004年版，第391—392页。

的经验，……有经验的人知道一切预见的界限和一切的不可靠性。"①伽达默尔在对理性和传统进行思考时，是从反思的角度因而不同于伯克"无反思的智慧"。"一个恰当地发挥作用的传统能够反思，并且在某种程度上批判它所依赖的预设。……反思能够使我们意识到我们继承下来的传统，但是它永远不能把我们从这个传统中解放出来。"②在哈贝马斯看来，伽达默尔低估了人的反思能力的重要性，从而将传统确定为处于支配性地位的因素，这使得哈贝马斯批评伽达默尔持有一种"非辩证的启蒙概念"。法兰克福学派的早期代表霍克海默和阿多诺等对启蒙话语持某种批判的见解，在他们看来，"启蒙运动试图把这个世界从神话和迷信的支配中解放出来，但这种努力最终陷入了一种致命的辩证法——启蒙本身返回了神话，助长了种种新的支配"③。正如詹姆斯·施米特所分析的，和伽达默尔一样，霍克海默和阿多诺对启蒙的批评最终都可追溯到启蒙运动和法国革命的关系，尽管他们论证的思路不同，但有一点是相同的，就是质疑启蒙理性的霸权话语以及由此带来的困惑、迷茫和抵抗。

总之，启蒙现代性在其展开的过程中，特别是由于全球化的加速，其自身固有的矛盾和紧张日趋尖锐，因而质疑、批评的声音也越来越强烈。实际上，这种质疑和批判贯穿于现代性展开的全过程，并因而使得现代性的真正面貌并非如启蒙规划所设想的那样，以同质化形态全球性扩张，而是呈现多样性的特征，这就构成所谓的多元现代性。

三、现代性的多元重构

多元现代性理论可看成启蒙批评话语的另一种形式，如果多元现代性的存在是确实的话，那么它也是西方一元现代性危机的产物，一元现代性或许原本就是一个神话。

多元现代性理论兴起于 20 世纪中晚期，当代新儒学的代表人物杜维明、以

---

① ［德］汉斯-格奥尔格·伽达默尔：《真理与方法》，洪汉鼎译，上海译文出版社 2004 年版，第 459 页。

② ［美］詹姆斯·施密特编：《启蒙运动与现代性》，徐向东、卢华萍译，上海人民出版社 2005 年版，第 19 页。

③ ［美］詹姆斯·施密特编：《启蒙运动与现代性》，徐向东、卢华萍译，上海人民出版社 2005 年版，第 20 页。

色列著名的社会学家艾森斯塔特等都持有关于现代性的多元性观点。艾森斯塔特在其《反思现代性》一书中从比较进化观的视角阐述和论证了多元现代性理论。他认为，启蒙现代性以价值与事实的分离为前提，遵循工具理性的算计原则，也是马克斯·韦伯等经典社会学理论的基本假定，按照这样的理论，"集结于现代欧洲的各种制度安排，以及现代欧洲内部发展起来的现代性文化方案将'自然而然地'被一切处于现代化过程的社会或现代社会所采纳；它们将随着现代性的扩张而通行于全世界"①。然而，现代性的实际展开并非如此，"实际的发展表明，在所有的或大部分社会中，各种各样的制度领域——经济的、政治的和家庭的领域——不断呈现出相对自主的维度，它们在不同社会及其不同发展时期以不同方式汇合到一起"②，而不是所有社会的各种制度都汇合在欧洲或西方的现代性基本制度格局中。

现代性的发展并没有完全沿着启蒙设计的方案同质性地走下去，而是出现了多元发展的模式。S.N.艾森斯塔特认为，现代性多元发展的现实说明了西方现代性发展的最初假设是成问题的，这个假设认为，"西方现代性的基本文化前提，是内在地、必然地与结构维度相互交织在一起的"。但是，现代性的发展"已经远远超出了现代性最初文化方案的同质化维度和霸权维度"。这种变化不仅发生在非西方国家的现化性发展过程中，"即使在西方文明——无论怎样定义——的大框架内，产生的也不只是现代性的一种而是多种文化方案和制度模式"③。因此，现代性的发展与其说是正沿着单一性文明或单一的轨道全球性扩张，不如说正沿着多样性文明和多元化轨道全球性发展。随着全球化的不断深入，非西方社会与现代性遭遇的结果使得现代性的前提、象征以及制度等发生了更深刻的转变。

这种转变表现在，一方面，非西方社会积极参与到现代化的进程中来，另一方面，又有选择地拒斥现代性的许多方面。例如，"最引人注目的是拒绝被视为

---

① ［以］S.N.艾森斯塔特：《反思现代性》，旷新年、王爱松译，生活·读书·新知三联书店 2006 年版，第 90 页。

② ［以］S.N.艾森斯塔特：《反思现代性》，旷新年、王爱松译，生活·读书·新知三联书店 2006 年版，第 22 页。

③ ［以］S.N.艾森斯塔特：《反思现代性》，旷新年、王爱松译，生活·读书·新知三联书店 2006 年版，第 6—7 页。

天经地义的西方有关现代性文化方案的阐述霸权。对现代性主题的挪用,使这些群体可能将现代性的某些西方的普遍主义要素整合到自己新的集体认同的建构之中,而不必放弃他们传统认同的特殊成分"①。因此,在当代,"民族—国家意识形态和象征的中心地位,作为现代性的文化方案和集体认同的主要成分的奇里斯玛焦点的地位,已经减弱了;新的政治、社会和文明图景,新的集体认同的图景正在产生"。这种新的图景常常被描述为"后现代"或"多元文化主义"等。然而,"不断从多元主义与普遍主义方案间、与封闭的认同相反的多面的认同涌现出的紧张,以及现代性的新中心对文化霸权的主要传统中心的持续矛盾心理,证明了这样一个事实:在超出民族—国家模型的同时,这些新运动并没有超出现代性的基本问题。它们都是深刻自省地意识到没有一个对现代性固有紧张的答案是最终的答案——尽管每一个运动都以自己的方式寻求给现代性难以克服的困境提供一蹴而就、无可争辩的答案。这些运动已经在新的历史语境中用新的方式重组了现代性问题"②。总之,全球化发展的历史与现实表明,西方原初的或启蒙主义的现代性并没有在全球范围内取得霸权地位。

尽管现代社会的发展在许多方面呈现相似性,如城市化、教育的扩大以及现代通信手段的运用、日益明显的个人主义取向等,但是,"在这些社会的不同发展时期,界定和组织这些领域的方式却有很大的差异;不同的社会采取了不同的方式",由此,孕育和发展出了多元化的制度模式和意识形态模式。不过,"这些模式并不是这些社会各自的传统在现代条件下的简单延续",而是一种独特的现代性模式。尽管在这过程中,西方现代化模式"构成了一个初始的和连续性的(通常也是暧昧不明的)决定性参照点"。据此,艾森斯塔特认为,"现代性的历史应当看成是多种多样的现代性文化方案和多种多样具有现代品质的制度模式不断发展和形成、建构和重新建构的过程"③。

因此,所谓多元现代性,最重要的含义首先意味着,现代性并不等于西方化,

---

① [以] S.N.艾森斯塔特:《反思现代性》,旷新年、王爱松等译,生活·读书·新知三联书店 2006 年版,第 53 页。

② [以] S.N.艾森斯塔特:《反思现代性》,旷新年、王爱松等译,生活·读书·新知三联书店 2006 年版,第 61 页。

③ [以] S.N.艾森斯塔特:《反思现代性》,旷新年、王爱松等译,生活·读书·新知三联书店 2006 年版,第 91 页。

现代性的西方模式并非唯一的现代性模式，"尽管现代性的西方模式享有历史上优先地位，并且将继续作为其他现代性的一个基本参照点"。①

　　根据多元现代性理论，艾森斯塔特认为，19 世纪中叶特别是"二战"以来兴起的形形色色的运动及"主义"，如伊斯兰复兴运动、传统主义（保守主义）、民族主义、女权主义、生态主义等都可在多元现代性视角下得到解释。这些运动事实上都是现代的运动，尽管有的可能以"反现代"的面目出现，如宗教激进主义等，而实际上，这些运动只是以不同的方式参与现代性过程并重构了现代性，并且，这一过程贯穿于现代性展开的始终，正如艾森斯塔特所认为的，从现代文明一开始就受到"内在悖论和矛盾的困扰，进而引发出持续不断的批评话语"。② 无论是卢梭从启蒙话语内部展开的批评，还是柏克开创了有别于启蒙话语的保守主义话语对现代性进行的批判，都是资本主义现代文明自身矛盾的体现。保守主义作为三大现代意识形态之一，本身既是现代性的产物，也是现代性话语的另一种形式。保守主义与启蒙理性主义话语之间的紧张内在于资本主义现代性的结构本身，并且贯穿于整个现代性发展两百多年的历史，而 20 世纪 80 年代以后兴起的新保守主义思潮则是全球化背景下两种话语之间紧张而且相互纠缠的当代体现。

第二节　新保守主义

一、新保守主义是什么？

　　一般认为，20 世纪 80 年代里根和撒切尔夫人执政以及全面实施新自由主义政策，标志着西方政治的急速右转，同时也标志着保守主义思潮的又一次复兴，人们一般将这一复兴的保守主义称为新保守主义。从形式上看，这一时期的

①　［以］S.N.艾森斯塔特：《反思现代性》，旷新年、王爱松等译，生活·读书·新知三联书店 2006
　　年版，第 38 页。
②　［以］S.N.艾森斯塔特：《反思现代性》，旷新年、王爱松等译，生活·读书·新知三联书店 2006
　　年版，第 25 页。

保守主义在不同的地区同样具有多样性的形式，如有所谓自由的保守主义、基督教传统的保守主义、文化保守主义，以及更具特质的美国新保守主义，等等。这些所谓的保守主义与自由主义之间呈现着更加复杂的关系。

我们知道，20世纪80年代起的全球化浪潮与"新自由主义"（Neo-liberalism）思潮关系密切。新自由主义以哈耶克、弗里德曼等经济和政治理论为基础，在经济上强调恢复古典自由主义的经济自由和市场放任，反对福利国家和政府对经济的干预。否定公有制，声称公有制无效率几乎是所有新自由主义者的一致观点。反对社会主义制度，认为社会主义是对自由的限制和否定，社会主义必然导致集权主义，是一条"通往奴役之路"（哈耶克语）。在外交和国际政策方面，新自由主义并不是一般地鼓吹经济全球化，而是采取单边主义和霸权主义的策略。"华盛顿共识"是新自由主义全球化思想的集中体现，也是西方发达国家给全球化开出的药方。无疑，以"华盛顿共识"为核心的新自由主义是当代资本主义发展的主要理论形式，体现了国际垄断资本的利益立场。吊诡的是，新自由主义理论家的代表人物往往又被称为"新保守主义"，如哈耶克。尽管哈耶克并不承认自己是一个保守主义者，但这并不能避免他仍被看作一个保守主义者，这一现象或许正体现了当代保守主义与自由主义之间的复杂关系。

哈耶克声称自己不是一个保守主义者，他如此区分自由主义与保守主义。他认为，严格的保守主义立场是一种反对变革的立场，保守主义当初就是以自由主义的对立面而出现的。由于保守主义"天生不能为我们正在前进的方向提供一种选择的可能性"，因而，"保守主义的命运永远被拖在一个不是由自己选择的道路上"。自由主义则不仅知道自己"应该行驶多快和多远，而是我们应该驶到哪儿"。① 哈耶克暗指的显然是奥克肖特这样的保守主义者。在他看来，自由主义"从来不是一个朝后看的学说"，自由主义不反对变革，"在自发的变化被政府控制所遏止的地方，它要求大幅度改变政府政策"。② 哈耶克确实说出了一个事实，即里根、撒切尔夫人保守主义转向的政策特征。哈耶克也不否认，自由主义在保守主义那里吸取了营养（回想一下哈耶克在他的《自由宪章》中对伯克自由概念的阐释）。但他同时又认为，保守主义对新事物怀有很强的不信任，而"自由

---

① ［英］哈耶克：《自由宪章》，杨玉生、冯兴元、陈茅等译，中国社会科学出版社1999年版，第577页。
② ［英］哈耶克：《自由宪章》，杨玉生、冯兴元、陈茅等译，中国社会科学出版社1999年版，第587页。

主义的立场则建立在勇气和信心的基础之上，基于有充分准备让变化沿着自己的道路发展，即使我们不能预见它将导向哪里"。在经济上，自由主义相信经济力量的自发调节，而"保守主义者倾向于使用政府的权力来阻止变化和限制它的发展速度"。当然，保守主义对权力也不够信任，"保守主义者只有在他确信有某种更高的智慧在观察和监视变化时，只有在他知道有某种权威负责使变化'有秩序'时，才感到安全和满足"。因此，哈耶克认为，保守主义有点"偏爱权威"，并且对市场经济的自发力量缺乏理解，因为，保守主义本质上对抽象理论和普遍原理不信任。因此，在哈耶克看来，保守主义无法勾画一个关于社会秩序的清晰蓝图，而当有些保守主义者希望为自己"构建一个理论基础时，总发现自己过分求助于那些把自己当作自由主义者的作家"，托克维尔、阿克顿勋爵等就是这样的一些保守主义者。① 关于道德方面，哈耶克认为，保守主义往往将宗教和道德理想作为必需的强制，这是保守主义与自由主义的一个显著区别。因此，保守主义者大多持一种精英主义的观念，倾向于捍卫某种形式的等级制度。自由主义虽然并不主张人人平等，但"否定任何人有权威决定谁是这些优秀的人"。保守主义反对现代大众民主制度，但哈耶克认为，"现代民主所拥有的权力在一小撮精英人物手中会变得更加不可容忍"② 。此外，保守主义者大多是民族主义者，这是他们怀疑一切新生事物的必然结果，"和保守主义对新奇事物的不信任相连的是它对国际主义的仇恨和对严格的民族主义的好感"。哈耶克认为，这正是保守主义的弱点之一。而他自己绝不是一个民族主义者（强调市场的自由放任当然不可能是民族主义者），在他看来，任何形式的民族主义都有可能导致集体主义和专制主义。但是，哈耶克又认为，"对民族主义的厌恶和对民族传统的遵循完全可以相容"③ 。

哈耶克通过将自由主义与保守主义做简单对比，阐明自己为什么不是一个保守主义者。然而，哈耶克关于自由主义与保守主义的比较倒是清楚地说明了20 世纪中晚期以来自由主义与保守主义之间剪不断理还乱的复杂关系，这种既

---

① ［英］哈耶克：《自由宪章》，杨玉生、冯兴元、陈茅等译，中国社会科学出版社 1999 年版，第 579—580 页。

② ［英］哈耶克：《自由宪章》，杨玉生、冯兴元、陈茅等译，中国社会科学出版社 1999 年版，第 582—583 页。

③ ［英］哈耶克：《自由宪章》，杨玉生、冯兴元、陈茅等译，中国社会科学出版社 1999 年版，第 586 页。

对立又相容、既排斥又相互"纠缠"的复杂关系，既是资本主义在其发展过程中本身固有的内在矛盾的当代体现，同时也意味着，保守主义与自由主义作为垄断资产阶级的意识形态，从不同的视角、不同的维度和方面调节着资本主义的发展。如果说，保守主义在其初期作为自由主义的对立面出场，那么，20 世纪特别是晚期以来，保守主义和自由主义这两大意识形态则越来越在更深的层面上交叉和融合。从这个意义上，20 世纪 80 年代以来出现的"新保守主义"作为垄断资产阶级的意识形态，可以看作这种交叉和融合的产物。

二、新保守主义与传统保守主义

什么是"新保守主义"？对这个概念无疑存在着多种理解，如有所谓"美国新保守主义""中国新保守主义"等说法。不过，本书所指的"新保守主义"主要是指 20 世纪 70—80 年代以后盛行于英美的保守主义，它既是一种思想思潮，也是一种政治主张和政治实践，简言之，一种称为新保守主义的政治意识形态。

为什么称作"新保守主义"？我们知道，传统保守主义产生于法国大革命，是对大革命改天换地惊人之举的激烈反应。就反对革命以维护旧制度和旧秩序而言，传统保守主义特别是 19 世纪早期的保守主义是反动的，某种意义上就是开历史的倒车（伯克、博纳德、迈斯特无不如此）。20 世纪 80 年代以降的新保守主义思潮则产生于资本主义福利制度出现危机、社会主义国家建设和改革受挫甚至局部解体（如东欧剧变）的特殊历史阶段。对于新保守主义来说，如果有什么需要反动的话，那么就是对资本主义福利制度的反动，对古典自由主义自由放任的回归，是保守主义自身的改变或转换。从这个意义上说，新保守主义是一种对变化了的政治和社会环境的一种回应，也是资本主义世界变化的意识形态体现。因此，新保守主义之"新"，既意味着形式上的新，也意味着内容上的新。而所谓内容上的新，一方面是指意识形态的主体发生了变化，即由早期的旧贵族阶级变成了当代的资产阶级，另一方面是指思想内涵上的变化。最能体现"新保守主义"之"新"的莫过于对自由市场态度的变化。正如人们看到的，在传统保守主义那里保持着对自由市场一定程度的怀疑和不信任，强调政治本身的重要性。而新保守主义思想的一大特色就是强调经济自由主义，反对政府对经济的干涉。不过，在他们那里，为自由市场辩护的方式则是政治的。自由的市场经济是增进自由、降低暴政的最佳方式和途径，而政府干预、社会主义则是"通往奴役之路"。

新保守主义与传统保守主义还有一个最大的区别就是它的理论的抽象性和原则性。我们知道,伯克开创的保守主义其理论特征和思想风格就是反对抽象,崇尚具体(传统)。因此,在传统保守主义那里,难以发现关于未来的抽象描述,正如奥克肖特所说的,政治只是追求传统所做的暗示,并没有明确的方向。然而,新保守主义并非如此。新保守主义的代表人物哈耶克在《自由宪章》的序言中直言不讳地宣称,他要为人类描绘一幅理想的蓝图,并且阐明其内涵及其实现的途径。哈耶克绘制了一幅他所认为的并且具有普适性的"自由政体"的蓝图,但采取的是哲学论证的方法,正如他所说的,这一蓝图将"阐明应根据何种标准来判断具体措施是否同一个自由政体相适应"。① 这大概就是哈耶克不承认自己是保守主义者的原因吧,因为,照通常的理解,没有标准、反对哲学信条是保守主义的特征。

但新保守主义与传统保守主义相比也有着一致性的方面,这种一致性主要在于对文化传统和价值的强调,如家庭等。但是,新保守主义对价值和道德的强调建基在个人主义的理论基础之上,与传统保守主义强调共同体先于个人的优先性有着很大的不同。新保守主义也强调国家和民族情感的本质作用,但与传统保守主义强调的基础是不同的。传统保守主义强调现存社会秩序对于个人的先存性和优先性,伯克、奥克肖特、斯克拉顿等都是如此。将个人与某种形式的共同体相协调是当代新保守主义的突出特点。比如哈耶克在谈到家庭和遗传的作用时,哈耶克说,"社会既是家庭又是个人构成的,家庭内部的文化遗产的传播同有益的生理性的遗传是同等重要的工具"。在他看来,有些品质和价值很少能通过一代人来获得,"它们往往是经过两代甚至三代人连续不断地努力,才最终形成。这恰恰意味着:一个社会的部分文化遗产,通过家庭能够获得更有效的传播"②。与传统保守主义一样,新保守主义者反对社会平等,提倡精英政治。在他们看来,通过国家和社会的手段为个人创造平等起点的努力无异于阻碍自由,是"自由的对立面","根除产生不满的所有根源应该成为政治的目标"的想法和做法,或者是"基于成功者在某些不成功者之中造成的不满,或者不客气地说,是

① ［英］哈耶克:《自由宪章》,杨玉生、冯兴元、陈茅等译,中国社会科学出版社 1999 年版,第 18 页。
② ［英］哈耶克:《自由宪章》,杨玉生、冯兴元、陈茅等译,中国社会科学出版社 1999 年版,第 131 页。

忌妒"。① 因此，在新保守主义者看来，无论遗产制度会造成多大的不平等，都比通过人为的方法将之消除要更合理些，在他们看来，"个人位置的高低也不必依赖其同伴对其功绩的认识，这也是自由社会的一个基本特质"②。因此，新保守主义强调反对社会民主和基于公平的社会正义观，强调社会不平等的不可消除性和合理性。与传统保守主义所不同的是，新保守主义一般不再通过寻求超验的自然秩序为社会不平等辩护，但是，与传统保守主义一样，利用传统资源为现实不平等辩护是一致的。这种一致在某种程度上归于新老保守主义在人性观上的一致性。

三、新保守主义与新自由主义

吉登斯认为，新保守主义（新右派）与新自由主义其实是不太容易分清的。新保守主义大多接受了自由主义的个人观，因而，与强调共同体优先性的传统保守主义存在着很大的区别。因此，在吉登斯看来，新保守主义很难与保守主义传统联在一起，倒是与自由主义的联系更密切些。他认为，"不论在英国，还是别的什么地方，都没有赞同道德个人主义的老保守主义。老保守主义把道德个人主义看作是社会团结的敌人。"撒切尔所谓的"有生命力的道德"只不过"是那些以资产阶级价值的名义反对老保守主义的那些人，或者实际上是工团主义的倡导者进行交易的手段。老保守主义重视强调国家，因为它保护等级制度，不是因为它创造平等看待一切工作形式的条件"③。因此，吉登斯认为，在欧洲语境中，新右派实际上就是新自由主义的代名词，"对于那些赞成市场力量无限扩张的保守主义，我使用的是一般性称呼'新右派'或者更经常地使用了'新自由主义'"④。

华勒斯坦也认为，新右派、新保守主义与新自由主义之间既存在着一致性，也有着含混不清、难以辨别的区别。有时候，其话语方式与传统保守主义似乎又很接近，"恢复了生机的政治右派——有时被人称为新保守主义者，有时又（相当

① ［英］哈耶克：《自由宪章》，杨玉生、冯兴元、陈茅等译，中国社会科学出版社 1999 年版，第 134 页。
② ［英］哈耶克：《自由宪章》，杨玉生、冯兴元、陈茅等译，中国社会科学出版社 1999 年版，第 135 页。
③ ［英］安东尼·吉登斯：《超越左与右：激进政治的未来》，李惠斌、杨雪冬译，社会科学文献出版社 2009 年版，第 41 页。
④ ［英］安东尼·吉登斯：《超越左与右：激进政治的未来》，李惠斌、杨雪冬译，社会科学文献出版社 2009 年版，第 23 页。

含混不清地）被人称为新自由主义者——持有非常传统的社会保守主义主张——教会、地方权贵和社区、父权制家庭起主要的社会道德作用，并极力反对福利制度（这两点与 1848 年以前的保守主义者们的主张是十分一致的），而又令人费解地、天真地谈论什么自由放任：这就可能要使他们的保守派祖先惊愕了"。① 这里，我们发现了新保守主义思想本身所具有的深刻的内在矛盾。诚如吉登斯或华勒斯坦指出的，新右派、新保守主义、新自由主义之间的区别确实是含混不清的，这恰恰表明了 20 世纪特别是后半叶以来保守主义与自由主义之间的相互影响，是资本主义在其发展演变过程矛盾凸显及其复杂化的体现。吉登斯对这种致命的矛盾进行了深刻的分析，新自由主义（或新保守主义）"一方面，在鼓励市场力量的自由发挥中，新自由主义政治哲学把那种影响深远的传统性力量释放出来。另一方面，这些力量帮助瓦解的那些传统符号被认为是社会团结必不可少的"。因此，新自由主义把自由主义的自由与权威主义以奇怪的方式结合和混合起来。自由放任是一切传统的解体的力量，其结果必然导致传统的解体。"如果要在经济领域提倡个人主义和个人事业心，那么，不把这些也扩张到其他领域，包括家庭领域，是没有意义的。"②新保守主义（或新自由主义）意识形态所具有的内在矛盾无疑是资本主义现实矛盾的体现，正如大卫·雷斯曼指出的，"一方面，我们需要保守主义，因为它使我们有信心，另一方面，我们又需要资本主义，因为它使我们致富"③。

　　尽管新保守主义与新自由主义"难以分辨"，但仔细辨认还是能读出其中的细微区别。以斯克拉顿和哈耶克关于自由的解释为例。斯克拉顿是一个崇尚权威的新保守主义者，在他那里，个人自由并不构成首要的价值，"个人自由的价值并非绝对，而是从属于另一种更高层次的价值：既定政府的权威"。因此，"自由观念不可能在保守主义思想中占据中心位置"④。而在哈耶克那里，自由具有绝对优先性的地位。尽管他用柏克开创的保守主义方式解释自由概念，认为英美

---

① ［美］伊曼纽尔·华勒斯坦：《自由主义的终结》，郝名玮译，社会科学文献出版社 2002 年版，第385 页。

② ［英］安东尼·吉登斯：《超越左与右——激进政治的未来》，李惠斌、杨雪冬译，社会科学文献出版社 2000 年版，第 42 页。

③ ［英］大卫·雷斯曼：《保守的资本主义》，吴敏译，社会科学文献出版社 2003 年版，第 80 页。

④ ［英］罗杰·斯克拉顿：《保守主义的含义》，王皖强译，中央编译出版社 2004 年版，第 5 页。

自由主义的自由观与大陆理性主义的自由观不同,这种自由观"是在试图去理解'制度如何发展'这个背景下形成的"①。在这一传统看来,"自由的价值主要在于它能未经有意识设计的东西提供生长机会,一个自由社会之所以能够起有益的作用,很大程度上是依靠那些自由生长出来的制度。倘若我们对于已经形成的社会制度、风俗习惯以及源自长期规定和古代传统的那些对自由的保障,不是怀有一种真正的敬畏之情,那么便谈不上对自由的真正的信仰,也不会成功地使一个自由社会运作起来。一个成功的自由社会,在很大程度上也是一个受传统约束的社会。"②但是,哈耶克又认为,"自由尽管是自发生长出来而不是抽象的结果,然而,自由是社会之基,个人自由的价值仍是"毋庸置疑的道德前提……自由不仅是一种特定的价值,而且是大多数道德价值的源泉和条件"③。自由也是欧洲文明"得以存在的前提",是"现存社会秩序所依据建立的原则"。④ 从这个意义上讲,哈耶克确实是一个(新)自由主义者。

在民主和平等问题上,新保守主义与新自由主义也存在着区别。新自由主义赞同机会平等和代议民主制。哈耶克认为,在自由生长的社会,由于"无穷多样化的人性即个人能力和潜能的差别幅度之大",而这种差异对于"保证事实上非常不同的人们在生活中拥有同等的位置"是十分必要的,这就是法律面前人人平等的实质。如果说,传统保守主义对机会平等也不能容忍的话(如伯克对普选权的反对),那么,新保守主义者大多同哈耶克一样,接受机会平等的理念,但反对社会和财富平等。哈耶克说,那些强调物质平等的人则是"假定所有的人事实上都是平等的",而事实上,人是不平等的。⑤ 哈耶克说:"从人是不同的这一事实出发,得出的结论是:如果平等地对待他们,结果必定造成他们实际地位的不平等。而使他们地位平等的唯一途径是将他们区别对待。因此,法律面前的平等和物质利益的平等不仅不同,而且相互冲突。"⑥可见,不平等的理念是传统保

① 〔英〕哈耶克:《自由宪章》,杨玉生、冯兴元、陈茅等译,中国社会科学出版社 1999 年版,第 88 页。
② 〔英〕哈耶克:《自由宪章》,杨玉生、冯兴元、陈茅等译,中国社会科学出版社 1999 年版,第 95 页。
③ 〔英〕哈耶克:《自由宪章》,杨玉生、冯兴元、陈茅等译,中国社会科学出版社 1999 年版,第 20 页。
④ 〔英〕哈耶克:《自由宪章》,杨玉生、冯兴元、陈茅等译,中国社会科学出版社 1999 年版,第 14 页。
⑤ 〔英〕哈耶克:《自由宪章》,杨玉生、冯兴元、陈茅等译,中国社会科学出版社 1999 年版,第 126 页。
⑥ 〔英〕哈耶克:《自由宪章》,杨玉生、冯兴元、陈茅等译,中国社会科学出版社 1999 年版,第 126—127 页。

守主义、新保守主义以及新自由主义所共有的。

  小结：总的来说，新保守主义与传统保守主义既有区别也有一致的地方。宗教情感、私有财产的神圣性、社会等级和差异的不可避免性，反对集体主义和民主化趋势、精英主义等是其共同坚守的价值或理念。所不同的主要在自由与秩序关系的看法上，传统保守主义更注重秩序的重要性，而新保守主义则更强调自由的优先性，关于这一点，我们在下一章"当代美国的保守主义"中再做进一步的分析。

第八章
当代美国的保守主义

在 20 世纪特别是"二战"以来的保守主义星群中,美国的保守主义无疑占据着醒目的位置。正如保守主义从其产生起就存在着多样化的形态一样,当代美国的保守主义也同样如此。本章不打算去做关于概念界定和思想史梳理的工作,而是围绕当代美国两位重量级的保守主义思想家的主要思想进行简要的阐述,即列奥·施特劳斯以及拉塞尔·柯克的保守主义思想,一方面是因为他们的思想在当代保守主义思想中有着十分重要的地位,同时是因为他们的思想对美国现实政治所产生的重要影响。如果说列奥·施特劳斯通过对现代性的批判和回到苏格拉底与柏拉图而阐明其保守主义政治哲学,拉塞尔·柯克则通过将美国秩序与基督教、古希腊哲学、罗马自然法与柏克的保守主义联系起来,系统地建构他所谓的美国保守主义政治传统。

第一节 列奥·施特劳斯的保守主义政治哲学

列奥·斯特劳斯(1899—1973)生于德国(犹太血统),"二战"爆发后流亡美国(这时他已经四十岁)。或许由于独特的经历,或许是时代的问题影响着他的思想,列奥·斯特劳斯通过对现代性和虚无主义批判的切入,阐释了他独特的保守主义政治哲学。

一、哲学与政治的关系

列奥·施特劳斯保守主义政治哲学关涉的核心问题是西方的危机,探讨的核心问题则是哲学与政治的关系。在施特劳斯看来,西方危机的表象看起来是共产主义世界的威胁,而实际上是指导西方现代性的理论和政治观念的危机,这种理论和观念的核心是自由和平等，并试图建构一个自由平等的世界性的社会，而科学被认为是通向这一目的的最有效工具。西方现代社会科学的特点是将事实与价值区分开来，由于取消了价值理性，人类的一切活动不再有什么目的和意义，而这正是古希腊政治哲学所抱有的，"前现代思想家既接受政治社会的共性和个性，也接受在政治上有重要意义的人类自然的与传统的不平等"。可见，现代西方的危机本质上就是现代政治哲学的危机，这种政治哲学的特征是"历史主义"，"这些学说否认关于任何目的或原则之普遍有效性的理性知识的可能性"[①]。有必要对政治哲学的本质、哲学与政治的关系等问题进行重新探讨，以应对现代性（也即西方）的危机。而自然权利观念则是施特劳斯理论切入的关键视角。

二、两种不同的"自然权利"观念

在施特劳斯看来，存在着古今两种不同的自然法（或自然权利）观念。古典自然法传统（源于苏格拉底、柏拉图、亚里士多德、西塞罗、托马斯·阿奎那等）"首先和主要的是一种客观的'法则和尺度'，一种先于人类意志并独立于人类意志的、有约束力的秩序"。而由霍布斯开创的近代自然法传统强调的更多是一种"权利"，一种"启示于人类意志"的"主观诉求"。[②] 在《自然权利与历史》一书中，施特劳斯对这两种不同的自然法观念进行了详细而系统的梳理。

施特劳斯认为，古代自然权利观念的核心是区分自然与习俗，并且承认政治社会有其自然的根源。所谓自然就是事物的"生成"而非人造。自然不能被认识，而只能被"发现"。与此相应的则是"约定""习俗"等，"自然先于约定"，而这一区别对于政治哲学而言是至关重要的，其重要性就在于"自然法与约定法（或习惯法）的区分"，而这种区分也因此导致了一系列问题的产生，如政治共同体的自然性问题、如何看待正义问题，等等。施特劳斯认为，作为政治哲学的第一人，苏格拉底认为，由意见、约定等形成的政治共同体的法律并不是任意的，而"是以某种神圣的或自然的法则为根源的"。这意味着，"只有自然的正义本身，即正义的'理念'或'形式'才是绝对正义的"。但是，这也同时意味着，"人们绝对有义

① ［美］列奥·施特劳斯等编：《政治哲学史》，李天然等译，河北人民出版社1998年版，第1043页。
② ［美］列奥·施特劳斯：《霍布斯的政治哲学》，申彤译，译林出版社2001年版，第2页。

务"服从"城邦的法律"。① 而这其实就是古典政治哲学家关于哲学与政治关系的观点。西塞罗更清晰地揭示了哲学与政治之间的这一关系。在西塞罗看来,"哲学必须首先考虑既合意又可能的事情,其努力的方向也应是改良现有的政治秩序,而不是毁灭它"②。施特劳斯认为,古典政治哲学家关于自然与习俗关系的处理也依据的是他们关于哲学与政治关系的看法。也就是说,在古典政治哲学家那里,"形式"或"理念"并不就是现实,"应该"不等于"是",因此,也不能把"应该"当成"是",两者之间存在着联系,但不是对立的关系。因此,古典的自然权利论"并不赞同要将现存的秩序或者是此时此地现有的一切轻率地诉诸自然的或理性的秩序"③。然而,现代的自然权利论将"应该"与"是"对立起来,将约定完全诉诸自然。古代的自然权利论,重心在"自然",强调的是"自然正义"或"自然正确",而现代自然权利论强调的是个人的"权利",这是导致现代社会产生相对主义、虚无主义的根源。因此,在施特劳斯看来,克服相对主义和虚无主义倾向的方法就是回到古典的政治哲学。

三、回到古典政治哲学

古典的自然权利论是一种关于德性的理论,以超历史的自然法为基础。自然有其自身的等级,"正是人的自然构成的等级秩序,为古典派所理解的自然权利提供了基础"。人区别于禽兽的是人的灵魂,即语言,或理性(理解力)。"善的生活就是与人的存在的自然秩序相一致的生活,是由秩序良好的或健康的灵魂所流溢出来的生活。"简单来说就是"人的自然喜好能在最大程度上按恰当秩序得到满足的生活",总而言之,"善"就是与自然相一致,就是人性的完美,因此,所谓自然法就是关于"制约着善的生活的一般特征的准则",合于自然的生活就是美德的生活。④

---

① [美]列奥·施特劳斯编:《政治哲学史》,李天然等译,河北人民出版社 1998 年版,"绪论"第 5 页。
② [美]列奥·施特劳斯编:《政治哲学史》,李天然等译,河北人民出版社 1998 年版,第 167 页。
③ [美]列奥·施特劳斯:《自然权利与历史》,彭刚译,生活·读书·新知三联书店 2003 年版,第 14 页。
④ [美]列奥·施特劳斯:《自然权利与历史》,彭刚译,生活·读书·新知三联书店 2003 年版,第 127—128 页。

与现代自然权利论的原子化个人观不同,古代的自然权利论以社会性的人的观念为前提,正如亚里士多德所说的,人天生就是政治的动物。正是人的社会性特征包含了卓越的社会品德,即"正义",因此,"正义和权利是自然的"。^① 在封闭的公民社会中,人性是否完满并非在于其消极的成员身份,而在于由政治家正确指导的公民活动。在古代的自然权利观念里,对共同体德性的关切优于对个体德性的关切,前者需要更高的德性,因为,"公民社会或国家的道德与个人的道德并无二致"。由此看出,古典政治哲学从共同体的完善着眼看待政治和道德事务。古典政治哲学家并非平等主义者,因为,并非所有人的"天性"都是好的。虽然所有正常人都具有道德天性,但有的人需要指导,而有的人可能需要更少的指导。另外,也并非所有人都同等地有追求德性的热忱。"由于人们在人类的完善方面亦即在至关重要的方面是不平等的,一切人的平等权利对于古典派来说,就是不公正的了。"因为,有的人天生比其他人优越,从而成为统治者。因此,施特劳斯认为,"重申古典派关于人们在至关重要的方面不平等的观点,重申那种政治观点的政治意义,这就足够了"^②。

由此,施特劳斯认为,政治哲学的核心问题实质上就是自然与习俗或智慧与同意的调和问题,"政治的难题就在于调和对于智慧的要求和对于同意的要求。可是,从平等主义的自然权利论的观点来看,同意优先于智慧。而从古典自然权利论的观点来看,智慧优先于同意"^③。古典派谋划了一种混合制,即王权、贵族和民主制的混合,实际上加入了民主和君主制的贵族制。总的来说,古典的自然权利论最终达到了一个双重的答案:"单纯的最佳制度就是明智者的绝对统治;实际可行的最佳制度乃是法律之下的高尚之士的统治或者混合政制。"^④

列奥·施特劳斯在阐释两种不同的自然权利论的同时,建构了他自己别具

① [美]列奥·施特劳斯:《自然权利与历史》,彭刚译,生活·读书·新知三联书店 2003 年版,第130 页。

② [美]列奥·施特劳斯:《自然权利与历史》,彭刚译,生活·读书·新知三联书店 2003 年版,第135—137 页。

③ [美]列奥·施特劳斯:《自然权利与历史》,彭刚译,生活·读书·新知三联书店 2003 年版,第143 页。

④ [美]列奥·施特劳斯:《自然权利与历史》,彭刚译,生活·读书·新知三联书店 2003 年版,第145 页。

特色的保守主义政治哲学。施特劳斯的保守主义政治哲学在其外观和形式上，与伯克开创的英国保守主义有着明显的不同。后者主要通过诉诸历史和传统反对抽象的自然权利论，而前者似乎相反，援用普世的自然权利论（当然是古代的）抵抗日益增长的相对主义和虚无主义。在评论伯克的保守主义思想时，施特劳斯认为，"柏克在反对将思辨的或理论的精神注入实际的或政治的领域中时，恢复了古老的观念，按照此种观念，理论不能够成其实践的唯一的或充分的指南。可以说他尤其是回归到了亚里士多德。"①

但是，他认为，伯克是将理论与实践对立起来。而正是这里显示了施特劳斯与伯克的区别。在施特劳斯看来，普遍性的理论有其自身的作用，否则，我们将会陷入相对主义。他认为，亚里士多德本人也并没有否认形而上学的重要性，形而上学的理论生活本身是优越的。施特劳斯认为，伯克拒绝宪法可以制定的观点，而认为，宪法只能够（自然）"长成"。而在古典观念看来，宪法并非自然"生成"，而是由少数个人有意识的活动发明出来的，"它合于自然，或者说它是自然的秩序，因为它在最大程度上满足了人性的完满性的要求，或者说是因为它的结构效仿的是自然的模式"。伯克也认为最好的政制和最佳的宪法是自然的，但是，在伯克那里，合于"自然的"东西是由历史自然"生成"的，而非人类理性有意识的产物。而古典的自然观念恰恰是认为，合乎自然的东西有其最高的目标。"这些目标由自然以这样一种方式相互联系起来，其中一个目标乃是最高的；因而，最佳宪法就特别地以某个单一目标为其鹄的，那个目标依据自然乃是最高的。"然而，在伯克看来，最佳宪法也是合于自然的，但之所以合乎自然，原因不在于它是计划和理性的产物，而在于是"通过对于自然过程模仿而产生的，也即因为它无须那引领着人们的反思"②。

显然，关于什么事物才是合乎自然的，伯克的解释与古典思想家不一样，而施特劳斯显然倾向于后者。施特劳斯不同意伯克将历史与自然对立起来的倾向，而这正是现代自然权论的思想倾向。但施特劳斯又认为，伯克关于英国宪制

① ［美］列奥·施特劳斯：《自然权利与历史》，彭刚译，生活·读书·新知三联书店 2003 年版，第 309 页。

② ［美］列奥·施特劳斯：《自然权利与历史》，彭刚译，生活·读书·新知三联书店 2003 年版，第 321 页。

的说法并没有完全否认古代关于自然与习惯之间联系的观点。在施特劳斯看来,独立于历史之外的自然法的作用就在于"引领着人们的反思",因为古代的自然法在历史之外,因而可以与自己社会的历史保持距离,并"对它加以审视批判"。评判的普遍标准不可能在各个社会中去找,"因为各个社会和它们的各个部分之间有着许多互相冲突的需求,优先性的问题就由此产生了"①。因此,拒斥自然权利的后果是灾难性的。当代的社会科学按照工具理性的方式发展,它可以使我们聪明,但不能分辨是非、合法与公正。如此,"零售的是理智,批发的是疯狂"。② 他认为,这足以说明古代的自然权利观念对于当代的重要性。

　　小结:到这里我们看到,从内容到形式,列奥·施特劳斯的保守主义政治哲学与都从传统切入的伯克式保守主义存在着很大差别。我们看到,施特劳斯关于两种"自然权利"的解读,其目的首先是阐明当代的自然权利论(无论是启蒙理性主义还是强调传统的保守主义)所导致的价值相对主义以及虚无主义倾向。列奥·施特劳斯的方法是回到古代,回到苏格拉底,通过强调德性和善来为当代的价值相对主义和虚无主义问题寻找答案。因为,在他看来,古代自然权利论的核心问题是哲学与政治的关系问题。而强调历史权利的保守主义将一切历史化,现代自然权利论者则将事实与价值完全分离,两者都从不同的方面将古代关于哲学与政治的关系问题加以消解。而重新将这一问题提出来,并找到解决的方法,正是列奥·施特劳斯政治哲学的核心关切。而这种政治哲学明显带有强烈的"普世性"特征,或许正是这种特征适应了美国垄断资产阶级称霸世界的需要。因而在他身后,可能连他自己都想不到,他的思想成为当代美国新保守主义政治实践的重要的思想来源。

第二节　拉塞尔·柯克的保守主义

　　如果说列奥·施特劳斯从自然权利、从政治哲学角度为美国的秩序提供普

---

① [美]列奥·施特劳斯:《自然权利与历史》,彭刚译,生活·读书·新知三联书店 2003 年版,第 321 页。

② [美]列奥·施特劳斯:《自然权利与历史》,彭刚译,生活·读书·新知三联书店 2003 年版,第 4 页。

世性根基，那么，拉塞尔·柯克则从基督教切入，企图为美国秩序建构牢固的道德根基。

一、美国秩序的根基

拉塞尔·柯克认为，秩序是人类的第一需要，那么，何为秩序？"'秩序'一词意味着一种系统的和谐机制——不管是指向个人品格还是共同体。"也就是说，秩序包括两个方面，内在的"心灵"秩序和外在的社会秩序，前者对应于个人道德，后者对应于法治，两者紧密相连，如果个人缺乏道德秩序，那么，"法治便不可能在美国占主导地位"。一个好社会的特征在于"保有相当程度的秩序、正义和自由"。在这里，秩序是第一位至关重要的价值，这是与哈耶克的自由的保守主义的明显区别。柯克遵循柏克保守主义基本理念，强调秩序的第一重要性。在《美国秩序的根基》一书中，柯克为美国的政治和社会秩序进行了谱系学探寻，"我们的秩序寻根之旅将把我们带到四个城市：耶路撒冷、雅典、罗马、伦敦"①。通过深挖美国保守主义资源宝库，柯克系统地建构了美国保守主义的道德和价值原则。他认为，"如果不诉诸律法和先知，美国的政治理论和体制以及美国的道德秩序便不可能获得很好的理解、维系或更新"②。

柯克认为，以色列对现代社会秩序的重要贡献就在于："所有真正的当律都来自上帝，而且上帝是秩序和正义之源。"③美国的秩序有着深厚的希伯来根基，"在殖民地时代的美国，任何接受过基础教育的人都熟知一本书：《圣经》"。特别是经由加尔文阐释过的基督教旧约对美国所产生的影响要强于欧洲或其他基督徒占多数的国家，正是"旧约有助于将早期的美国人造就成社会现实主义者"④。柯克认为，古希腊并没有给美国提供太多的政治经验，而建国之父们"在希腊经验和秩序中发现的有价值的东西是提醒他们要避免什么：阶级冲突、不团结、内部暴力、私域和公域的傲慢与自私、妄自尊大的虚荣以及公民价值的崩溃"⑤。

---

① ［美］拉塞尔·柯克：《美国秩序的根基》，张大军译，江苏凤凰文艺出版社 2018 年版，第 3—5 页。

② ［美］拉塞尔·柯克：《美国秩序的根基》，张大军译，江苏凤凰文艺出版社 2018 年版，第 49 页。

③ ［美］拉塞尔·柯克：《美国秩序的根基》，张大军译，江苏凤凰文艺出版社 2018 年版，第 21 页。

④ ［美］拉塞尔·柯克：《美国秩序的根基》，张大军译，江苏凤凰文艺出版社 2018 年版，第 45—48 页。

⑤ ［美］拉塞尔·柯克：《美国秩序的根基》，张大军译，江苏凤凰文艺出版社 2018 年版，第 52 页。

但是,苏格拉底、柏拉图、亚里士多德等伟大思想家对永恒秩序的探讨成为永不过时的财富。柯克认为,柏拉图的《理想国》以象征和寓言的形式探讨了灵魂和城邦永恒秩序的问题。在柏拉图看来,正义的本质就是"各得其所"。柯克说,柏拉图学说的核心是关于人的灵魂和神圣秩序如何协调与和谐的问题,这种教导在今天并没有过时,如"柏拉图的正义观就深深地印在美国早期领袖的脑海中——这种正义观被融进基督教思想,被纳入罗马法理学,并体现在英国法律之中"①。柯克认为,亚里士多德关于"中道"的思想是在秩序观上的主要贡献,"中道"意味着"私人和公共生活中的稳健或平衡",政治上的"中道"则是一个共同体所能达到的"和平状态",而能够体现这一状态的政府则是"混合政府",一种由"贤人治理的政府"。② 柯克认为,柏拉图的正义观和亚里士多德的政体观"远涉重洋来到美国",这一点可以在美国建国时期的领袖们那里发现,"美国人在亚里士多德、波利比乌斯和普鲁塔克的著作中找到的希腊人有关政治和社会均衡的观念被直接纳入美国宪法之中"。当然,肯定是经过选择而不是所有的观念。③

柯克认为,美国人从罗马那里得到的可能更多。当美国《独立宣言》发布时,爱德华·吉本的《罗马帝国衰亡史》发表,美国的建国领袖从中获取了丰富的想象力,这些领袖们认为,美利坚合众国和罗马共和国之间"有类似之处",而且,随着美国的发展,"人们发现了两者之间更多的相似之处"。④罗马共和国美德的典范尤其表现在西塞罗那里。西塞罗是"有秩序的自由"理论的"代言人",在整个17—18世纪,他的作品是"英国和美国教育科目的重心"。在西塞罗那里,真正的法律是自然法,具有普遍适用性,永远不会改变。"作为法理学和政治学用语的自然法可以被定义为由某种超越政治国家的权威确立的一套松散的行动规则体系。这些规则被认为是源自神圣的律令,源自人性,或者源自人类长期的共同体经验。"⑤总之,在柯克看来,罗马给予美国的意义"超过了所有其他文明和政

---

① ［美］拉塞尔·柯克:《美国秩序的根基》,张大军译,江苏凤凰文艺出版社2018年版,第84—85页。

② ［美］拉塞尔·柯克:《美国秩序的根基》,张大军译,江苏凤凰文艺出版社2018年版,第90—91页。

③ ［美］拉塞尔·柯克:《美国秩序的根基》,张大军译,江苏凤凰文艺出版社2018年版,第95页。

④ ［美］拉塞尔·柯克:《美国秩序的根基》,张大军译,江苏凤凰文艺出版社2018年版,第100页。

⑤ ［美］拉塞尔·柯克:《美国秩序的根基》,张大军译,江苏凤凰文艺出版社2018年版,第110—111页。

治共同体"。① 而基督教及其教义的产生和传播其意义不仅影响所有政治共同体，基督教信念更是塑造了美利坚合众国的秩序基础。

美国秩序的根基毫无疑问与英国不可分割，17 世纪英国相互敌对的宗教观念、政治理论以及物质利益之间的相互冲突"最终产生了今天美国所了解的那种宪政模式和宗教宽容精神的很多内容"②。就政治思想而言，霍布斯无疑是一位十分重要的思想家。列奥·施特劳斯将其看作是现代自然权利观念的第一人。拉塞尔·柯克认为，霍布斯的"利维坦"肯定不是美国建国领袖们喜欢的。但是，"霍布斯体系中的物质主义和自我中心的个人主义会越来越多地成为现实，它们在美国将会变得至少像旧世界那样有影响"③。柯克认为，正如埃德蒙·伯克所认为的那样，辉格党发动的 1688 年革命"以不流血的方式推翻斯图亚特王朝的最后一位国王"，辉格党"高举英国人的特许权利，反对要削减这些权利的国王，他们捍卫了英格兰宪制"。而最具革命性的是辉格党 1689 年起草的《权利法案》，"确立了议会的至高无上的地位"，法案实际上是"之前四个世纪英国宪制发展成熟的果实"。④ 美国殖民地上的人民也借着法案不断成长，法案的观念和条件成为"美国独立宣言和美国宪法的基础"。⑤此外，美国的宪法也体现了孟德斯鸠关于"自由和秩序相互平衡的政体"⑥，休谟的不可知论哲学对习俗和经验重要性的强调等，都被美国的建国之父们吸收。当然，埃德蒙·伯克对于美国保守主义的意义更加不同寻常。

二、伯克与美国的保守主义

在保守主义哲学传统上，柯克被认为遵循的是伯克开创的保守主义传统。柯克说，美国殖民地十三州的人都熟知伯克，他是审慎和妥协的倡导者，伯克关于"与美国殖民地和解之问题对英国下院的著名演讲是几乎所有高中的学习对

---

① ［美］拉塞尔·柯克：《美国秩序的根基》，张大军译，江苏凤凰文艺出版社 2018 年版，第 138 页。
② ［美］拉塞尔·柯克：《美国秩序的根基》，张大军译，江苏凤凰文艺出版社 2018 年版，第 266 页。
③ ［美］拉塞尔·柯克：《美国秩序的根基》，张大军译，江苏凤凰文艺出版社 2018 年版，第 281 页。
④ ［美］拉塞尔·柯克：《美国秩序的根基》，张大军译，江苏凤凰文艺出版社 2018 年版，第 297 页。
⑤ ［美］拉塞尔·柯克：《美国秩序的根基》，张大军译，江苏凤凰文艺出版社 2018 年版，第 306 页。
⑥ ［美］拉塞尔·柯克：《美国秩序的根基》，张大军译，江苏凤凰文艺出版社 2018 年版，第 364 页。

象,以之作为政治智慧、逻辑和修辞的范例"①。

在《保守主义思想:从伯克到艾略特》一书中,拉塞尔·柯克系统梳理了美国保守主义的思想渊源、历史发展和基本信条。柯克认为,尽管保守主义思想可以追溯到久远的过去,但自从埃德蒙·伯克《法国革命论》这一现代保守主义"有意识地正式登场","保守与创新这一对立的两极"进入公众的自觉意识当中。而当托马斯·潘恩等将法国式的革命和抽象理念引入美国时,美国土地上也开始了日趋激烈的保守与激进之争。而在柯克看来,美国革命实质上是"保守派人士针对王室创新的反抗,而且这种反抗符合英国的政治传统"。柯克列出了一长串保守主义思想家的名单,如英国的坎宁、柯勒律治、司格特、华兹华斯等。而美国早期的保守主义者则是汉密尔顿、约翰·亚当斯、伦道夫等。②

美国保守主义的真正奠基人是约翰·亚当斯,美国第二任总统。他"一直宣称只有以实然而非应然状态看待人性的冷静沉稳之人才能实现并维系自由",他对百姓的智慧和美德"没有过于正面的看法",由此"他成为美国真正的保守主义的奠基者"。而联邦党人则是独立后美国的"第一个保守主义派别"。他们继承了柏克的保守主义思想传统和英国自由制度的遗产。③ 柯克认为,亚当斯 1787 年写的《为宪法辩护》早于伯克《法国革命论》三年,因而"成为公开其立场的保守派人士"。柯克认为,亚当斯和伯克一样"厌恶法国哲学家以及卢梭信徒的各种狂想;和伯克一样,他被当成了喜欢新花样的自由派人士"。而正是由于对法国人抽象的自由理念在美国广泛流传的担忧,他写下了著名的《为宪法辩护》一书,"驳斥了杜尔哥和卢梭的民众专制主义"。不过,在阐述亚当斯的保守主义时,柯克总是将他和柏克比较,将联邦党人与辉格党人比较。柯克认为,联邦党人与辉格党人都将宗教信仰看作维系社会的根本因素,"两者都将现实的考量置于社会抽象理论之上,两者都以人的有缺陷的真实本性观照法国哲学家的荒唐诉求,两者都主张一种承认人与人之间、阶层与阶层之间以及不同利益之间的自然差异的有制衡的政府"。而亚当斯和伯克这两位伟大的保守派之间有共同之处,只不

① [美]拉塞尔·柯克:《美国秩序的根基》,张大军译,江苏凤凰文艺出版社 2018 年版,第 380 页。

② [美]拉塞尔·柯克:《保守主义思想:从伯克到艾略特》,张大军译,江苏凤凰文艺出版社 2019 年版,第 4—5 页。

③ [美]拉塞尔·柯克:《保守主义思想:从伯克到艾略特》,张大军译,江苏凤凰文艺出版社 2019 年版,第 70 页。

过他们对激进主义批判的武器不同，伯克用的是成见、习俗和传统，而亚当斯"则抨击可完善的教条和单一制国家的理论"①。他们两位都认为，正如自然事物长短不一、高低不等一样，人与人之间天生不可能平等，所谓平等只能是道德上的。正是基于这种不平等观念，亚当斯发展了他的贵族理论，而他所谓的"贵族"指的最能胜任国家治理的人，因此，贵族制并非完全人为的创制，同时也是自然的产物，源于人的本性的差异。贵族制只能转换形式，但"不会消失"，因为它是"自然现象"。② 亚当斯认为，自由只能在体制框架和公共美德的前提下加以讨论，自由必须是法律下的自由，而且，"如果美德付之阙如，自由仍可能受到侵犯"③。因此，无论是约翰·亚当斯还是埃德蒙·伯克，或是亚当·斯密，他们所谓的自由都是"习俗性自由"。他们都反对自由主义将个人主义作为最高的道德原则。柯克认为，在斯密那里，"经济个人主义基于对上帝护理的信心，而上帝护理是通过个人的活力发挥其神秘莫测的作用的"④。

总之，在柯克看来，联邦党人以及亚当斯的保守主义"神不知鬼不觉地潜入政府和公众思维之中"，尽管这种保守主义至今仍没有得到足够的重视，"不过却无处不在"，其"精华延续到当代的美国"。⑤ 尽管保守主义在美国历经挫折，但是，保守主义并没有在美国消失。柯克认为，20 世纪中期以来"真正的保守主义和老式的自由至上的民主现在开始趋同"，而且在今后的许多年，"保守主义者会捍卫宪政民主体制，视其为传统和秩序的储藏库，而明智的民主派人士会拥护保守主义的思想，视其为可借以对抗新秩序规划者的唯一安全稳固的观念体

---

① [美]拉塞尔·柯克：《保守主义思想：从伯克到艾略特》，张大军译，江苏凤凰文艺出版社 2019年版，第 85—87 页。
② [美]拉塞尔·柯克：《保守主义思想：从伯克到艾略特》，张大军译，江苏凤凰文艺出版社 2019年版，第 94—95 页。
③ [美]拉塞尔·柯克：《保守主义思想：从伯克到艾略特》，张大军译，江苏凤凰文艺出版社 2019年版，第 98 页。
④ [美]拉塞尔·柯克：《保守主义思想：从伯克到艾略特》，张大军译，江苏凤凰文艺出版社 2019年版，第 101 页。
⑤ [美]拉塞尔·柯克：《保守主义思想：从伯克到艾略特》，张大军译，江苏凤凰文艺出版社 2019年版，第 110 页。

系"①。柯克的这一说明无疑更有助于我们理解 20 世纪中期以来保守主义与自由主义之间的关系问题，理解为什么哈耶克自己申辩不是保守主义者，而一般情况下人们却将他归为保守主义者，至多加上一个定语：**自由的**保守主义者或**保守的**自由主义者。也更有助于我们理解，新保守主义，特别是美国的新保守主义其信条为什么具有普世性特征，无论是列奥·施特劳斯还是拉塞尔·柯克。

三、柯克关于保守主义信条的阐发

在《保守主义思想：从伯克到艾略特》一书中，拉塞尔·柯克首先开列了他认为的保守主义的观念或信条。在关于伯克保守主义的阐释中，柯克将保守主义理论进一步拓展和系统化，并且打上了非常明显的"普世性"特征。柯克认为，伯克坚定维护的"是英国的宪制及其分权传统"，而这一传统"内含有一种属于所有文明人的普世宪制"，其中包含以下主要内容："敬畏社会偏好的神圣渊源；从传统和成见中获取公共和私人生活的指引；确信上帝面前人人平等，不过，人与人之间的平等仅限于此；坚定支持个人自由和私人财产权；反对空泛教条的变革。"这里的问题不在于这些是不是伯克的观点，而在于柯克将这些思想和原则"普世化"。柯克认为，伯克关于"威严的教会、美好的旧习俗、谨慎的改革——这些要素不仅属于英格兰人，而且有普遍的适用性"②。伯克确实强调英国宪制的重要性，强调习俗和传统、审慎对于政治的重要性。正如柯克所说的，在伯克那里，"习俗和惯例是正义的坚固根基，也是自愿接受必要的权威的坚固根基"③。

然而，柯克在论及习俗和传统时，似乎存在着这样的前设：并非所有共同体的习俗和惯例都是正义的基础，因为，柯克似乎特别强调传统的普适性原则。而如果遵循传统的原则，多样性而不是普适性才更符合常理。正如我们在前文已经阐述过的，多样性是传统保守主义的一般特征。一般认为，柯克属于传统保守主义的类型，因为，他强调传统，他也从传统中寻找美国秩序的根基。然而，他所尊重的传统都成为普适性的原则和价值。他强调秩序之于自由的优先性，但却

① ［美］拉塞尔·柯克：《保守主义思想：从伯克到艾略特》，张大军译，江苏凤凰文艺出版社 2019年版，第 474 页。

② ［美］拉塞尔·柯克：《保守主义思想：从伯克到艾略特》，张大军译，江苏凤凰文艺出版社 2019年版，第 17 页。

③ ［美］拉塞尔·柯克：《美国秩序的根基》，张大军译，江苏凤凰文艺出版社 2018 年版，第 389 页。

把某种秩序普适化、永恒化，正如施特劳斯所谓的"自然的正义"将某种特定的秩序"自然化"。柯克认为，伯克所称的秩序具有"顺从上帝命定"的含义，"我们受'上帝谋划的指引'，联合成一个认可真正的正义理念的国家。借着持守公正秩序的原则，人得以免于无政府状态"①。正如我们在本书导言部分已经总结过的，柯克将保守主义系统化为六大信条，即主导社会生活和个人良心的神圣意志的存在；珍爱带有神秘性的传统生活，反对平等主义和功利主义的目标；坚信等级秩序的永恒性；财产和自由的密不可分；重视"传统和合理的成见"；承认变化但不是革命和改革，"创新更像是吞噬人类的火灾，而非进步的火炬"②。柯克归纳的这些信条，貌似与伯克的保守主义观点没有太大区别，因此，人们一般将柯克归到传统保守主义一类。然而，依据我们上文的分析，其实并不然，与伯克保守主义相比，柯克的保守主义更具宗教神学化和普世化特征，而普世性的基础正是"普世性"的基督教神学。

在《保守主义思想：从伯克到艾略特》一书的最后，拉塞尔·柯克言简意赅地阐明了美国保守主义的当代立场以及不加掩饰的"普世化"特征："如果维系文明传统的希望被寄托在美国人身上，富有才智和认真负责的美国人就不能长时间地拖延就某种一般性的行动方案达成共识。在制定方案时，美国保守主义者一定首先要问，美国必须保护好哪些社会建制。"柯克认为，美国没有欧洲国家的中间共同体、乡绅等，但美国有最好的宪法和源远流长的保守主义思想传统和丰厚的理论以应对现代的问题。第一，美国保守主义者同伯克、约翰·亚当斯等保守主义者一样，"认可社会的道德属性"。社会的首要目标是基于善的美德，而不是平等之类。第二，保护（私有）财产制。第三，维护地方性自由、传统的个人权利和分权体制，以应对民主的"公意"。第四，"保守派政治家将承担起他们在世界上的义务，不过要谦卑和小心谨慎"。柯克认为，美国尊重多元化而不是整齐划一，因此不会将自己的制度强加于其他文化，"美国在国际事务中的最高职责是提供一个正派、安宁、繁荣的国家样板，也即一个公正自由、富有美德且具有持久

---

① ［美］拉塞尔·柯克：《保守主义思想：从伯克到艾略特》，张大军译，江苏凤凰文艺出版社 2019 年版，第 63 页。

② ［美］拉塞尔·柯克：《保守主义思想：从伯克到艾略特》，张大军译，江苏凤凰文艺出版社 2019 年版，第 6—7 页。

性的共和国样板"①。看看当代美国的所作所为,不难理解柯克关于保守主义行动方案带有的攻击性内涵。

柯克通过将美国秩序与永恒的基督教联系起来,通过对伯克保守主义的神学化阐释,从而将保守主义原则和信条体系化、普世化。从这一个意义上,柯克的保守主义并非传统保守主义,而是当代保守主义的美国形式,与列奥·施特劳斯的保守主义哲学一样,具有普世性和永恒性的特征。所不同的只是,后者的保守主义采用的是哲学化的形式,而前者则具有更加浓厚的宗教神学色彩,由此也彰显了美国新保守主义所具有的特质。

第三节　美国保守主义的特质

同所有的保守主义一样,美国的保守主义也并非是一致的思想体系,而是一个成分多样、自身充满矛盾的复杂性存在。有支持减税和持枪的自由放任的个人主义的保守主义力量,有"关注家庭"的基督教主义者,有军国主义式的民族主义的保守派,等等。美国右翼保守派各种派别之间的撕裂和矛盾既是不同保守主义观念的体现,同时也是美国社会矛盾的缩影。② 作为系统的保守主义理论或思想,列奥·施特劳斯和拉塞尔·柯克的思想就呈现很不一样的风格。然而,无论是施特劳斯还是柯克,他们的保守主义思想所针对的都是"现代性危机"或"西方文明的危机" 这一重大的时代问题。所不同的是,施特劳斯通过回到古代以克服虚无主义问题,而柯克则是强调价值和政治秩序的宗教渊源,以应对现代性的危机,两者异曲同工、殊途同归。 总体来说,无论美国的保守主义内部存在多大的差异,仍然具有比较明显的可辨识的特质。

一、更具有活力的保守主义

美国常常被认为是"例外"的国家,美国的保守主义似乎也是如此。与其他

---

① ［美］拉塞尔·柯克:《保守主义思想:从伯克到艾略特》,张大军译,江苏凤凰文艺出版社 2019年版,第 486—488 页。

② ［美］米克尔思韦特、伍尔德里奇:《右翼美国:美国保守派的实力》,王传兴译,上海人民出版社2008 年版,第 11—12 页。

类型的保守主义存在明显不同的是,美国的保守主义似乎更强硬、更"霸道"些,美国的保守主义是"更具活力的保守主义",有着强烈的开疆拓土的乐观主义的"边疆精神"。① 与伯克的"精英主义"不太一样,20 世纪 60 年代以来,美国的政治(特别是共和党人)常常走的是"民粹主义路线"(看看今天的特朗普)。当然,也存在着"例外现象",如威廉·巴克利 1955 年创办《国民评论》的初衷是想对普遍的乐观主义以棒喝,大叫"站住",而施特劳斯的保守主义则持有精英主义的立场和对进步的怀疑。

依据米克尔思韦特、伍尔德里奇的分析,对于美国右翼来说,保守主义意味着"做个美国人意味着什么的核心问题"。保守主义者认为,美国有着其他国家所没有的东西,比如美国宪法、独特的地理位置、广大的西部区域、普世的道德主义等。美国宪法是一份源于对人性的现实主义判断的宪法,它是这样一种关于人性的看法,即人的本质是有缺陷的,体现在政治体制上就是分权,尽可能建立能够使所有人追求致富梦想的制度(而不是使所有人实际上致富的制度)。而美国独特的地理位置和广阔的区域能够提供给每个家庭大片的土地。与伯克所强调的历史延续性不同,美国保守主义更注重彻底改造、重新再来(如西迁)。美国右翼认为,美国在价值观上具有普世性,美国是"正义的美国"。直到柏林墙倒塌,美国人一直认为,上帝赋予了美国"把世界从共产主义中解救出来"的任务。② 美国人有着无比强烈的"爱国主义","没有哪个发达国家像它那样如此强制性地展示自己的国旗,如此频繁地咏唱自己的国歌"。美国 80% 的人为自己是美国人而自豪,3/5 的美国人认为自己的文化优于其他文化,煽动极端的爱国主义是右翼的特点之一。③美国人具有强烈的宗教狂热(95% 的人信奉上帝),宗教在美国形成过程中起着十分重要的作用。政教分离一方面保持了宗教在美国人生活中的作用和意义,同时也将市场的力量注入美国的宗教生活中,而宗教情

---

① [美] 米克尔思韦特、伍尔德里奇:《右翼美国:美国保守派的实力》,王传兴译,上海人民出版社 2008 年版,第 10 页。

② [美] 米克尔思韦特、伍尔德里奇:《右翼美国:美国保守派的实力》,王传兴译,上海人民出版社 2008 年版,第 16—18 页。

③ [美] 米克尔思韦特、伍尔德里奇:《右翼美国:美国保守派的实力》,王传兴译,上海人民出版社 2008 年版,第 318—319 页。

感则更强化了美国人的爱国主义,并且更有利于将美国看成是世界的救世主。[①]

总之,"美国的保守主义是一种例外的保守主义——一种具有前瞻性的商业共和国保守主义,而非欧洲反动的保守主义。虽然如此,但它仍然还是属于保守主义"。美国从其革命和建国的时候起,就竭力阻止滑向左倾的因素出现,"美国是世界上唯一从未有过左翼政府的发达国家"[②]。

二、美国保守主义的自由主义传统

尽管拉塞尔·柯克为美国建构了一个源远流长的保守主义传统的链条,然而实际上,与英国不同,美国从其一开始就是自由主义占有绝对和支配的地位。美国是一个移民且多民族国家,并不存在真正悠久的历史文化传统,美国社会认同的基础主要是政治法律框架和观念性因素,因此,美国的资本主义发展凭借的更多是欧洲的自由主义传统,美国的保守主义总的来说是从自由主义传统中发展而来的。但美国的自由主义传统有着精英主义的背景,美国精英主义的支撑点主要在法律系统,正如哈兹所描绘的,"在基本法固定不变的基础上,汉密尔顿创立了由一组终身任职的法官行使的司法复审制,这些法官要真正是出类拔萃的人,而且是一个纯粹自由主义社会所能产生的最接近形成一个'贵族院'的人。因此,当托克维尔到达美国时,他便能把'法官与律师'称作'美国的贵族'"[③]。可见,美国民主中的精英主义因素确实是美国保守主义的重要资源,这些因素成为抵抗美国民主和民权运动的重要力量。由是观之,美国新保守主义作为一项运动在 20 世纪 60 年代民主和民权运动高涨时期兴起,个中原因似乎并不难理解。

三、美国保守主义的"普世性"特质

从以上分析,我们看到,美国的新保守主义具有重新规范美国政治文化的意图和雄心,是十分自信的保守主义意识形态,虽然欧洲新保守主义也具有这一特

---

① ［美］米克尔思韦特、伍尔德里奇:《右翼美国:美国保守派的实力》,王传兴译,上海人民出版社 2008 年版,第 334 页。

② ［美］米克尔思韦特、伍尔德里奇:《右翼美国:美国保守派的实力》,王传兴译,上海人民出版社 2008 年版,第 334—335 页。

③ ［美］哈兹:《美国的自由主义传统》,张敏谦译,中国社会科学出版社 2003 年版,第 93 页。

征,但在规模和声势各方面远逊于美国。

美国的新保守主义最初是作为对新政自由主义的反应和 20 世纪 60 年代的动荡与激进浪潮而出现的。从 20 世纪 70 年代早期以后,美国的保守主义带着重新规范政治文化的目的,融铸成了相对统一的意识形态。而里根的执政则标志着作为意识形态的(新)保守主义发生了决定性的变化。

美国新保守主义不同于西方新保守主义的一个最大特点就是致力于向全世界推广美国自由民主的价值观。美国新保守主义坚持西方的价值观念,拥护资本主义,反对共产主义观念。并宣称美国的传统自由主义的价值观念比任何其他的价值观都优越,适用于全人类。而不是像欧洲的保守主义那样强调各民族自身和文化传统的重要性。列奥·斯特劳斯的弟子,著名的新保守主义者布鲁姆在其《走向封闭的美国精神》中更是直言不讳地写道:"只有通过克服压倒其他价值,而不是说理劝服,才能维护和确立自己的价值观念。文化对存在具有不同的感知方式,它决定人们对世界的看法。文化之间不会达成妥协,在各自所拥戴的最神圣高贵的东西之间是无法沟通的。一个人想要生活、期望内在的充实,就必须抱有信念,必须承赋价值,必须全身心投入到价值观念中去"[①]。

在美国新保守主义者看来,观念统治着世界,如果一个社会没有捍卫自己原则的自信,那么它将成为意在颠覆或改变其原则的那些力量的牺牲品。就这样,以反对价值相对主义的名义反对共产主义就成为美国新保守主义的典型特征。但正如格雷所分析的,全球化意味着"世界任何地方的经济文化都不能抗拒全球市场的存在强加给它的变化。在任何情况下,包括美国本身,全球化市场的结果都只能创造出资本主义的新类型。全球市场强制地把现代化加在各地的经济体制中,但它们没有复制旧的经营文化。……全球交往的发展不会产生出任何类似文化合并的现象"。因此,强调美国价值观的普遍性是不符合事实的。"如果 CNN 固守以美国为中心的世界观,它不久也将变成仅仅是许多国家传播媒介公司中的一个了。全球化使地理上分散的不同文化中的从业者能够用新的传播媒

---

① ［美］艾伦·布鲁姆:《走向封闭的美国精神》,缪青等译,中国社会科学出版社 1994 年版,第 215—216 页。

介相互影响，而它正是以这种方式表现和深化文化的差别。"①格雷认为："相似性的普遍扩散是全球传媒的一个表面效应。它破坏了共同的文化，并以支离破碎的东西取而代之。"但像中国、日本等仍能坚持自己的文化，与西方现代性保持差别。

四、美国保守主义的实践效应

美国的保守主义不仅是理论上的，其政治效应也十分明显。20 世纪 60 年代末，保守主义者在美国成立了政策倡议型智库。像"传统基金会""美国企业研究"等都是美国著名的保守主义智库。"美国传统基金会和美国企业研究所都将政治宣传与意识形态研究结合起来。自 20 世纪 70 年代以来，这些政策倡议性智库推销思想更优先于发展新概念。"许多新保守主义者，如埃尔文·克里斯托尔（列奥·施特劳斯的学生）等"都受雇于资金雄厚的保守派智库，主要是美国企业研究所"。这些新保守主义在经济上回到古典自由主义，倡导自由放任，"致力于以通过废除福利国家和扭转新政来结束富人的高额税收负担"②。其结果是贫富分化和社会不平等的进一步加剧。正如约翰·格雷所指出的，"美国的右派政治与制度延续性和社会凝聚力不再有共同之处了。它的政策不是修整性的，而是激进的。它的目标是要大规模地进行社会改造，而不是尊重历史遗产。20世纪 80 年代，在美国、英国和其他有些国家，一种已经死亡的哲学复兴了，为的是给右派目标强加给政策和社会中的大量分裂现象找一个理由。它表示在右派的目标和战略统治的话语中有了一个转变，他们不再说自己的信念是保守主义的，而把它说是一种原始的自由主义信念"③。可以看到，在倡导自由放任、反对福利国家政策上，新保守主义与新自由主义高度重合，以至于很难将两者加以区分，至少在美国是如此。总之，无论是新保守主义抑或新自由主义，都是适应美国垄断资产阶级需要的当代意识形态。正如格雷所指出的，"由于美国被新保守

---

① ［英］约翰·格雷：《伪黎明：全球资本主义的幻象》，张敦敏译，中国社会科学出版社 2002 年版，第 72 页。

② ［德］库必来·亚多·阿林：《新保守主义智库与美国外交政策》，王成至译，上海社会科学院出版社 2017 年版，第 62—63 页。

③ ［英］约翰·格雷：《伪黎明：全球资本主义的幻象》，张敦敏译，中国社会科学出版社 2002 年版，第 132 页。

主义重塑，所以权利的权威已经被用来保护自由市场的运作免受公众的审查和政治的挑战。权利的意识形态已经被用来把合法性授予美国自由资本主义新继承者"①。格雷认为，美国新自由主义的结果带给美国的将不是历史终结的"后历史"时代，而是一个新的历史时期，在这个时期，"旧的种族和阶级的敌对情绪将要以我们不能预见的形式表达出来"。格雷描述到，21 世纪的美国将是"高科技的监狱，用围墙封闭的富人社区和事实上的企业团体"②。美国新保守主义（或新自由主义）政策在国际上推行所谓的"华盛顿共识"，经济上推行私有化和自由放任政策。在政治上实行霸权主义政策，干涉他国内政，追求美国独大，"新保守主义世界秩序的特征是单极秩序"。③

小结：本章对美国保守主义两位代表人物的保守主义思想进行了分析和阐释。我们发现，无论是列奥·施特劳斯，还是拉塞尔·柯克，其保守主义思想都具有鲜明的"普世化"特色。虽然不能说他们的保守主义思想是霸权主义的，但客观上为美国的霸权主义提供了理论基础，这也解释了为什么 20 世纪 80 年代以后，施特劳斯的政治哲学成为美国的官方哲学，"成了美国共和党高层的政治理念"。④ 拉塞尔·柯克的保守主义一般被认为是伯克传统的保守主义，或传统型保守主义，然而，其思想本身所隐含的"普世化"倾向和政治冲动同样十分明显，这确实构成了美国保守主义的共同特点。

---

① ［英］约翰·格雷：《伪黎明：全球资本主义的幻象》，张敦敏译，中国社会科学出版社 2002 年版，第 134 页。

② ［英］约翰·格雷：《伪黎明：全球资本主义的幻象》，张敦敏译，中国社会科学出版社 2002 年版，第 142—145 页。

③ ［德］库必来·亚多·阿林：《新保守主义智库与美国外交政策》，王成至译，上海社会科学院出版社 2017 年版，第 80 页。

④ 甘阳：《政治哲人施特劳斯：古典保守主义政治哲学的复兴》，参见［美］列奥·施特劳斯：《自然权利与历史》，彭刚译，生活·读书·新知三联书店 2003 年版，第 5 页。

第九章
作为意识形态的保守主义

根据历史唯物主义的基本原理,任何社会意识都有其社会存在的基础。本章主要运用马克思主义的意识形态批判理论,剖析保守主义意识形态的主要特征及其社会基础。

第一节　意识形态迷雾

自从 1796 年法国人德斯蒂特·德·特拉西提出"意识形态"一词(用来指"观念的科学")以来,这一概念的内涵就越来越充满含混性,正如当代著名社会学家齐格蒙·鲍曼所描述的,"'意识形态'是一个杂乱无章的概念,不同时代、不同的人对它的用法各不相同,不过意识形态概念还是设法抓住了现代人所居住世界的某种变化,这一变化本身是再评价、异议及争论的持续焦点"①。

一、意识形态:从"观念的科学"到价值立场

从最初提出时意指的"观念的科学",后来几乎成为"虚假的意识"的代名词。今天,"意识形态"一词基本上等同于"价值观",且基本上是主观的、多元的。美国新保守主义者艾伦·布鲁姆认为,今天的人们需要意识形态,这个概念本身已经"摈弃了政治和伦理实践活动中真与伪的界限",不再具有客观的内涵,但"人与社会需要神话,借助它去生活,科学在这方面显然无能为力。总之,意识形态已经等同于各种价值观念"。比如,"如果我们考察一下韦伯有关合法权力的三种形式:传统、理性和克里斯玛——它们使人屈从于由他人行使暴力而构成的统

---

① ［英］齐格蒙·鲍曼:《寻找政治》,洪涛、周顺、郭台辉译,上海人民出版社 2006 年版,第 101 页。

治和支配,我们立即发现,三者都可以被称作意识形态,也可以称作价值"①。在这里,意识形态从一切产生它的现实基础中被剥离出来,仅仅成为一种主观立场,但又是一切知识不可或缺的条件。齐格蒙·鲍曼认为,在今天,"意识形态概念象征所有知识都不可或缺的前提条件"。就是说,意识形态或价值"规定了各种认知的框架",虽然"框架"本身并不是知识,而是使知识成为可能的条件。然而,"即便这些框架被赋予一种超然的'外'表,从而使它们得以进入反思领域,它们也难以阐明。可以说,这些认知框架在本质上就是'监控''筛选'或'减缓'的机制"②。所谓"认知框架"不过是知识的一种前反思结构,这样一种"肯定性的意识形态概念最终建立在语言学的类比之上"。而这意味着,"意识形态(即知识的前反思的认知框架)的多元性,正是每个人所生存且注定永远生存的人类世界的基本属性"。在这里,"肯定性"有点类似于康德关于使知识成为可能的先验条件的观念,所不同的是,在康德那里,那些条件是普遍有效的,而作为"认知框架"的意识形态则是特殊的和历史的,不具有普遍性。"换言之,肯定性意识形态概念将曼海姆视为缺陷的认知特征看作长处。它不仅表明要与世界观的多元主义和解……而且也主张知识阶层的前所未有的不偏不倚之中立态度。"总之,它反映了当代全球化过程中的某种张力,如全球化趋势与地方化趋势,等等。③

齐泽克认为,传统上谈论意识形态"虚假性"时,其虚假的位置在于"知"中,即意识形态幻觉掩盖了真实的社会关系,如商品拜物教。然而他认为,如果古典的意识形态概念位于"知","那么今日社会则必定显现为后意识形态社会:占统治地位的意识形态是犬儒主义的意识形态;人们不再信奉任何意识形态真实;他们不再严肃对待任何意识形态命题。不过,就其基本层面而言,意识形态不是掩饰事物的真实状态的幻觉,而是构建我们的社会现实的(无意识)幻象"。虚假性不在"知"中,而就在"行"中,正是幻觉"在构建他们的现实,他们真实的社会行为"。④ 马克思的商品拜物教揭示的正是这样的关系:"人类劳动的产品可以获

---

① [美]艾伦·布鲁姆:《走向封闭的美国精神》,缪青、宋丽娜译,中国社会科学出版社 1994 年版,第 234—235 页。

② [英]齐格蒙·鲍曼:《寻找政治》,洪涛、周顺、郭台辉译,上海人民出版社 2006 年版,第 109 页。

③ [英]齐格蒙·鲍曼:《寻找政治》,洪涛、周顺、郭台辉译,上海人民出版社 2006 年版,第 110 页。

④ [斯洛文尼亚]斯拉沃热·齐泽克:《意识形态的崇高客体》,季广茂译,中央编译出版社 2002 年版,第 45 页。

得商品的形式,人与人之间的重要关系表现为物与物、商品与商品之间的关系(而非人与人之间的直接关系);在这样的社会中,我们便具有了物与物之间的社会关系。①

就是说,在以上观点看来,意识形态的纷争实际上就是诸神之争,而这样一种关于意识形态概念的理解似乎意味着意识形态批判之不可能性的观点。然而,我们要问的是,意识形态问题真的只是主观性的问题吗?如果是这样,意识形态批判将是一件不可能的事。依据历史唯物主义,任何社会意识都有其客观的社会基础,因此,任何一种意识形态都不可能是无根的浮萍。意识形态概念演变本身也并非任意和偶然的,同样与社会历史的变化密切相关。

二、历史唯物主义与意识形态批判

唯物史观对社会存在与社会意识这一历史观的基本问题做了如下回答,即一定的思想和观念体系与其一定的历史和社会基础不可分割。唯物史观与一切形形色色的唯心史观的根本不同就在于前者"始终站在现实历史的**基础**上,不是从观念出发来解释实践,而是从物质实践出发来解释观念的形成"。② 这就是说,任何意识和观念都不可能是凭空产生的,在阶级社会中,一定的社会意识总是体现了一定的社会群体和社会阶级的利益。然而,在现实情况下,人们往往反过来,总是将"宗教""精神"等看成推动历史前进的真正动力,比如所谓"人的王国"的"空中楼阁"。在《德意志意识形态》中,马克思批判了德意志意识形态家们的这种颠倒,并认为,"其实全部问题只在于从现存的现实关系出发来说明这些理论词句"。③ 因此,在历史唯物主义视域中理解"意识形态"这一概念,关键不在于是从"否定性"或"虚假性"(指明某种意识形态的虚假性)角度,还是从肯定性角度(指具有普遍性意义的观念体系或价值观念)来理解意识形态概念,关键在于不能将一定的意识形态与产生它的特定的社会历史基础割裂开来,将其绝对化、普遍化、教条化。所谓意识形态的"虚假性"或纯主观的价值其实质都是这

---

① [斯洛文尼亚]斯拉沃热·齐泽克:《意识形态的崇高客体》,季广茂译,中央编译出版社 2002 年版,第 46 页。

② 《马克思恩格斯选集》(第 1 卷),人民出版社 1995 年版,第 92 页。

③ 《马克思恩格斯选集》(第 1 卷),人民出版社 1995 年版,第 95 页。

一割裂的结果。因此，所谓马克思的意识形态批判，关键不在于揭示某种意识形态是否真实或虚假，"而在于阐明这种虚假性并非来源于个人的主观故意，而是来自其客观的社会存在；不在于其揭示了意识形态的党派性，而在于揭示了不能通过超党派性的方式克服党派性"①。

　　从以上视角出发，我们就容易理解马克思主义的意识形态概念的科学内涵及其特征。概括起来，马克思主义的意识形态批判理论主要包含以下几方面的内容：首先，任何社会意识的产生和演变都有其社会历史的根源。马克思批判德意志意识形态以及其他一切旧的意识形态的虚假性，这种虚假性主要表现在对社会存在与社会意识的颠倒上，从观念而不是从社会存在解释一切，或以观念代替存在。或者将某种特定的社会现象（如自由市场经济）说成是天然的、永恒不变的存在。而马克思则认为，一切观念都具有其社会的结构基础，社会存在决定社会意识，而不是相反，这是历史唯物主义最基本也是最为核心的观点。这种观点"始终站在现实历史的基础上，不是从观念出发解释实践，而是从物质实践出发来解释观念的形成"②。其次，一定的意识形态反映了一定群体和阶级的利益诉求，因而具有阶级性的特征。根据唯物史观，任何思想和观念都不会凭空产生，一定的意识形态与其一定的社会历史基础不可分割。而所谓意识形态的"虚假"或"真实"主要是就产生这一观念的现实历史和物质关系而言的。正如马克思在批判资产阶级"分权"学说时指出的，"分权"思想是资产阶级用来推翻封建统治阶级的思想武器，是体现资产阶级利益的思想，但资产阶级却将这种学说宣布为"永恒的规律"。而实际上，"占统治地位的思想不过是占统治地位的物质关系在观念上的表现，不过是以思想的形式表现出来的占统治地位的物质关系；因而，这就是那些使某一个阶级成为统治阶级关系在观念上的表现，因而这也就是这个阶级的统治的思想"③。可见，意识形态影响力和支配力的大小一方面在于是否真实地揭示了一定社会群体的利益诉求，特别是先进阶级的利益诉求，另一方面还与这个社会占统治地位的政治和社会权力的大小有关。前者回答了意识形态是否"真实"或"虚假"的问题，后者回答了意识形态问题本身的重要性，"意

---

① 侯惠勤：《马克思的意识形态批判与当代中国》，中国社会科学出版社 2010 年版，第 38 页。
② 《马克思恩格斯选集》（第 1 卷），人民出版社 1995 年版，第 92 页。
③ 《马克思恩格斯选集》（第 1 卷），人民出版社 1995 年版，第 98—99 页。

识形态所具有的支配力，其实就是统治阶级实现社会统治的思想政治形式"。①同时也说明，马克思主义之所以是"科学的意识形态"，就在于其真实地体现了无产阶级及其人民大众的利益诉求，是无产阶级和人民大众的世界观和方法论，是无产阶级和人类解放的科学指南。再次，无产阶级意识的革命性以及对世界的彻底变革。马克思的意识形态批判理论不仅仅是对虚假意识的批判，还包括对无产阶级革命意识的肯定，因为这种社会意识是历史发展内在规律的体现，代表了人类前进的潮流和方向。生产力以及社会的发展使得无产阶级认识到，"革命之所以必需，不仅是因为没有任何其他的办法能够推翻统治阶级，而且还因为推翻统治阶级的那个阶级，只有在革命中才能抛掉自己身上的一切陈旧的肮脏东西，才能成为社会的新基础"②。

可见，马克思意识形态概念以及意识形态批判理论，其核心就在于强调一定的意识形态有其客观的社会阶级基础，而一切所谓的"意识形态终结""非意识形态""后意识形态"等说法，其核心就在于割裂这两者之间的关系，或者直接将后者消解。"意识形态终结"论的提出者丹尼尔·贝尔在《重读〈意识形态的终结〉》一文中就认为，马克思建立在阶级结构分析基础上的社会包括文化理论在当代社会已经过时，因而马克思关于发达社会两极分化及无产阶级必然胜利的意识形态也就成为幻想。因为，他认为，当代社会是一个"由众多因素构成的'多元社会'。除了性别、年龄、宗教、教育、职业上的多元身份之外，作为忠诚于某团体的标志的种族身份似乎变得愈来愈突出，并且种族的、语言的或宗教的路线冲突似乎是文化和政治身份的根源"③。当代英国新保守主义者斯克拉顿认为，不应该从经济利益角度划分阶级，只有从意识形态角度才能更好地理解阶级。所谓从意识形态角度就是"人们把既定的社会地位看成是自然而然的"。工人阶级之所以对自己的地位愤愤不平，那是因为"工人阶级缺乏必要的制度来把自己的处境'自然化'"，是因为"他们已经学会以某种'非阶级'或'相对的'方式来看待自身的地位，这种方式清除了他们地位的本质及其慰藉性的力量"④。

---

① 侯惠勤：《马克思的意识形态批判与当代中国》，中国社会科学出版社 2010 年版，第 49 页。
② 《马克思恩格斯选集》（第 1 卷），人民出版社 1995 年版，第 91 页。
③ ［美］丹尼尔·贝尔：《意识形态的终结》，张国清译，江苏人民出版社 2001 年版，第 510 页。
④ ［英］罗杰·斯克拉顿：《保守主义的含义》，王皖强译，中央编译出版社 2004 年版，第 163 页。

由此可见，意识形态批判是否可能，关键在于是否承认意识形态与产生它的客观社会基础之间的相关性，而所谓"意识形态终结"、"后意识形态"或"非意识形态"等，其根本的就在于将两者割裂开来，然而，这种现象恰恰表明了其意识形态性，表明了马克思意识形态批判的当代意义。

第二节　保守主义与"意识形态"

保守主义者常常否认保守主义是意识形态，在他们看来，具有内在统一性的理论和观念体系才是意识形态，比如启蒙理性主义、社会主义等，如奥克肖特将基于抽象原则的政治理念及其安排视为意识形态政治。然而，随着意识形态概念的变化，保守主义与意识形态之间的关系也在发生变化，这种变化主要体现在从对意识形态的拒斥到接受和拥抱意识形态的转变。

一、反"意识形态"的保守主义

保守主义是以"反意识形态"的姿态出场的，伯克奠定了保守主义最初的理论样式。在《法国革命论》中，伯克不是通过抽象演绎阐发其新观点、新价值，从而与启蒙理性主义抗衡，而是以肯定既有秩序为前提，在既有秩序的框架之下谈论一切问题，如权利、自由等。通过对既有秩序合理性的阐释和传统价值有效性的肯定和赞美，伯克开创了迥异于启蒙理性主义的保守主义思想传统。作为现代三大意识形态之一，在思想形式上，保守主义采用常识和经验性的思维方式和论证方法，对抗启蒙理性主义的抽象演绎，如保守主义强调秩序下的自由而非生而自由，强调历史中的权利而非天赋人权，如此等等。保守主义将理性主义的思想方式和理论体系看成是"意识形态"。而当这种"意识形态"思维在法国大革命以后似乎成为主导社会的主要方式时，保守主义通过宣布其相反的立场，即"反意识形态"的立场而彰显自身的与众不同。

正如我们已经分析的，对理性主义意识形态最为明确和系统的批评是奥克肖特。在奥克肖特看来，意识形态政治已经成为近代以来欧洲政治的主要形式，而他认为这是错误的。政治的样式不能始于一种意识形态（抽象的理论）。然而，事实上，无论保守主义者如何拒斥意识形态，他自身不过是另一种形式的意识形态，一种以守护传统，反对革命为己任的保守主义"意识形态"。正如我们已经分析的，保守主义所欲求和守护的"传统"是选择性的，当伯克指责法国大革命以及法国启蒙思想家的时候，伯克的参照是英国君主制的传统。当奥克肖特对近代以来欧洲理性主义政治观进行批评的时候，他批评的首要对象是"二战"后兴起的社会主义和民主化潮流。保守主义以传统主义式的思想形式对抗理性主义，并将其斥责为意识形态，然而，保守主义思想绝不是零碎的，而是体系化的。如同所有的思想传统一样，保守主义思想内部也存在着差别，比如，一般认为，保守主义者大多持一种有机体的社会观，但正如我们已经分析的，这一思想在奥克肖特那里并不存在。然而整体而言，从宇宙观、人性观、社会观到价值观、政治观等，保守主义有清晰可辨的思想体系和思想传统，有明确的理论立场和理论目的。正如塞西尔所说的，伯克是"阐明'保守主义'的第一个、也许是最伟大的大师，他以非凡的修辞才能倾力撰写出反对革命信仰的篇章，赋予'保守主义'运动以哲学信条的尊严和宗教十字军的热情"①。

正如卡尔·曼海姆分析的，当保守主义用反思性的"传统"来反击启蒙理性主义和法国大革命，从而为旧阶级和旧的社会秩序辩护的时候，保守主义者同样是一个理性主义者，一个打着传统旗号的理性主义者。如果说启蒙理性主义者借助抽象理性去破除一个旧世界，并按照新的理念和新的原则改造和建构新世界，那么，保守主义则试图借助于传统尽力守护旧秩序或旧价值。而当旧世界一去不复返，保守主义并非停止在过去，而是随着社会的变化而更新其思想和观念，当然，这种更新同样是有选择的，比如对市场经济从怀疑到支持，对意识形态从拒斥到接受和拥抱。

二、拥抱"意识形态"的保守主义

我们在上文已经分析过，在当代，"意识形态"一词从内涵上已经发生了很大的变化，意识形态已经从客观的社会基础中剥离开来，差不多就等于价值体系、话语立场、哲学信条等。从这个意义上，当代保守主义者，特别是新保守主义者不再以"反意识形态"的姿态拒斥意识形态。

我们已经分析过，在斯克拉顿那里，"意识形态"就已经意味着某种主观的东

---

① ［英］休·塞西尔：《保守主义》，杜汝楫译，商务印书馆 1986 年版，第 25 页。

西。他认为，在当代社会，由于相对主义的广泛流行，关于人类事务的问题已不存在客观中立的角度，只能从各自拥有的价值观念或意识形态的角度加以理解。他说，"如今，没有任何人，尤其是保守主义者，还会相信，如果不散布神话，有哪一种统治还能够继续"①。在他看来，君权神授也好，社会契约也好，都与"神话"或"谎言"无异。为了阻止相对主义的流行，保守主义者不得不像柏拉图一样，倡导或推崇某种"高尚的谎言"。他认为，正是相对主义与虚无主义导致了当代社会普遍的"异化"状态，因而，对社会稳定和凝聚力的增强造成了严重的阻碍。因此，人们迫切需要具备某些价值观念，如秩序、权威、忠诚以及相互关系等观念，"并且只有在相信其权威性的意义上，他们才能拥有这些价值观念"。所以，无论现实怎样，保守主义都会"致力于宣扬维系社会秩序的意识形态"，从而使其具有权威性。因此，斯克拉顿认为，政治家的职责就在于"用新的神话来取代旧的神话"。②比如，关于"阶级"以及"异化"概念，斯克拉顿认为，对于保守主义者而言，不能像马克思主义者那样从经济角度来理解，而要从意识形态的角度来理解。"如果存在阶级问题的话，那是因为工人阶级缺乏必要的制度把自身的处境'自然化'。"因此，处理阶级问题"不能靠消灭阶级，只能通过维护确认了社会状况的制度。这种确认依靠的正是权势机构的活力和多样性"③。据此，斯克拉顿认为，在当代条件下，保守主义的职责不是拒斥意识形态，而是"防止意识形态的沦丧"。换言之，保守主义不能只是"怀旧"，"怀旧"只是"无行动"，"意味着拒绝从事理性生活的实践"，而保守主义作为政治意识形态不仅仅只是"怀旧"或"保全"，而是意味着探寻"直接的社会参与方式"。可以通过"自治"制度、家庭等方式来孕育和形成保守主义所倡导的价值观。总之，保守主义必须要有自己的信条，"一个影响着特定政治抉择的基本假设的问题"。斯克拉顿认为，"论证和概念也有其秩序"，保守主义的信条必须从"探寻使我们感到安宁，并且使我们把自身视为目的而非手段的惯例和制度"入手，因为"这类惯例本身必定会包含行为的目的，因而必定会形成足以使那些目的为人们所重视和追求的意识形态"。如

---

① ［英］罗杰·斯克拉顿：《保守主义的含义》，王皖强译，中央编译出版社2004年版，第15页。
② ［英］罗杰·斯克拉顿：《保守主义的含义》，王皖强译，中央编译出版社2004年版，第122页。
③ ［英］罗杰·斯克拉顿：《保守主义的含义》，王皖强译，中央编译出版社2004年版，第163页。

此探寻而形成的意识形态,比如等级制等,就会被"描述为一种自然秩序和正当约束"①。

关于当代保守主义的意识形态特征,在美国保守主义那里表现得更为突出。当代美国保守主义的理论具有强烈的"普世化"和永恒性特征,即使是强调传统的保守主义(如拉塞尔·柯克)也是如此。我们已经讨论过,列奥·施特劳斯的保守主义思想其理论目的在于为美国的秩序探寻永恒的哲学根基,他试图通过回到苏格拉底、柏拉图,亚里士多德以及罗马的自然法传统而做到这一点。拉塞尔·柯克则从宗教和(保守主义)传统两个方面为个体灵魂和美国社会秩序寻找牢固而具有连续性的秩序根基。而(传统)保守主义就其理论本身的特征而言应该具有多样性的特征,因为传统本身一定是多样性的。然而,在当代保守主义,特别是当代美国保守主义那里,并非所有的传统都是值得守护的,比如革命的传统、社会民主的传统就是他们尽力要过滤掉的。因此,当代保守主义并非如哈耶克所说的并不提示任何发展方向,而是有着明确的方向性。其实,传统保守主义也有方向,只是无力阻挡历史发展的潮流。然而,正如斯克拉顿所说的,当代保守主义思想家确实在努力施加对现实政治的影响,而且也确实取得了一定的成效,20 世纪 80 年代以来西方新自由主义的理论和实践在很大程度上与保守主义理论的影响密切相关。然而,保守主义在当代的"复兴"本质上是资本主义矛盾发展的产物,当代的保守主义作为资产阶级意识形态的另一种理论形式,与自由主义意识形态之间既存在一定的张力,又相互缠绕,相互补充。自由主义与保守主义两种意识形态之间在今天的这种复杂关系正是资本主义矛盾发展的理论体现。正如伊曼努尔·华勒斯坦所说的,保守主义在 20 世纪 70 年代后的兴起说明了"自以为是,目中无人的自由主义思想家们的时代结束了。保守主义者们自我克制了 150 年后再次活跃起来;他们假意诚笃,玩弄玄虚,宣扬无私,力图确立一种代替自由主义的意识形态"②。可见,不同于早期保守主义的被动保守,当代保守主义具有明显的主动性和攻击性。

但是,无论是传统保守主义还是当代保守主义,在其价值观上具有明显的连

---

① [英]罗杰·斯克拉顿:《保守主义的含义》,王皖强译,中央编译出版社 2004 年版,第 123—124 页。
② [美]伊曼努尔·华勒斯坦等:《自由主义的终结》,郝名玮、张凡译,社会科学出版社 2002 年版,第 14 页。

续性和统一性，并非杂乱无章，其中，反人民的精英立场是新老保守主义共享的基本立场。

第三节　保守主义意识形态的历史社会学审视

一、保守主义的理论立场

正如所有的思想体系并非铁板一块一样，保守主义也是如此，如我们已经分析的三位保守主义思想家在理论风格、价值观念等方面就存在着相当的不同。但其根本的理论立场和所维护的核心价值则是高度一致的。精英主义是保守主义意识形态立场的基本特征。

毫无疑问，关于什么是"精英"的问题，不同的时代会有不同的解释。19 世纪晚期意大利精英理论家莫斯卡认为，在任何时代和任何政治体中，都会形成两种集团，即统治阶级和被统治阶级。作为统治阶级的总是少数人，行使国家的政治职能，掌握着各种权力，而后者在人数上占多数，"他们受到前一阶级的指导和控制，这种指导和控制有时通过不同程度合法的手段，有时则通过一定程度的专断和暴力手段实现"。他认为，很难想象有其他社会的存在，"在那里，所有人在没有支配或从属关系的情况下会直接服从某一个人，或者所有人都平等地分享对政治事务的管理权"①。在这里，"精英"指的就是统治阶级或"政治阶级"，不过，在不同的政体如君主专制政体、共和政体中，统治阶级的结构有所不同。但统治阶级和被统治阶级这两大集团始终都会存在。显然，精英主义理论内在地是一种反平等主义的理论。正如莫里斯·费诺切罗在《代中译序》中指出的，"莫斯卡的原理意在对卢梭以降的大众民主理论提出批判。在大众民主理论看来，民主意味着人民的统治，政府之正当性的唯一来源在于多数人民的意志"②。

纵观所有保守主义思想，从伯克、迈斯特、博纳德，到奥克肖特、斯克拉顿，再到列奥·施特劳斯、拉塞尔·柯克等，在所有这些保守主义思想家那里，对不平

---

① ［意］加埃塔诺·莫斯卡：《政治科学要义》，任军锋等译，上海人民出版社 2005 年版，第 119 页。
② ［意］加埃塔诺·莫斯卡：《政治科学要义》，任军锋等译，上海人民出版社 2005 年版，第 4 页。

等的强调和民主的反对是他们共同的特征。可以说,精英主义既是保守主义的理论立场,也是其理论的必然结论,可以说,精英主义原则在保守主义思想传统中完全是一以贯之的,而拉塞尔·柯克算是这一立场和原则最清晰的阐述者。柯克认为,伯克开创的现代保守主义"并非一套固定不变的教条系统,保守主义者从伯克那里继承了一种才干——根据时代的状况重新表述他们的信念"。但是,柯克又指出,作为预设的前提,保守主义的核心就是"保护人类古老的道德系统"。在《保守主义思想:从伯克到艾略特》一书中,柯克阐述了这一系统的六条道德准则,即:神圣意志对个人良心和社会生活所起的主导作用;对灵动而神秘的传统生活的珍爱;对"文明社会需要多种秩序和等级"的坚信;财产和自由的密不可分;"传统和合理的成见能够制约人的无法无天的冲动";承认变化,反对改革和革命。柯克认为,对保守主义造成最大伤害的正是现代以来的各种激进思想,特别是唯物主义、进化论这样的"科学信念"。与保守主义相反,这些信念相信人的完善和社会的进步,相信经济的日益平等和政治的不断民主化,由此,"秩序和特权被践踏","古老的财产权"受到集体主义的威胁。因此,捍卫诸如等级制、财产权等"古老的道德传统"成为保守主义的核心要务。① 关于保守主义的精英立场,哈耶克说得明白无误:"保守主义立场建立在下列信念上:在任何社会里总有一些明确优秀的人,他们与生俱来的标准、价值和地位应该得到保护,他们比其他人在公共事务方面应该有更大的影响。……保守主义者倾向于捍卫一种特殊的、现存的等级制度,并且希望权威去保护那些他所重视的人的身份。"② 保守主义的全部理论和信条实际上都是以这一基本立场为前提,只有从这一角度出发,我们才能更清楚地理解保守主义意识形态的社会阶级基础和保守本质。

二、作为贵族意识形态的旧保守主义

我们在本书已经指出过,许多保守主义者并不承认自己的思想和观点体现一定的阶级和阶层的利益诉求,如亨廷顿的保守主义"情境"论观点就明确否认这一点。他认为,保守主义不是一种具有内在性的意识形态,一个内在的意识形

---

① 拉塞尔·柯克:《保守主义思想:从伯克到艾略特》,张大军译,江苏凤凰文艺出版社 2019 年版,第 5—6 页。

② 〔英〕哈耶克:《自由宪章》,杨玉生、冯兴元、陈茅等译,中国社会科学出版社 1999 年版,第 583 页。

态是一个持续的社会群体的观念化、理论化的表达,它来自使一个群体成为这个群体的共同的特征。因此,一个内在的意识形态随着群体利益和需要的变化而变化和发展。而作为意识形态的保守主义只是身处其中的某个现存秩序的捍卫者。美国如果存在保守主义的话,保守的一定是自由民主的资本主义秩序,因为这是美国一以贯之的秩序。不管什么人,只要对这个秩序感到满意就会成为一个保守主义者。因此,保守主义与特定的社会群体或阶级无关。①

然而,事实并非如此。我们已经分析过,18 世纪末 20 世纪早期的保守主义思想在很大程度上体现了行将退出历史舞台的封建贵族阶级的利益诉求,因此,18 世纪末 19 世纪初的早期保守主义一般说来体现了贵族特权阶层的利益诉求,从这一角度,可以将这一时期的保守主义称为贵族特权阶级的意识形态。贵族阶层往往把自己作为民族特性和文明美德的体现者。伯克在为贵族辩护时竭力颂扬贵族的这种"优良品质"。关于伯克本人的阶级立场,尽管存在不同观点,但认为伯克的保守主义思想是为某种等级制度辩护也大致没错,这种辩护可以从《法国革命论》的字里行间体现出来,正如曼海姆所说的,伯克对"连续性、贵族和中世纪的维护深藏在字里行间"②。伯克赞美英国宪政的世袭原则"提供了一条确凿的保守原则和一条确凿的传递原则,而又一点也不排除一条改进原则"。世袭原则不仅是"深思熟虑的结果",更是"顺其自然的幸福结果——自然乃是不假思索而又超乎思索之上的智慧"。伯克谴责法国革命对教会和贵族权利的剥夺,认为这完全颠倒了事物的自然秩序,而所谓"自然的秩序"就是"在由各色公民所组成的一切社会里,某类公民必定是在最上层。因此,平均派只不过是改变和颠倒了事物的秩序而已"。③

赞同等级制和对社会平等的坚决反对是保守主义的核心原则之一,正如拉塞尔·柯克对伯克的解读。柯克认为,伯克的保守主义宣称"社会和政治平等不属于人的真正的权利;相反,等级制和贵族制是人类生活原初的自然结构"。人类的平等只有一种,那就是"道德上的平等",也即面对上帝时的平等,它"远远超

---

① 参看 Samuel P.Huntington, Conservatism as an Ideology. *The American Political Science Review*, Vol. 51, No.2.(Jun,1957).

② [德]卡尔·曼海姆:《保守主义》,李朝晖等译,译林出版社 2002 年版,第 144 页。

③ [英]柏克:《法国革命论》,何兆武、许振洲、彭刚译,商务印书馆 1998 年版,第 64 页。

越于世俗的政治平等之上",而自然中的人是不可能平等的,"如果社会平等到了毁灭秩序与阶级的程度",那才是对"上帝为人设计的真正的自然状态"的扭曲。① 正如大部分人不可能有社会和政治平等的参与权一样,"万物的永恒结构中也有这样的安排:出于不同的原因,少数人在气质上、身体上和灵性上适合承担社会的领导角色"。这些人主要包括"神职人员、地方法官、教师和商人"等,这些人之所以成为贵族"并非偶然的出身,而是自然"。② 伯克的贵族情结充溢于《法国革命论》的字里行间:"骑士的时代已经成为过去了……我们永远、永远再也看不到那种对上级和对女性的慷慨的效忠、那种骄傲的驯服、那种庄严的服从、那种衷心的部曲关系——它们那种是在卑顺本身之中,也活生生地保持着一种崇高的自由精神。"③这些都清楚地展示了伯克保守主义思想的贵族立场,尽管作为政治家的伯克本人不是贵族,但正如曼海姆所分析的,"伯克本人并不是贵族中的一员;他是一个靠自我奋斗起家的人,寻求被贵族所采纳,以提高自己的社会地位。正是由于这一原因,他能抓住贵族的典型的社会意义和特点,当然也为其辩护"。④ 伯克诉诸"传统"以对抗启蒙自由主义意识形态,"表达了在英国和德国居统治地位的贵族的意识形态,而且被用来把他们对国家的领导地位的要求合法化"⑤。

托克维尔在评论伯克未完成的《英国史纲要》时也写道:"他以一种理性的和欣赏态度来评说中世纪的政治构架,他那个时代的天主教、新教和异教徒。"⑥吉登斯则认为,伯克时代的所谓的英国宪政,其实质不过是寡头统治。因此,以伯克为代表的旧保守主义很大程度上是为旧制度辩护,"保守主义既反对启蒙运动,也反对社会发展理论,向那些信奉正在出现的自由主义的人们挑战。更高级一点的保守主义思想并非简单地拒斥新的而赞成旧的;他们用截然相反的历史、

---

① [美]拉塞尔·柯克:《保守主义思想:从伯克到艾略特》,张大军译,江苏凤凰文艺出版社 2019 年版,第 55—56 页。

② [美]拉塞尔·柯克:《保守主义思想:从伯克到艾略特》,张大军译,江苏凤凰文艺出版社 2019 年版,第 59 页。

③ [英]柏克:《法国革命论》,何兆武、许振洲、彭刚译,商务印书馆 1998 年版,第 101 页。

④ [德]卡尔·曼海姆:《保守主义》,李朝晖、牟建君译,译林出版社 2002 年版,第 143 页。

⑤ [德]卡尔·曼海姆:《意识形态与乌托邦》,黎鸣译,商务印书馆 2000 年版,第 121—122 页。

⑥ [英]阿克顿:《自由史论》,胡传胜、陈刚、李滨等译,译林出版社 2004 年版,第 139 页。

传统和道德社群理论来反对进步主义"。旧保守主义"主张等级制、贵族政治、集体和国家优先于个人以及过分强调宗教的重要性。所有这些哲学都出现在伯克身上"①。此外，早期旧保守主义者有不少既是贵族阶层的一员，也是贵族利益的坚定维护者，如亚当·米勒、迈斯特、博纳尔、梅特涅等。启蒙思想和法国大革命动摇了这个阶级的传统特权，伯克的《法国革命论》作为对这一历史转折的理论回应，在意识上刺激了这一阶级。如卡尔·曼海姆所说："伯克的重要性在于他对法国革命做出的反应最早而又颇有影响，他的反应是反对革命的形形色色的保守主义中的第一个，因此成为后来一切反应的条件。每一种对法国革命做出过反应的现代保守主义都在某种程度上受到伯克的影响。"②

三、作为资产阶级意识形态的保守主义

保守主义不是一层不变的意识形态。保守主义反对变革和创新，但承认变化，"社会必须有所更张，因为缓慢的变化是自我保存的途径，就像人的身体永远都在自我更新一样"③。随着资本主义的全面胜利和现代性的全面展开，保守主义从形式和内容等方面都在发生变化。

在《保守的资本主义》一书中，大卫·雷斯曼将福利资本主义称为保守的资本主义，揭示了资本主义与保守主义之间的既矛盾又相互纠缠的复杂关系："资本主义面向未来：它永不停顿，生生不息，锐意进取。……保守主义回望历史：它是社会化的、法统化的、嵌入性的，它依靠社会既定的模式作规范自我的准则，依赖社会公认的标准作构成游戏的规则。保守资本主义是一种混合的经济体制，在同一时刻它既盼望着未来又关注着过去。"④保守主义与资本主义"经常混合在一起……保守主义与资本主义的混合绝非哲学上的幻想，而是社会生活中的一个简单的事实"⑤。大卫·雷斯曼从经济学的角度揭示了守成的保守主义与

---

① ［英］安东尼·吉登斯：《超越左与右：激进政治的未来》，李惠斌等译，社会科学文献出版社 2000 年版，第 41 页。

② ［德］卡尔·曼海姆：《保守主义》，李朝晖、牟建君译，译林出版社 2002 年版，第 139 页。

③ ［美］拉塞尔·柯克：《保守主义思想：从伯克到艾略特》，张大军译，江苏凤凰文艺出版社 2019 年版，第 7 页。

④ ［英］大卫雷斯曼：《保守的资本主义》，吴敏译，社会科学文献出版社 2003 年版，第 1 页。

⑤ ［英］大卫雷斯曼：《保守的资本主义》，吴敏译，社会科学文献出版社 2003 年版，第 10 页。

扩张的资本主义之间既充满矛盾，又彼此依赖不可或缺的复杂而微妙的关系。大卫·雷斯曼认为，保守主义对于资本主义是十分必要的，这是由于"它的诱惑力不仅仅在于由于它使资本主义能够提高生活标准，而且是由于它本身在一定程度就是一个理想的终结产品。纷繁芜杂的互动被整合到各种结构化的共同体中。这样那样的规则和习俗使一个个单子过上共同的生活。对外部世界的感知在习惯和经验中获得了一个支点"①。然而，20世纪80年代以后的新保守主义（以及新自由主义）以对福利资本主义的反动为起点。有人这样解读当代新保守主义，认为新保守主义是对20世纪走"中间道路"的保守主义的反动，"是对偏离古典保守主义和自由主义的20世纪的保守主义的一个'修正'"②。并认为，这种当代新保守主义与伯克的传统保守主义并没有本质区别，"保守与自由是柏克以来的保守主义的一体两面"③。根据该观点，无论是新保守主义还是旧保守主义，都是"专制主义与极权主义的对立物"。旧保守主义是受了法国大革命的外部刺激，而当代新保守主义则是"受了左右两翼极权主义运动的外部刺激……保守主义一直是作为反自由的专制主义和极权主义的对立面出现的，这一事实本身就足以证明保守主义与自由之间密切的共生关系"④。撇开作者观点的真实立场，倒是从一个侧面揭示了保守主义与自由主义之间的矛盾与共生关系，揭示了两者作为资产阶级意识形态的实质。不过，与自由主义相比，保守主义还是有其自身的特征，比如一以贯之的精英立场及其相应的价值观。

赖特·米尔斯在《权力精英》一书中将资本主义社会中享有特权的少数人称为权力精英，这些人不一定是资本家，但与财产和权力密不可分。赖特·米尔斯这样描述某些具有怀旧情结的美国保守主义者给自己的画像："不是出自社会层面或范畴，而是那些力图超越自我的松散个体"，这些人"有高贵的气质，有良好的效率，有杰出的群体构造基础。富贵或贫贱，阳春白雪抑或下里巴人，受人推崇还是遭人唾弃，这些都不重要；他们之所以成为精英，是因为他们就是这样一群人"，而其他人则是芸芸众生，是"大众"，是"令人担忧的碌碌无为之辈"⑤。然

① ［英］大卫雷斯曼：《保守的资本主义》，吴敏译，社会科学文献出版社2003年版，第289页。
② 刘军宁：《保守主义》，中国社会科学出版社1998年版，第245页。
③ 刘军宁：《保守主义》，中国社会科学出版社1998年版，第28页。
④ 刘军宁：《保守主义》，中国社会科学出版社1998年版，第242页。
⑤ ［美］查尔斯·赖特·米尔斯：《权力精英》，王崑、许荣译，南京大学出版社2004年版，第12页。

而，正如赖特·米尔斯所分析的，这"精英"观点"总是产生于某些人比另一些人占有更多东西的社会。有优势的人坚持认为他们只是碰巧成为有优势的人。他们心安理得地把自己定义为承袭了当前拥有的一切价值的人；他们认为他们是'自然而然的'精英；事实上，把他们的占有物和特权想象为精英本身的自然延伸。在这个意义上，精英由一群具备高尚道德情操的男男女女构成，是有特权的统治阶层的精英的意识形态"①。从这一角度，当代保守主义的社会基础就是这些享有特权的"精英"。同早期保守主义一样，当代的保守主义仍然是一种精英意识形态，这一点内在于保守主义理论本身，即强调人与人之间在智识、能力等各方面天然就是不平等的，美国的保守主义者班菲尔德认为，每一个阶级都有独特的态度模式、价值观模式和行为模式，这些模式的核心是"为自己将来打算的程度"。低层阶级男性文化倾向于"孔武有力"和行动，倾向于不稳定和暴力，而且这种文化倾向是代代相传的。因此，班菲尔德认为，这种"向贫困开战"的社会计划必然无效，因为，这种计划将人看成是平等的，并且暗含了人性是可改变的狂妄假设。② 然而实际上，人天生不平等，且不可能改变。几乎所有的保守主义者都反对平等主义，保守主义对大众民主的怀疑和担忧也是始终如一的。在反对社会主义和共产主义方面，各种形式的保守主义都有着惊人的一致性。

小结：本章是对保守主义进行的一个总体性的意识形态审视。从伯克、奥克肖特、斯克拉顿，到列奥·施特劳斯、拉塞尔·柯克，作为意识形态的保守主义其理论立场是很清晰的。只不过，随着时代的变化和社会基础的转换，保守主义也相应地改变形式和一部分观点。但是，其理论的精英主义立场是一以贯之的。这种精英主义立场与其理论品格有着不可分割的联系。

---

① ［美］查尔斯·赖特·米尔斯：《权力精英》，王崑、许荣译，南京大学出版社 2004 年版，第 13 页。
② 钱乘旦主编：《美国的新保守主义》，江苏人民出版社 2004 年版，第 154 页。

第十章
马克思主义与传统

　　本书的核心任务之一是对保守主义意识形态进行批判性阐释,揭示不同语境下保守主义传统话语的真实蕴含及其社会历史基础。本章的主要任务是以辩证唯物主义和历史唯物主义作为理论基础和方法论原则,阐明马克思主义传统观的内涵和实质,以澄清关于马克思主义传统观的某种误读。在此基础上,与保守主义传统观进行比较性研究,以进一步揭示马克思主义传统观与保守主义传统观的本质性差异。

第一节　马克思主义传统观的世界观基础

　　卡尔·曼海姆认为,"各个政党的政治理论都历史地植根于不同的世界观",并且"每一种基本的世界观设计总伴有一种特殊的思想设计"。本书着重讨论的是保守主义意识形态。正如我们已经分析的,保守主义产生于法国大革命对封建旧秩序的毁灭性破坏时期。毫无疑问,从发生学来看,保守主义的理论立场首先是对旧世界的"守护",如曼海姆所说,保守主义最初作为一种贵族特权阶级的意识形态,"不仅希望自己利益得到满足,他还想要一个自己的世界,一个自己的利益不受约束的世界"。因此,保守主义诉诸传统,反对基于抽象原则的理性主义政治观,强调历史发展的连续性,反对革命和变革。尽管随着历史的发展,保守主义在理论形态和思想内容上也在发生改变,并且,与自由主义之间的"互相渗透"也不能低估,但是,由于"历史出发点和基本设计之间的区别太大,完全的综合不可能"。① 正如我们分析的,保守主义在其等级世界观、保守的核心价值、

----

① ［德］卡尔·曼海姆:《保守主义》,李朝晖、牟建君译,译林出版社 2002 年版,第 33—34 页。

意识形态的精英特质等方面并未发生太大的变化。

马克思主义诞生于资本主义迅速发展、资产阶级与无产阶级矛盾突显且不断尖锐化的 19 世纪中期。从阶级立场看,马克思主义历史地代表了无产阶级的利益,成为无产阶级解放的思想武器。马克思主义作为无产阶级的世界观和方法论,与保守主义(以及自由主义)有着本质的区别。

一、马克思主义哲学世界观的辩证特质

辩证唯物主义作为科学的世界观和方法论,就在于从事物本身的矛盾、联系出发考察事物的运动、变化和发展。根据唯物辩证法,任何事物运动变化的源泉都在事物的内部,是事物内部的矛盾特征推动了事物的运动变化和发展。而发展则意味着事物的运动和变化具有连续性和非连续性特征,发展意味着事物在其发展过程中的不同阶段具有明显的甚至是质的差别,正是这些质的差别将不同事物或事物发展的不同阶段区别开来,正如列宁指出的,辩证法是活生生的,正是(唯物)辩证法"才提供理解一切现存事物的'自己运动'的钥匙,才提供'飞跃'、'渐近过程的中断'、'向对立面的转化'、旧东西的消灭和新东西的产生的钥匙"[①]。在这里,辩证法不再是绝对精神的自我推演,而是"关于外部世界和人类思维的运动的一般规律的科学,这两个系列的规律在本质上是同一的……这样,概念的辩证法本身就变成只是现实世界的辩证运动的自觉的反映"。在唯物辩证法的视域中,世界(自然界、人类社会以及历史)不再是"既成**事物**的集合体,而是**过程**的集合体",而在过去的一切形而上学那里,世界正是被当作一成不变的**"事物"**去看待的。[②] 然而,自然科学以及人文社会科学的发展都已证明了世界变化和发展的历史性特征。尽管人类历史的发展与自然界相比有其自身的特点(人类活动的意识性),但这并不能否认人类历史发展本身所具有的规律性,"而问题只是在于发现这些规律"[③]。当马克思将实践引入历史,创立了历史唯物主义,消除了自然与历史的对立,揭开了历史之谜,也就标志着马克思主义新世界观的真正诞生。

---

① 《列宁全集》(第 55 卷),人民出版社 1990 年版,第 306 页。

② 《马克思恩格斯选集》(第 4 卷),人民出版社 1995 年版,第 243 页。

③ 《马克思恩格斯选集》(第 4 卷),人民出版社 1995 年版,第 247 页。

辩证唯物主义是科学的世界观和方法论,其科学性首先表现在"马克思主义哲学唯物主义依据历史唯物主义而把哲学基本原理提高到了科学水平上面。其次,由于历史唯物主义的创立,提供了概括自然与社会的普遍本质而形成统一的唯物主义世界观的可能。历史唯物主义把唯物主义理论贯彻到社会领域的研究方面,从而就把一般唯物主义的原理扩展到了一切方面,使唯物主义成为具有真正科学概括性质的哲学理论"。就是说,由于历史唯物主义的创立,"哲学走上了真正意义的从世界的共性研究统一世界的科学发展的道路"。这个新的哲学就是"辩证唯物主义"。① 正如恩格斯所指出的,"而当历史也得到唯物主义的解释以后,一条新的发展道路也在这里开辟出来了"。在这条发展道路中,世界被理解为不断变化和发展的"过程",无论是自然界还是社会历史都被"理解为一种处在不断的历史发展中的物质"。②

可见,从事物本身及其内在联系出发理解和把握世界是辩证唯物主义区别于一切旧唯物主义和形而上学唯心主义的根本所在。唯心主义形而上学将"实有"与"应有"简单地对立起来,一切从抽象原则和逻辑推演出发,这正是启蒙理性主义的理论特征(当然,也与反封建的理论立场有关)。然而,正如恩格斯指出的,如果是这样,"就会比解一个最简单的一次方程式更容易了"。③ 然而,人类社会本身并不像数学公式那样简单明了,不能仅仅将抽象原则与复杂现实简单对立起来,而忽视社会生活本身的复杂性。保守主义强调从"实然"(传统)出发,承认事物的变化,却否认事物变化过程中的质变和飞跃,并且常常求助于宗教唯灵论的历史神秘主义作为其理论根基。由此可见,辩证唯物主义作为科学性与革命性相统一的世界观,与机械唯物主义、形形色色的唯心主义世界观有着本质的区别。

二、以实践为基础实现人与世界相互改造的现实逻辑

从历史视角看,以"物质生产"作为逻辑起点的历史唯物主义揭示了实践在历史发展中的根本意义,实践的观点因而成为马克思主义认识论的根本观点和

---

① 高清海:《面向未来的马克思》,中央编译出版社 2018 年版,第 43 页。
② 《马克思恩格斯选集》(第 4 卷),人民出版社 1995 年版,第 228 页。
③ 《马克思恩格斯选集》(第 4 卷),人民出版社 1995 年版,第 695 页。

首要原则，正如马克思指出的："从前的一切唯物主义（包括费尔巴哈的唯物主义）的主要缺点是：对对象、现实、感性，只是从**客体的或者直观的**形式去理解，而不是把他们当作**感性的人的活动**，当作**实践**去理解，不是从主体方面去理解。"思维的客观性问题"不是一个理论的问题，而是一个**实践的问题**"，从实践角度去理解世界，必然同时意味着"**改变**世界"。以往的"哲学家们只是用不同的方式解释世界，问题在于改变世界"①。以实践为基础实现人与世界的相互改造，从而推动人类历史的变化和发展，这就是马克思主义哲学以实践为基础实现人与世界相互改造的现实逻辑，也决定了马克思主义鲜明的实践品格。

唯物史观表明，历史运动的内在动力是生产力与生产关系的矛盾运动。生产关系作为生产借以实现的特定的社会形式，总是历史地变化的，"人们借以进行生产、消费和交换的经济形式是暂时的和历史性的形式。随着新的生产力的获得，人们便改变自己的生产方式，而随着生产方式的改变，他们便改变所有不过是这一特定生产方式的必然关系的经济关系"②。正是生产力与生产关系的矛盾运动推动了历史的运动和发展，从而实现了社会形态由低级到高级的发展，也使历史本身呈现连续性和非连续性的统一。保守主义承认历史的渐变，否认历史的质变，这是马克思主义与保守主义在历史观上的本质性区别。

从人学视角看，历史活动是人的活动，而所谓人总是处在一定现实关系中的"现实的个人"。

人的首要的活动是物质生产，"个人是什么样的，这取决于他们进行生产的物质条件"。所谓物质条件"包括他们已有的和由他们自己的活动创造出来的"，这些都是可以经验地加以确定的条件，而这些条件同时又制约着"现实的个人"的活动方式，"而这些个人的一定的活动的方式，是他们表现自己生活的一定方式、他们的一定的生活方式。个人怎样表现自己的生活，他们自己就是怎样"③。由此可见，在历史唯物主义看来，人的本性在于其社会性，"人的本质不是单个人所固在的抽象物，在其现实性上，它是社会关系的总和"。这是马克思人学与抽象人学的本质区别所在。抽象人学从静止的、直观的角度去理解人，启蒙理性主

---

① 《马克思恩格斯选集》（第 1 卷），人民出版社 1995 年版，第 54—57 页。
② 《马克思恩格斯选集》（第 4 卷），人民出版社 1995 年版，第 533 页。
③ 《马克思恩格斯选集》（第 1 卷），人民出版社 1995 年版，第 67—68 页。

义是如此,保守主义也是如此。正如马克思在批判费尔巴哈时指出的,费尔巴哈从感性的直观而不是活动去理解人,将人的本质理解为抽象的无声的类本质,是一种"把许多个人自然地联系起来的普遍性"。然而,正如唯物史观所揭示的,社会生活在本质上是实践的,而实践本质上意味着"环境的改变和人的活动或自我改变的一致"性。①

依据历史唯物主义,个人不能脱离现实的关系而存在,现实的个人总是处在一定的相互关系之中,在阶级社会中,阶级关系又必然表现为占支配地位的关系,不过,阶级关系在不同的社会发展阶段表现为不同的形式。在古代社会,由于"物质生产的社会关系以及建立在这种生产的基础上的生活领域,都是以人身依附为特征的"。在这种关系中,由于"劳动的自然形式,劳动的特殊性是劳动的直接社会形式"。因此,"人们在劳动中的社会关系始终表现为他们本身之间的个人的关系,而没有披上物之间即劳动产品之间的社会关系的外衣"。而在资本主义社会中,人与人之间的关系以物(商品)为中介表现出来,"而且通过这种物的形式,把他们的私人劳动当作等同的人类劳动来互相发生关系"。因而,人与人之间的关系被罩上了物与物的关系这一神秘的面纱。而这种面纱的揭开需要客观的社会物质条件,即"只有当社会生活过程即物质生产过程的形态,作为自由联合的人的产物,处于人的有意识有计划的控制之下的时候"才会被揭掉,然而,这是一个漫长的历史过程。②

可见,在历史唯物主义看来,单个的个人始终处在一定的共同体中,"人是名副其实的政治动物,不仅是一种合群的动物,而且是只有在社会中才能独立的动物"。在前资本主义的共同体中,个人表现为不独立,"从属于一个较大的整体:最初还是十分自然地在家庭和扩大成为氏族的家庭中;后来是在由氏族间的冲突和融合而产生的各种形式的公社中"③。在资本主义社会中,由于交换价值成为社会生产的客观基础,这意味着"从一开始就已经包含着对个人的强制"。这是因为,在资本主义生产方式下,"个人只有作为交换价值的生产者才能存在,而这种情况就已经包含着对个人的自然存在的完全否定;因而个人完全是由社会

---

① 《马克思恩格斯选集》(第1卷),人民出版社1995年版,第55—56页。

② 《资本论》(第1卷),人民出版社2004年版,第97页。

③ 《马克思恩格斯全集》(第30卷),人民出版社1995年版,第25页。

所决定的；其次，这种情况又要以分工等等为前提，个人在分工中所处的关系已经不同于单纯交换者之间的关系，等等"。以交换价值为基础的生产方式有其历史的客观前提，是历史发展的产物，因而"不是从个人的意志产生，也不是从个人的直接自然产生，它是一个历史的前提，它已经使个人成为由社会决定的人了"①。

马克思关于人的本质的社会性观点似乎与（传统）保守主义有着一致性。然而，保守主义将由社会关系决定的人的差异性和等级性固定化，将之化约为自然的属性（等级制的自然性特征），从而使得保守主义成为服务于社会特权阶层的意识形态。而在历史唯物主义视域中，无论是人还是社会都处在历史性的变化之中，其价值宗旨和最终目标是人类解放和人的全面发展。

三、以人类解放为根本宗旨的价值立场

马克思主义关于人的社会本质的观点摒弃了一切将人性固化的形形色色人性观，强调了人的本质的社会历史性，这不仅宣告了马克思主义人学与一切抽象人学的本质区别，同时也宣告了马克思主义关于无产阶级以及人的解放的理论立场和价值宗旨。

唯物史观揭示了生产力与生产关系、经济基础与上层建筑的矛盾运动是历史发展的基本动力的原理，这也意味着它与形形色色的唯心史观不同，马克思主义确立了人民群众在历史中的地位，人民群众是历史的创造者，人民性构成马克思主义根本的理论和价值立场。马克思主义从其诞生的时候起，就鲜明地站在无产阶级的立场上，成为无产阶级和人类解放的理论武器。依据唯物史观，社会生产总是在一定条件下的生产，而"各个人借以进行生产的社会关系，即社会生产关系，是随着物质生产资料、生产力的变化和发展而变化和改变的。生产关系总和起来就构成所谓社会关系，构成所谓社会，并且是构成一个处于一定历史发展阶段上的社会，具有独特的特征的社会。古典古代社会、封建社会和资产阶级社会都是这样的生产关系的总和，而其中每个生产关系的总和同时又标志着人类历史发展中的一个特殊阶段"②。资本主义生产方式创造了社会关系进一步发展的巨大的生产力，"只不过它在资本主义制度下，像在奴隶制度等等下一样，

① 《马克思恩格斯全集》（第 30 卷），人民出版社 1995 年版，第 203 页。
② 《马克思恩格斯选集》（第 1 卷），人民出版社 1995 年版，第 345 页。

具有对抗形式……资本的文明面之一是,它榨取这种剩余劳动的方式和条件,同以前的奴隶制、农奴制等形式相比,都更有利于生产力的发展,有利于社会关系的发展,有利于更高级的新形态的各种要素的创造"①。马克思主义承认历史是前进性与曲折性的统一。在历史中,人的能动的主体性体现为群体或阶级的主体性(无产阶级的主体性和伟大力量推动社会的变革),社会变革是历史运动的客观体现。而保守主义承认历史的缓慢变化,但否认历史运动中的质变。而这种否认根本上又取决于保守主义的精英立场以及与之相应的神秘或超验的世界观(如埃德蒙·伯克、拉塞尔·柯克),正如曼海姆认为的,即使是后来的保守主义者(如奥克肖特)并不具有明显的宗教神学观点,其世界观仍然具有神秘或超验的性质,即当后来的一些保守主义者并不信仰什么时,"历史就取代了神圣超验性"②。

第二节 历史唯物主义视域下的传统概念

似乎存在着这样一种错误观点,认为"反传统"是马克思主义的理论特征之一,没有比这种观点更错误的了。错误可能来源于多方面,如对文本的误读、对历史的误认,等等。

错误之一可能来源于对马克思、恩格斯相关文本的误读。在《共产党宣言》中,马克思、恩格斯写道:"共产主义革命就是同传统的所有制关系实行最彻底的决裂;毫不奇怪,它在自己的发展进程中要同传统的观念实行最彻底的决裂。"③抽象地看,这里的"两个决裂"确乎有些"反传统"的味道。然而,我们知道,没有比抽象地理解文本和词句更偏离马克思主义了。错误之二可能来源于某种历史的错觉,如将"五四"激烈的"反传统"倾向或"文革"的"破四旧"归咎于马克思主义。然而,必须指出,将马克思主义误认为是彻底的"反传统"无疑是对马克思主义的最大曲解。

---

① 《资本论》(第3卷),人民出版社2004年版,第927—928页。
② [德]卡尔·曼海姆:《保守主义》,李朝晖、牟建君译,译林出版社2002年版,第35页。
③ 《马克思恩格斯选集》(第1卷),人民出版社1995年版,第293页。

一、一定的文化传统与其客观物质基础不可分割

根据历史唯物主义，社会存在决定社会意识，一定的文化传统（社会意识）有其产生的社会经济和政治的基础。唯物史观又告诉我们，生产力与生产关系、经济基础与上层建筑的矛盾运动是历史发展的基本动力，历史的发展是连续性与断裂性的统一，社会形态的演变是一个辩证的历史过程。在社会大转变时期，历史发展从社会存在到社会意识都会发生激剧的变化，因而表现为某种程度的"断裂"，正如法国大革命之于法国、新民主主义革命之于中国。不过，正如历史所显示的那样，"如果还没有具备这些实行全面变革的物质因素，就是说，一方面还没有一定的生产力，另一方面还没有形成不仅反抗旧社会的个别条件，而且反抗旧的'生活生产'本身、反抗旧社会所依据的'总和活动'的革命群众，那么，正如共产主义的历史所证明的，尽管这种变革的观念已经表述过千百次，但这对于实际的发展没有任何意义"[①]。社会存在决定社会意识，两者之间又是辩证地相互作用。而当新的物质和精神力量在旧的社会中发展到足以改变旧社会时，那么，社会大变革时代就来临了，这就使得社会历史的发展呈现连续性和非连续性的统一。《共产党宣言》关于"两个决裂"的真实含义应该就是如此，它描述了历史过程中的剧变。"决裂"发生在历史发生剧烈变革和转换的历史阶段，正如历史本身所发生的那样。在这样的社会大变革时代，无论是观念还是实践与前代相比都会呈现出某种剧烈的变化，如启蒙思想、资产阶级革命等。

这意味着，随着历史的发展，社会的变化和时代的变化，与其相应的价值观念、社会道德等也会发生相应的变化，由此才有所谓的"新文化""新道德"之说。正如毛泽东在评价五四运动时所说的，五四运动的一个"极大的功绩"就是"号召人民起来以反对老八股、老教条"，还有一个"大功绩"就是"反对帝国主义"。但是，毛泽东指出："五四运动本身也是有缺点的。那时的许多领导人物，还没有马克思主义的批判精神，他们使用的方法，一般地还是资产阶级的方法，即形式主义的方法。"所谓"形式主义"方法，也即抽象的形而上学方法，缺乏历史唯物主义的批判精神，"所谓坏就是绝对的坏，一切皆坏；所谓好就是绝对的好，一切皆

---

① 《马克思恩格斯选集》（第 1 卷），人民出版社 1995 年版，第 92—93 页。

好"①。一句话，缺乏辩证法的观点和方法。

二、辩证地看待思想传统

唯物辩证法是马克思主义的根本方法论，唯物辩证法的核心是对立统一，作为思维规律就是辩证的否定观，它是事物本身的对立统一在思维中的体现。辩证的否定作为事物发展的环节，强调了事物运动及变化的过程性、生成性和历史性特征，没有否定也就没有发展。辩证的否定就是"扬弃"，即有新事物出现。但出现的新事物并非和旧事物没有一点联系，而是在扬弃旧事物的同时，旧事物的某些成分和特征就被综合、包含在新事物之中了。"从旧事物出发，因发展而发生的新事物，不仅和旧事物对立，不仅是旧事物的否定，而且同时又和发生它的旧事物有一种共通的东西。"与形而上学不同的是，辩证的否定既强调对立，又强调统一，既对立又统一，而形而上学的根本错误在于"只是从对立上理解它，同时却并不从同一性上理解它"②。相反，保守主义则强调新旧事物之间的联系，而否认其间的断裂（即发展）。

简单来说，辩证的否定观就是"扬弃"，即"既克服又保留"。恩格斯在《反杜林论》中这样阐述现代唯物主义的发展。古代朴素唯物主义产生于古希腊，这一唯物主义"没有能力弄清思维对物质的关系"，于是它最终被唯心主义所否定。但是，历史的进程和科学的发展使得唯心主义也站不住脚了，最终，唯心主义"被现代唯物主义所否定"。而现代唯物主义对唯心主义的否定，作为"否定之否定"，不是简单地回到旧唯物主义，"而是把两千年来哲学和自然科学发展的全部思想内容以及这两千年的历史本身的全部思想内容加到旧唯物主义的永久性的基础上。"在这里，哲学被"扬弃"，即"既克服又被保存"。③

回到关于"两个决裂"问题，如何理解这段文字？有学者认为，从翻译角度看，关于"两个决裂"在翻译上存在着一定程度的不准确或不恰当。如俞吾金先生在《从"共产党宣言"的一段译文看马克思如何看待传统》一文中认为，应将德

---

① 《毛泽东选集》（第3卷），人民出版社1991年版，第831—832页。

② ［德］塔尔海玛：《现代世界观》，李达译，上海社会科学院出版社2017年版，第172页。

③ 《马克思恩格斯选集》（第3卷），人民出版社1995年版，第481页。

文 ueberlieferten 一词译为"流传下来的"而不是"传统的"。① 然而，这似乎并不会对字面效果产生实质性的影响，"流传下来的"一般来说就是"传统的"。保守主义关于传统的理解基本上是如此。我们认为，实际上，正确理解《共产党宣言》中"两个决裂"，从而正确理解马克思主义传统观，一方面不能脱离文本的语境；另一方面，也是最根本的方面，就是必须运用唯物辩证的方法论，即辩证的否定观以及历史唯物主义的基本原理去理解马克思主义与传统之间的关系，只有这样，才能完整准确地理解和把握马克思主义的传统观。

从文本的语境来看，《共产党宣言》是马克思、恩格斯为共产主义者同盟制定的纲领，具有简洁明了的特征。从字面上理解，所谓"两个决裂"毫无疑问，就是消灭资本主义的雇佣劳动制，超越资产阶级自由个人主义的意识形态。这不仅十分简洁清楚，而且完全正确。在这里，"决裂"意味着批判性超越，而不是意味着彻底的"断裂"，抛弃一切传统，从根本上背离马克思主义，背离辩证法。我们知道，马克思主义作为无产阶级的思想武器本身就是对前人思想，特别是对德国古典哲学、英国古典政治经济学、空想社会主义批判性继承的产物。马克思、恩格斯批判地继承前人，特别是费尔巴哈的唯物论思想，黑格尔的辩证法思想，创立了辩证唯物主义和历史唯物主义；马克思、恩格斯批判地继承了亚当·斯密、李嘉图的劳动价值论，创立了剩余价值理论；马克思、恩格斯批判地继承了空想社会主义者的思想，创立了科学社会主义学说。再如，关于阶级斗争的理论。马克思认为，阶级和阶级斗争并不是自己的发明，很久以前的资产阶级历史编纂学家以及资产阶级的经济学家都已作过论述，"我所加上的新内容就是证明了下列几点：(1) 阶级的存在仅同生产发展的一定历史阶段相联系；(2) 阶级斗争必然导致无产阶级专政；(3) 这个专政不过是达到消灭一切阶级和进入无阶级社会的过渡……"②

可见，《共产党宣言》中关于"两个决裂"的论述绝不应该被理解为虚无主义式的"断裂"。从辩证的否定观视角，"决裂"就是辩证的否定，是扬弃。正如列宁在《哲学笔记》中认为的，辩证法是一种研究对立面同一的学说，"为什么人的头脑不

① 俞吾金：《从"共产党宣言"的一段译文看马克思如何看待传统》，《光明日报》（学术版）2000 年 10 月 24 日。
② 《马克思恩格斯选集》（第 4 卷），人民出版社 1995 年版，第 547 页。

应该把这些对立面看作僵死的、凝固的东西,而应该看作活生生的、有条件的,活动的、彼此转化的东西"①。历史唯物主义承认历史进程是连续性与非连续性的辩证统一,这就决定了马克思主义传统观与保守主义传统观具有本质的不同。

三、马克思主义传统观与保守主义传统观的本质区别

不同的理论立场。正如我们已经指出过的,从发生学上看,保守主义与马克思主义从其产生的时候起,其矛头都指向资本主义,但是,两者批判的理论立场是根本对立的。保守主义在其产生的时候起,作为贵族意识形态,受法国大革命的强烈刺激(导火线),埃德蒙·伯克发表了《法国革命论》,矛盾直指以卢梭为代表的法国启蒙思想,以抽象原则作为攻击的突破口,为既存的等级制社会秩序辩护。这是政治保守主义最基本的理论立场,关于这一点无须赘述。尽管在其发展过程中,保守主义在理论内容、理论样态上都在发生变化,如奥克肖特的哲学保守主义,貌似没有明确的意识形态立场,并且还以"反意识形态"自居,然而,正如我们已经分析的,其理论和政治立场就在其"学理"的背后。只要对他关于"大众人"和"反个人"的描述稍加思考就会发现其真实的理论立场。列奥·施特劳斯、拉塞尔·柯克的美国保守主义也是如此。总的来说,政治保守主义在其后来的发展中,其主要批判对象是社会主义、马克思主义和大众民主。或许再加上自由放任的市场经济,但这并非保守主义政治意识形态批判的重点。相对来说,对自由市场和消费主义的批判在现代文化保守主义那里倒是比较突出的(这一问题下文再作叙述)。而马克思主义从其产生的时候起,就鲜明地站在无产阶级和人民大众的立场上,其辩证唯物主义和历史唯物主义作为无产阶级的世界观和方法论,成为人们认识世界和改造世界的理论武器。这也决定了马克思主义与保守主义在价值指向上的根本对立。

我们知道,马克思主义的根本价值指向是人类解放和人的全面发展,而这意味着消灭私有制,由资本主义向社会主义过渡,最终实现共产主义。而这恰恰是保守主义坚决反对的。在保守主义看来(同右翼自由主义一样),私有财产权恰恰是秩序和自由的首要条件,而他们所谓的秩序是一种天生具有的等级制的"自然秩序",而私有财产则是维护秩序和自由的条件。因此,等级制、私有财产权、

① 《列宁全集》(第55卷),人民出版社1990年版,第90页。

宗教等必然成为保守主义意识形态的核心价值,他们所指的秩序和自由是此类意义上而言的,即哈耶克所说的"自由秩序"。历史唯物主义则从现实个人的物质活动出发,揭示生产力与生产关系的矛盾运动是历史运动的基本动力,由此推动历史的变化和社会形态的演变。在历史唯物主义者看来,等级制、私有制、宗教、社会不平等、阶级斗争等只是与生产力发展的一定历史阶段相联系,是历史发展的结果,而不是历史本身的起点和条件。然而,在保守主义者看来,所有这一切都是自然的和天生的,是一种自然秩序。从埃德蒙·柏克到拉塞尔·柯克都是从这样一种神秘的秩序(宗教)来论证其保守主义思想的。而对立的理论立场背后则是完全不同的关于人性、历史、社会、政治等的观点。我们已经对保守主义的相关观点做过讨论,这里我们再做一个比较性的分析和阐述。

不同的哲学基础。我们知道,在保守主义者看来,人性具有一种基于"原罪"的缺陷,因而也不可能通过社会而发生改变,而社会和历史也只能是缓慢地演化,而不是按照人的目的改变既有秩序。历史唯物主义则从由人的物质性活动构成的社会性存在之网(社会结构)把握人性,而社会本身是变化的,人在物质活动的过程中改变世界也改变自身,因而使得自然、社会和人本身都得到改造。马克思认为,探讨人以及由人创造的历史的问题,实际上就是研究处于历史中的现实的人及其历史,"难道探讨这一切问题不就是研究每个世纪中人们的现实的、世俗的历史,不就是把这些人既当成他们本身的历史剧的剧作者又当成剧中人物吗?"[①]因此,在马克思主义者的视域中,作为社会存在的个体,总是处在现实的社会关系中,其核心又是生产关系。而人的变化与生产关系的变革、社会关系的变化不可分割,历史的变化也决定了人的变化和发展,人的解放和全面发展则是人类历史变化和发展的必然趋势。由此可见,在马克思主义学说中,人的问题,或者说人类解放和人的全面发展问题必然成为整个理论体系的落脚点,也是马克思主义根本的价值导向。在这里,两种十分不同的人性观和历史观清晰可见,而这种不同又有其十分不同的方法论基础。唯物辩证法是马克思主义根本的方法论,这种方法论要求从事物本身的矛盾出发观察和分析事物的运动及其变化。历史唯物主义正是从生产力与生产关系的矛盾运动中揭示了历史的螺旋式上升和变化的规律性,并由此揭示了历史发展的方向性。保守主义则认为,历

---

① 《马克思恩格斯选集》(第 1 卷),人民出版社 1995 年版,第 147 页。

史以缓慢演化的方式发生变化，历史变化并不存在规律性，至少是人无法把握的，人能做的就是接收传统所给予的"暗示"（奥克肖特）。保守主义对历史本身有其独到的敏感性，强调事物在历史中生成的重要性，强调社会发展的连续性，强调传统资源在现代社会中的作用，这并没有错，而且，对今天这样一个纷繁复杂的世界而言有其积极的意义，起码能使人们反思现代性问题，从不同的视角探寻走出资本主义现代性的怪圈。然而，保守主义给出的方法是回到传统，而不是创造性地继承和发展传统，去迎接新的时代的到来。而马克思主义既强调历史的连续性，同时又承认历史发展过程中的质的变化，历史发展是连续性与非连续性的辩证统一，传统与现代不是对立，而是辩证的对立统一，一切将两者对立起来的观点都是非辩证的，因而是错误的。启蒙理性主义形而上学的错误就在于将传统与现代对立起来，或者在资产阶级看来，历史要么就是一片黑暗，要么就是终结。黑格尔最早以绝对精神自我运动的方式预言了历史终结于资产阶级的理性国家，而一百五十多年后的美国学者弗朗西斯·福山在其《历史的终结与最后之人》中又做了一次总结性的预言，即认为资本主义和资产阶级的民主是人类历史的最后目的地，"就人类历史确实通向某处而言，它正在通向的不是共产主义，而是马克思主义者所谓的资产阶级民主"①。显然，做出这种关于历史的预言应该是太早了。

　　理论立场、哲学基础的不同，决定了思维方式和对具体问题、价值观内涵等的不同阐释。我们发现，启蒙理性主义与保守主义共享一种思维方式或思维框架，即都是从"传统与现代"对立的思维框架中讨论问题的。所不同的是，启蒙理性主义以理性质疑和排斥传统，从而将历史虚无化，而保守主义为了以传统反抗理性对传统秩序的颠覆，往往在方法论上把历史和传统神秘化，反对历史的质变。可见，无论是启蒙理性主义还是保守主义，思考现代与传统关系所持有的都是两元对立的思维模式，只不过保守主义的这种形而上学似乎更具有隐蔽性，以至于认为自己的理论就是反形而上学、反意识形态、反抽象原则的，马克思主义则与两者相反。唯物辩证法从事物的相互联系、运动发展的整体框架中思考和观察事物，于是，感性与理性、历史与逻辑、传统与现实（或现代）都是辩证统一的

---

① ［美］弗朗西斯·福山：《历史的终结与最后之人》，陈高华译，广西师范大学出版社2014年版，第349页。

关系。这种方法论的根本差异也决定了马克思主义、保守主义（自由主义）对相同问题的不同阐释方法以及所具有的不同的观点。

不同的价值指向。比如，关于自由，和保守主义一样，马克思主义也反对抽象的自由观，认为自由总是一定秩序和条件下的自由，这并没有错。因此，撇开特定理论立场和理论目的，保守主义关于秩序与自由的关系的观点是正确的，自由总是一定秩序下的自由，抽象的自由是不存在的，这也是马克思主义的观点。但是，保守主义与马克思主义关于自由的内涵以及对自由实现条件的理解是完全不同的。对马克思主义而言，自由是在认识世界和改造世界的过程中得以实现的，而历史发展是有规律的，"现代唯物主义把历史看作人类的发展过程，而它的任务就在于发现这个过程的运动规律"①。唯物史观揭示了这一历史发展的规律，即生产方式的矛盾运动推动了历史的发展，从而促使社会形态的演变。随着私有制的消灭和共产主义的实现，联合起来的生产者共同驾驭人类创造的全部社会生产力，社会领域真正的自由王国开始到来。因此，在《资本论》中，马克思指出："从资本主义生产方式产生的资本主义占有方式，从而资本主义的私有制，是对个人的、以自己劳动为基础的私有制的第一个否定。但资本主义的生产由于自然过程的必然性，造成了对自身的否定。这是否定的否定。这种否定不是重新建立私有制，而是在资本主义时代的成就的基础上，也就是说，在协作和对土地及靠劳动本身生产的生产资料的共同占有的基础上，重新建立个人所有制。"当然，这"自然是一个长久得多、艰苦得多、困难得多的过程。"②这是历史的辩证法。与此相反，保守主义试图将社会秩序"自然化"，用自然的等级秩序作为人类的自由秩序，其结果自然是，等级制是自然的，也是自由的（回顾一下柏克和哈耶的"自然秩序"），而按照"自然秩序"的方式行事就是正义的。保守主义基于其自身的精英主义，将过去的事实（传统）固化为必须保守的不变的价值（如私有制、不平等、宗教等），而启蒙理性主义为了反封建的需要则将抽象的价值（如抽象人权、自由等）作为正义的价值标准。两种思维方式其实有着共同性，只不过方向不同。而在历史唯物主义视域中，关于正义的观念总是不能脱离一定的社会经济基础，社会主义制度下的正义必然有别于资本主义制度下的正义。而正义（道德

---

① 《马克思恩格斯选集》（第3卷），人民出版社1995年版，第738页。
② 《资本论》（第1卷），人民出版社2004年版，第874页。

等)的内涵又具有历史性,但不是历史主义,更不是相对主义或虚无主义。

马克思主义与保守主义似乎都强调从具体的社会历史情境出发理解和解决问题,"历史唯物主义的核心思想在于,它要求在每一种具体的社会历史情境解决社会发展的道路问题",而由于地理、历史等的原因,不同民族、不同国家和不同地区,无论是经济发展还是政治、文化等发展状况都存在着不同程度的差别,这意味着"各个地区和各个民族的发展道路最终由它所承载的具体社会历史条件所决定"[1]。然而,由于两者在世界观、理论立场、方法论基础等方面都有着本质的不同,现代保守主义诞生于资本主义对封建主义彻底胜利的历史转折时期(以法国大革命为突出标志),作为最早对资本主义进行批判的思想潮流之一,保守主义在批判的方向上是朝后看的,是从"右翼反对派"的立场进行的批判。正如曼海姆所说的,"思想的方式比内容更能彻底地刻画一种立场"。[2] 保守主义向后看的思想方式揭示了保守主义意识形态的理论立场,即体现了社会特权阶级的利益诉求。马克思主义诞生于资产阶级与无产阶级的矛盾尖锐化的 18 世纪中期。从其诞生的时候起,马克思主义的鲜明立场就是无产阶级以及全人类的解放。就两者都是对现代性的批判而言,正如曼海姆分析的,"无产阶级思想与保守的和反动的思想在很多方面都具有一种重要的密切关系,这种关系展现了对资产阶级——资本主义世界设计及其抽象的一般反对,尽管在这两种情况下的反对分别是从本身极端对立的设计中产生出来"[3]。总之,两者在理论立场、世界观、方法论、价值取向等方面有着本质性的区别,这样也就不难理解,为什么保守主义在其后来的变化中,其真正的对立面不是自由主义,而是社会主义、马克思主义的真正原因了。

小结:本章的讨论解决的一个核心问题就是马克思主义传统观的实质内涵,在此基础上揭示马克思主义传统观与保守主义传统观的本质区别。通过比较,我们看到,马克思主义传统观与保守主义传统观相比,从理论立场、价值观、方法论、哲学基础等各方面都有着本质的区别。坚持马克思主义传统观,实质就是坚持继承与创新的统一。

---

[1]　胡大平:《后革命氛围与全球资本主义:德里克"弹性生产时代的马克思主义"研究》,北京师范大学出版社 2018 年版,第 303 页。

[2]　[德]卡尔·曼海姆:《保守主义》,李朝晖、牟建君译,译林出版社 2002 年版,第 48 页。

[3]　[德]卡尔·曼海姆:《保守主义》,李朝晖、牟建君译,译林出版社 2002 年版,第 50 页。

结　语

一、当代背景下保守主义意识形态再审视

本书的视角是意识形态批判,其核心任务之一是从发生学上阐述"传统"话语的出场和现代保守主义意识形态的诞生,以阐明保守主义传统话语出场的语言,以揭示保守主义意识形态的理论立场,换句说法,就是保守主义为什么要言说"传统";阐述保守主义如何言说"传统",关于传统主要又说了些什么,以阐明保守主义意识形态的内涵及其实质;保守主义如此言说"传统"的理由,也即保守主义的思想渊源、方法论基础等。本书的任务之二是从理论上阐明马克思主义传统观与保守主义传统观的本质区别,并以中国化马克思主义的理论和实践为例加以阐述。本书的理论目的也很清楚,简单来说,就是试图阐明马克思主义在意识形态领域里的指导地位与更好地弘扬中华优秀传统文化的关系,这对于如何增强文化自信,筑牢中华民族的精神家园无疑是一项十分必要和有意义的工作。

鉴于以上想法,本书以保守主义与现代性的矛盾关系为线索,以意识形态批判为视角,以保守主义的价值观分析为核心,运用马克思主义的立场、观点和方法,对保守主义政治哲学进行了批判性阐释。作为对启蒙理性主义意识形态的回应,保守主义以传统对抗理性,重申传统价值的现代意义。正如本书所阐释的,作为意识形态的保守主义,其本质特征是价值保守,即保守由传统提供的政治和道德价值。当然,随着西方现代性以内在矛盾的方式不断展开,保守主义保守的价值在发生变化,保守主义意识形态本身的性质也在发生变化,如由早期的贵族意识形态向资本主义意识形态的转变。而随着资本主义的发展和变化,保守主义与自由主义一道,构成了资本主义既相互矛盾,又相互依存的两大意识形态。客观上看,抛却具体的意识形态因素,保守主义对于西方现代性的许多批评

具有一定的启发意义（当然，这种意义是以矛盾的方式呈现的）：如针对自由个人主义盛行导致的社会凝聚力下降，保守主义强调家庭、社区、宗教团体、国家等共同体之于个人的意义，却坚决反对平等意识和民主化潮流；保守主义担忧日益严重的相对主义和虚无主义，试图通过诉求宗教信仰加以克服；保守主义反对资产阶级的拜金主义和无节制的物欲追求，却竭力为私有财产权辩护，其结果不是削弱而是强化了这种追求；保守主义强调社会道德和责任意识，但是又竭力为不平等的社会关系辩护。这样一种价值观与保守主义本质上的精英立场有着很大的关系，如果其中没有直接关系的话。我们也简单讨论了马克思主义传统观的特征以及中国化马克思主义对马克思主义传统观的丰富和发展。可以清楚地看到，马克思主义与保守主义作为产生于西方的两大现代政治意识形态，在价值观、历史观、人性观、政治观等方面有着很大的差别，有些方面甚至是完全对立的。从学理上看，马克思主义与作为意识形态的保守主义在思维方式、理论样态、问题域等方面也有着很大的差异。也正因为如此，社会主义、马克思主义成为保守主义主要反对的对象也就不难理解了。

今天，就资本主义世界而言，随着资本主义全球发展及其内在矛盾的日益加深，保守主义思潮也风头日盛且形式多样，有宗教保守主义、政治保守主义、民粹保守主义（如特朗普的保守主义）、文化保守主义等，不一而足。本质上说，形形色色保守主义的兴起与资本主义全球发展及其困境不可分割，毋宁说正是这些困境的产物。正如我们已经阐述的，作为意识形态的保守主义从一开始就是现代性的伴生物。今天，欧美中心主义的现代性已经遭受种种危机，现代性有多种范式，所谓"多元现代性"（埃森斯塔特）或"可选择的现代性"（安德鲁·芬伯格）等，都意味着普遍主义目的论的欧美现代性的终结。然而，在所有现代性的替代性方案中，宗教或文化因素无疑扮演着至关重要的角色，正如芬伯格认为的，"现代化本身就是经受剧烈变化的种种技术和文化因素的偶然结合，在各种可选择的现代性的出现过程中，美学、伦理学、文化可以和科技一道发挥作用"①。

二、当代中国语境下的保守话语

在《当代文化研究中的激进与保守之维》一文中，王岳川将 20 世纪 90 年代

---

① ［美］芬伯格：《可选择的现代性》，陆俊等译，中国社会科学出版社 2003 年版，"序言"第 9 页。

以来中国语境下的保守主义分为三类：第一，**旧保守主义**，如当代新儒家、国学派等。主张反思 20 世纪 80 年代激进思想，延续其民族本位的思想传统，主张重建"中国价值，重新发现亚洲价值，削弱西方价值的中心地位。坚持学术与政治分离"。① 第二，**新保守主义**。经济上认同东亚模式，政治上主张新权威主义，"政治新权威主义的基本思路是，强调行政权力分散和放权，制止政治、社会和经济上的平均主义，承认公民的财产权和经济自由，但对公民的政治权利加以限制，坚持有独立的有责任心的有真正德行能力的人作为权威的基础"。这一类的代表人物主要有盛洪和何新等。② 第三，**文化保守主义**。他认为，这一类型的保守主义"主要以一种反现代性的、反美学的和文化民族主义的方式出现，是 20 世纪世界范围内反现代性思潮中的主潮"。在价值取向上，崇尚传统文化中的人文主义精神，"坚持在中国传统文化的地基上开启中国文化甚至人类文化的未来。其骨子里是一种浪漫主义"。③

上述分类是否合理在此不做讨论，实际情况是，当代中国社会，保守主义确实成了不可忽视的社会思潮。20 世纪末以来形成的保守主义思潮，就视角来看，既有文化的，也有政治的。就文化保守主义而言，当代文化保守主义学者常常援用西方后学资源批判西方现代性，在强调中国文化"民族性"的同时，将"民族文化本位主义与后现代主义"结合起来，形成颇具特色的保守主义思潮，尽管观点各有不同，但在认同和支持市场经济的前提下，在文化上强调回归传统，在"坚持民族文化本位等基本观点上具有一致性"。④

在当代中国保守主义思潮中，除了文化保守主义或政治儒学外，存在着较为强劲的政治保守主义话语。与文化保守主义不同，这是一种与西方保守主义意识形态具有密切联系的保守主义话语，也即所谓保守"自由"的保守主义话语，刘军宁算是这一思潮的代表人物，他的代表作《保守主义》一书一版再版，足见其影响不可小觑。《保守主义》一书从表面上看是在阐述埃德蒙·伯克开创的保守主义传统，并认为，这一传统的保守主义意欲保守的核心就是自由，是保守"自由"

① 李世涛主编：《知识分子立场：激进与保守之间的动荡》，时代文艺出版社 1999 年版，第 430 页。
② 李世涛主编：《知识分子立场：激进与保守之间的动荡》，时代文艺出版社 1999 年版，第 433 页。
③ 李世涛主编：《知识分子立场：激进与保守之间的动荡》，时代文艺出版社 1999 年版，第 434 页。
④ 李世涛主编：《知识分子立场：激进与保守之间的动荡》，时代文艺出版社 1999 年版，第 486—487 页。

的保守主义。保守"自由"的保守主义是对 20 世纪哈罗德·麦克米伦实行的"中间道路"的保守主义的反动,"是对偏离古典保守主义和自由主义的 20 世纪的保守主义的一个'修正'"。[①] 在作者看来,伯克开创的保守主义传统是自由的保守主义或自由主义的大传统,而"20 世纪的自由主义所表现出来的集体主义和理性主义性格迫使老派自由主义者进一步加入保守主义行列来一同捍卫古典自由主义的原则"。从这个意义上,保守主义就等于自由主义,"保守与自由是伯克以来的保守主义的一体两面"。"在保守主义理想的政治舞台中,自由主义所强调的个人自由与财产权以及个人在私人领域内的一切正当权利,均可得到最大限度的尊重"。[②] 作者认为,这种类型的保守主义从一开始所针对的就不是(古典)自由主义,而是法国大革命时期的激进自由主义,20 世纪信奉福利国家和集体主义的自由主义,保守主义针对的正是这种激进的或集体主义的自由主义。因此,当代新保守主义与柏克传统的保守主义一样,是保守"自由"的保守主义,都是"专制主义与极权主义的对立物"。旧保守主义是受了法国大革命的外部刺激,而当代新保守主义则是"受了左右两翼极权主义运动的外部刺激……保守主义一直是作为反自由的专制主义和极权主义的对立面出现的,这一事实本身就足以证明保守主义与自由之间密切的共生关系"。[③] 作者的观点不用分析已经十分清楚。在这里,秩序和民族文化一定不是作者强调的重点(而秩序、历史传统恰恰是伯克传统的保守主义的核心关切)。作者在书中强调自由的绝对价值,申说个人主义、私有财产权、宪政等。他批评中国的文化保守主义带有强烈的民族主义色彩,不能理解西方自由民主价值的普遍意义,并且认为,中国的历史和传统中缺乏西方自由民主的思想资源。这一类型的保守主义似乎是伯克保守主义价值观的坚定追随者。在这种观点看来,保守主义虽然强调秩序与传统之间的关系,但核心是保守"自由"。在他们看来,中国未来政治和文化建构的思想基础既不是激进主义也不是文化保守主义,而应是英美保守的自由主义,或自由的保守主义。

　　各种形式的保守主义与马克思主义之间都存在着紧张关系。我们已经分析

---

① 刘军宁:《保守主义》,中国社会科学出版社 1998 年版,第 245 页。

② 刘军宁:《保守主义》,中国社会科学出版社 1998 年版,第 28—29 页。

③ 刘军宁:《保守主义》,中国社会科学出版社 1998 年版,第 242 页。

过，作为政治意识形态的保守主义是马克思主义的反对者，文化保守主义与马克思主义之间也同样存在着紧张关系。以现代新儒学为例，现代新儒学强调传统伦理道德的重要性，而忽视对其作现实的经济和政治的分析，对唯物史观和阶级分析持质疑甚至反对态度，这在早期新儒学那里就是突出的特点。比如，在《东西文化及其哲学》一书中，梁漱溟就认为，唯物史观是用来解释西方社会政治的理论，并不适合解释中国。比如，关于历史发展的动因问题，唯物史观强调经济的决定意义，"而照经济现象变迁由于生产力发展的理，那么一定是两方面的发展大有钝利的不同了。可见还有个使生产力发展可钝可利的东西"，这个东西就是"在人类的精神方面"，而这"精神"并非指"意识"，意识是完全被动的，而精神则不是，"讲唯物史观的把两名词混同着用，实在不对"。而实际上，"人的精神是能决定经济现象的"。而这里的"精神"则指的是某种"意欲"，"当下向前的一活动"，同物质，即"已成的我"相对。① 在梁漱溟看来，人类生活的三种态度或三种路径均由这种"精神"或"意欲"决定的。西方的精神就是"向前面要求"，而中国人的根本精神则是"调和、持中"，印度文化则"以意欲反身向后要求为其根本精神的"。②同时，他认为，自古以来，中国就没有形成严格意义上的阶级社会，而只是"职业分途"，这是中国社会之"特殊性"之所在。③ 因此，在处理传统文化与马克思主义的关系上，文化保守主义即使不是反对马克思主义，也是用传统文化统摄马克思主义，将马克思主义儒学化。在中国现代化问题上，持儒家文化救国论。在革命年代，针对文化保守主义者对马克思主义的传播和革命实践所形成的挑战，马克思主义者通过论战的方式进行了回应，进一步促进了马克思主义的传播以及马克思主义中国化。

然而，纵观新儒学的发展历程，它与马克思主义之间的紧张关系并没有实质性的改变。事实上，当代新儒家，特别是海外新儒家，有一个共同的理论前设，即儒家文化与资本主义发展之间并不存在完全绝缘的关系，全球化的发展，特别是新加坡、日本、韩国等东亚的资本主义的发展给了他们启示。正如德里克所说的，全球现代性的最大特征是本土主义传统的兴起。但是，这并没有造成对原有

① 梁漱溟：《东西文化及其哲学》，上海人民出版社 2015 年版，第 55—58 页。
② 梁漱溟：《东西文化及其哲学》，上海人民出版社 2015 年版，第 62—63 页。
③ 梁漱溟：《中国文化要义》，上海人民出版社 2011 年版，第 150 页。

的资本主义发展模式的质疑,而只是强调传统本身对发展的意义,所谓的"东亚模式",实质是强调儒学对于资本主义发展的积极意义。或者,传统被掏空了实质性的内容,只作为"具有象征意义的差异性的代表"。① 依据德里克的观点,在当代海外新儒家的代表人物杜维明那里,传统符号就是被如此使用的。在杜维明那里,"儒学"的概念是非历史的,"儒学这一术语被随意抛掷,它与社会和历史问题无关"。比如在杜维明那里,"儒学"就是一个十分本质化和标签化的概念,其结果是"抹杀了中国思想和文化的复杂性"。② "传统"已经并不必然与保守主义联系在一起,但将传统封闭和教条化,当作可以任意剪贴的标签随意使用,或以过去统摄现在和未来,陷入各种形式的保守主义,更是对传统的滥用,与辩证的传统观背道而驰。

再者,说到"传统",说到"中国文化",不仅仅指的就是古代文化,或干脆化约为"儒学"(尽管儒学确实为古代文化主流)。文化传统不是封闭的、固化的,而是开放的、流动的,随时代的变化而呈现不同的特色,突出的例子是中国近现代革命历史与革命文化,而这一段历史似乎被有意无意地忽略,提到传统文化或中国文化,似乎只有儒学(或儒道释)。然而,正如德里克所说的,这一关于中国文化就是中国古代文化的观念有其十分严重的消极后果,即"用源远流长的文化抹杀较近的历史,似乎古老的文化可以抵抗一切物质、社会与政治变迁"。③然而,"革命文化"作为中国文化不可分割的一部分,其文化遗产之于今天的成就有着特别的意义。正如德里克分析的,中国改革开放的巨大成功,其鲜明的特色和成功的源泉与革命遗产有着直接的关系,如高效的举国体制、马克思主义一元化意识形态的指导地位、群众路线、集体主义、人民广泛参与的人民民主、以公有制为基础的社会主义经济制度等。所有这些都表明了革命遗产在其中所起的"关键的塑

---

① ［美］阿里夫・德里克:《后革命时代的中国》,李冠南、董一格译,上海人民出版社 2015 年版,第 277 页。

② ［美］阿里夫・德里克:《后革命时代的中国》,李冠南、董一格译,上海人民出版社 2015 年版,第 138 页。

③ ［美］阿里夫・德里克:《后革命时代的中国》,李冠南、董一格译,上海人民出版社 2015 年版,第 229 页。

型作用"。① 由此可见，在当代"国学"热的背景下，在强调传统文化当代意义的同时，对"中国文化"概念必须有一个全面的理解。

三、在牢牢掌握马克思主义意识形态话语权中增强文化自信

当今世界是一个深度全球化的世界，同时也是一个复杂多样、充满不确定性的世界，矛盾和斗争无处不在，其中，意识形态之争无疑又具有根本性意义。依据亨廷顿"文明冲突论"的说法，当今世界最大的冲突是不同文明之间的冲突，"由于现代化的激励，全球政治正沿着文化的界线重构。文化相似的民族和国家走到一起，文化不同的民族和国家则分道扬镳。以意识形态和超级大国关系确定的结盟让位于以文化和文明确定的结盟，重新划分的政治界线越来越与种族、宗教、文明等文化的界线趋于一致，文化共同体正在取代冷战阵营，文明间的断层线正在成为全球政治冲突的中心界线。"② 在他看来，当今时代，文化（文明）已经替代了传统意义上的意识形态，从而成为冲突的主要原因，这就是他所谓的"文明冲突论"。而所谓"传统意识形态"指的就是诸如自由主义、保守主义、马克思主义等现代政治意识形态，亨廷顿认为，随着冷战的结束，以往的政治意识形态冲突"被文明间的文化和宗教冲突所取代"。③ 在他看来，在当代，文化作为一种独立变项，对社会经济发展产生重要或者主要的作用。因为文化作为在社会上居支配地位的一些集团的主观态度、信仰和价值观，承载着价值和意义。文化或文明的主要因素是语言和宗教，"任何文化或文明的主要因素都是语言和宗教"④。

可见，在当代语境中，话语也即文化价值观，指的是一种思想体系，一种理解人与世界的话语框架（一种话语模式）。自从米歇尔·福柯揭示了话语与权力之

---

① ［美］阿里夫·德里克：《后革命时代的中国》，李冠南、董一格译，上海人民出版社 2015 年版，第 300 页。

② ［美］塞缪尔·亨廷顿：《文明的冲突与世界秩序的重建》，周琪、刘绯、张立平等译，新华出版社 1998 年版，第 129 页。

③ ［美］塞缪尔·亨廷顿：《文明的冲突与世界秩序的重建》，周琪、刘绯、张立平等译，新华出版社 1998 年版，第 40 页。

④ ［美］塞缪尔·亨廷顿：《文明的冲突与世界秩序的重建》，周琪、刘绯、张立平等译，新华出版社 1998 年版，第 47 页。

间的关系之后,话语分析也成为时尚的学术潮流。在这种潮流(如后马克思主义)看来,"意义只不过是我们通过意义制造的行为来任意创造的东西……在我们通过自己的话语开始把实在建构起来之前,实在本身仅仅是某种无法言说的X"①。在这样一种观点看来,根本不存在作为整体的"社会"概念或所谓政治、经济、文化之间的相互关系,它们不过是由话语塑造而成,话语的对象"完全内在于构成它们的话语之中"②。然而,正如吉登斯指出的,从社会学视角看,此类"话语分析过分侧重并强调语言、言谈和文本,这是一种'装饰社会学'(decorative sociology),把社会关系隐藏在文化的背后,掩盖了真正重要的话题"③。

　　然而,实际上,话语的背后是真实的权力关系,话语就是权力关系的真实体现,约瑟夫·奈的"软实力"概念形象地揭示了文化或话语的权力内涵。依据约瑟夫·奈的定义,相对于传统的经济和军事等硬实力,文化价值观则是一种"软实力",或"权力的第二张面孔"。约瑟夫·奈认为,"软实力"是"一种常常源于文化和价值观念并在太多情况下被忽略的吸引力",然而,文化、价值观等作为"软实力"与政治、经济等硬实力一样,"作为实现世界政治目标的方式,确定议程、吸引其他国家与通过威胁、运用军事或经济武器迫使它们改变同样重要"。他甚至不无道理地认为,"如果一个国家代表着其他国家所期望信奉的价值观念,则其领导潮流的成本就会降低"④。

　　今天,从世界范围来看,毫无疑问,随着全球化过程中的矛盾突显,以文化价值观为核心的意识形态竞争异常激烈。"软实力"也好,"文化资本"也罢,或是所谓的"文明的冲突",其实质都凸显了文化价值观在当代的意义。文化价值观领域已然成为意识形态纷争和较量的战场,西方左派、右派等都从文化领域寻找各自的话语权。这也是西方保守主义活跃的大背景,足以表明"软实力"在当代政治和社会生活中所具有的不可替代的功能和作用。在今天的互联网的时代,文化这张"权力的第二张面孔"确实正在发挥着越来越大的作用。与传统的"硬实力"相比,"软实力"作为一种权力,其作用机制、作用方式等都有非常不同的特

---

① 周凡、李惠斌主编:《后马克思主义》,中央编译出版社 2007 年版,第 319 页。
② 周凡、李惠斌主编:《后马克思主义》,中央编译出版社 2007 年版,第 321 页。
③ [英]安东尼·吉登斯等:《社会学基本概念》,王修晓译,北京大学出版社 2019 年版,第 7 页。
④ [美]约瑟夫·奈:《硬权力与软权力》,门洪华译,北京大学出版社 2005 年版,第 6—7 页。

征。在信息和互联网时代,一定意义上说,话语直接就是权力,话语权问题成为一个非常现实的问题。

正如我们已经分析的,话语权问题的实质是价值观问题,而价值观问题的实质又是举什么旗、走什么路的大是大非问题。因此,话语权问题是意识形态的核心问题,而意识形态决定一个国家和民族的发展方向和道路选择。马克思主义是立党立国的根本,正如历史充分表明的,没有马克思主义、没有中国共产党就没有站起来的新中国,也就没有"从富起来到强起来的历史飞跃"。"实践证明,马克思主义的命运早已同中国共产党的命运、中国人民的命运、中华民族的命运紧紧联系在一起,它的科学性和真理性在中国得到了充分检验,它的人民性和实践性在中国得到了充分贯彻,它的开放性和时代性在中国得到了充分彰显!"① 然而,这并不意味着马克思主义的根本指导地位实际上已经得到巩固,而是仍然面临着外部和内部各种风险的挑战。从外部看,不同文明之间的相互碰撞,有交融也有冲突。从内部看,个体价值观多元化、各种社会思潮激荡,所有这些都意味着进一步加强马克思主义在意识形态领域指导地位的迫切性和重要性。正如习近平指出的,我们讲"不忘初心",初心就是"本","我们共产党人的本,就是对马克思主义的信仰,对中国特色社会主义和共产主义的信念,对党和人民的忠诚。我们要固的本,就是坚定这份信仰、坚定这份信念、坚定这份忠诚"。②

习近平还深刻地指出,我们有很多同志"在运用马克思主义立场、观点、方法上功力不足、高水平成果不多,在建设以马克思主义为指导的学科体系、学术体系、话语体系上功力不足、高水平成果不多。"同时,在现实中,"在有的领域马克思主义被边缘化、空泛化、标签化,在一些学科中'失语'、教材中'失踪'、论坛上'失声'"。③ 这充分表明了加强马克思主义意识形态话语权的重要性和紧迫性。"马克思主义是我们立党立国的根本指导思想。背离或放弃马克思主义,我们党就会失去灵魂、迷失方向。在坚持马克思主义指导地位这一根本问题上,我们必须坚定不移,任何时候任何情况下都不能有丝毫动摇。"④ 从这个意义上,中共十

---

① 习近平:《在纪念五四运动 100 周年大会上的讲话》,人民出版社 2019 年 4 月 30 日,第 14 页。
② 《习近平谈治国理政》(第 2 卷),外文出版社 2017 年版,第 326 页。
③ 《习近平谈治国理政》(第 2 卷),外文出版社 2017 年版,第 328—329 页。
④ 《习近平谈治国理政》(第 2 卷),外文出版社 2017 年版,第 33 页。

九届四中全会将马克思主义在意识形态领域的指导地位确立为思想引领的根本制度,无疑顺应了时代发展、回应了时代问题。同时,为建设中国特色社会主义,实现中华民族伟大复兴提供了更加强有力的制度保证。

首先必须指出,我们讲的文化价值观或话语在内涵上与西方所说的"纯文化"的"话语"概念存在着区别。我们讲的话语虽然也指价值观或价值观体系,但这是在历史唯物主义层面而言的,文化价值观并非与经济关系、社会制度毫无关系的"纯文化"现象。根据唯物史观,文化价值观作为上层建筑有其产生的社会历史基础,并非纯主观的东西。但是,历史唯物主义同时也告诉我们,道德、信仰、思想观念等一旦形成就会对社会生活产生十分重要的作用,正如恩格斯指出的,"物质生存方式虽然是始因,但是这并不排斥思想领域也反过来对这些物质生存方式起作用,然而是第二性的作用"。① 生产方式归根到底是第一性的,但是在其实际的发展过程中,经济、政治、文化等因素是相互起作用的,在一定情况下,文化等因素还起着至关重要的作用。毛泽东指出:"自从中国人学会了马克思列宁主义以后,中国人在精神上就由被动转入主动。从这时起,近代世界历史上那种看不起中国人,看不起中国文化的时代应当完结了。伟大的胜利的中国人民解放战争和人民大革命,已经复兴了并正在复兴着伟大的中国人民的文化。这种中国人民的文化,就其精神方面来说,已经超过了整个资本主义的世界。"②

以上分析表明,我们讲的文化、文化自信是以历史唯物主义为理论基础的,在这个意义上讲的思想和价值观体系总是与一定的物质和社会条件密不可分的。诚然,从形式上看,作为思想意识层面的文化是人类精神的创造,但是,人们不能无中生有地创造,而总是在一定的物质和社会条件下创造,这是历史唯物主义的基本观点。因此,文化总是随着时代的变化而变化。但是,在唯物史观中,变化包括发展,即质的变化,因而,从历史角度,文化有新旧之分,先进与落后之分,所谓"新文化"与"旧文化","社会主义先进文化"等,就是从这个意义上讲的,这是历史唯物主义所理解的文化观。

在历史唯物主义视域下思考文化自信的问题,必然不可能把文化(意识形态)仅仅看作人的随心所欲的创造,文化是与一个社会的经济、政治和文化状况

① 《马克思恩格斯选集》(第4卷),人民出版社1995年版,第691页。
② 《毛泽东选集》(第4卷),人民出版社1991年版,第1516页。

等不可分割的。"意识形态不是'自我圆融'的纯粹精神现象，必然会随着经济基础、社会结构以及时代条件的'脉动'而发生变化。"①中国特色社会主义文化制度与中国特色社会主义经济制度、政治制度有机统一。同样，从历史维度看，这之所以是"中国特色"，根本在于中华民族在其漫长的历史发展过程中所形成的具有中国特色的经济政治和文化结构、发展状况等。这表现在文化上，也就必然体现"民族特色"，它是中华民族在其漫长的生产和生活过程中形成的独特的思维方式、精神气质，即所谓的"中国风格""中国气派"。同时，它又是以马克思主义为指导的科学的、大众的、代表历史前进方向的先进的社会主义文化。我们讲的文化自信，是在马克思主义意识形态的根本指导地位基础上的文化自信，两者既不矛盾，更不对立。正如陈先达先生指出的，研究文化自信问题，根本上是要"弄清中国特色社会主义文化'源自于''熔铸于'和'植根于'的问题"，从而"弄清中国特色社会主义文化的历史渊源、发展脉络、基本走向以及由实践赋予的精神特质和民族特色"。②而要让世界了解中国，与不同文化相互交流，必须提炼反映中国特点、展示中国文化魅力的话语体系和符号特征，全面展示中国发展的实际状况。

总之，坚持马克思主义意识形态的指导地位与文化自信之间是辩证统一的关系。用马克思主义的立场、观点和方法，特别是用当代中国的马克思主义指导传统文化的创造性转换和创新性发展，体现了中国共产党人的理论自觉和方法论自觉。而立足中国实际，面向时代问题，充分吸收和创新性继承中华优秀传统文化资源，构建具有"标识性"、体现中国特色和中国风格的社会主义话语体系，是文化自信的题中应有之义。

---

① 张志丹：《意识形态功能提升新论》，人民出版社 2017 年版，第 2 页。
② 陈先达：《厚植文化自信　增强战略定力》，载《红旗文稿》2019 年第 17 期。

参考文献

[1] 马克思恩格斯选集(第1—4卷). 北京:人民出版社,1995.

[2] 马克思恩格斯全集(第30卷). 北京:人民出版社,1995.

[3] 马克思恩格斯全集(第31、32卷). 北京:人民出版社,1998.

[4] 马克思恩格斯全集(第25卷). 北京:人民出版社,2001.

[5] 资本论(第1—3卷). 北京:人民出版社,2004.

[6] 列宁专题文集论辩证唯物主义和历史唯物主义. 北京:人民出版社,2009.

[7] 列宁专题文集论社会主义. 北京:人民出版社,2009.

[8] 列宁全集(第55卷). 北京:人民出版社,1990.

[9] 毛泽东选集(第1—4卷). 北京:人民出版社,1991.

[10] 毛泽东文集(第1—2卷). 北京:人民出版社,1993.

[11] 毛泽东文集(第3卷). 北京:人民出版社,1996.

[12] 毛泽东文集(第6—8卷). 北京:人民出版社,1999.

[13] 建国以来毛泽东文稿(第6、7册). 北京:中央文献出版社,1992.

[14] 邓小平文选(第2卷). 北京:人民出版社,1983.

[15] 邓小平文选(第3卷). 北京:人民出版社,1993.

[16] 习近平谈治国理政(第一卷). 北京:外文出版社,2018.

[17] 习近平谈治国理政(第二卷). 北京:外文出版社,2017.

[18] 习近平谈治国理政(第三卷). 北京:外文出版社,2020.

[19] 中共中央关于坚持和完善中国特色社会主义制度和推进国家治理体系和治理能力现代化若干重大问题的决定. 北京:人民出版社,2019.

[20] 习近平总书记系列重要讲话读本. 北京:学习出版社,人民出版社,2016.

［21］习近平. 论坚持推动构建人类命运共同体. 北京：中央文献出版社，2018.

［22］十八大以来重要文献选编. 北京：中央文献出版社，2014.

［23］习近平. 在纪念五四运动 100 周年大会上的讲话（2019 年 4 月 30 日）. 北京：人民出版社（单行本），2019.

［24］习近平. 决胜全面建成小康社会夺取新时代中国特色社会主义伟大胜利. 北京：人民出版社，2017.

［25］习近平. 在纪念孔子诞辰 2565 周年国际学术研讨会暨国际儒学联合会第五届会员大会开幕会上的讲话（2014 年 9 月 24 日）. 北京：人民出版社（单行本），2014.

［26］［法］阿尔贝·索布尔. 法国大革命史. 马胜利，高毅，王庭荣，译. 北京：中国社会科学出版社，1989.

［27］［英］阿克顿. 自由与权力——阿克顿勋爵论说文集. 侯健，范亚峰，译. 北京：商务印书馆，2001.

［28］［英］约翰·阿克顿. 自由史论. 胡传胜，陈刚，李滨，等，译. 南京：译林出版社，2001.

［29］［美］阿里夫·德里克. 后革命时代的中国. 李冠南，董一格，译. 上海：上海人民出版社，2015.

［30］［英］埃德蒙·柏克. 美洲三书. 缪哲选，译. 北京：商务印书馆，2003.

［31］［意］艾伯特·马蒂内利. 全球现代化——重思现代性事业. 李国武，译. 北京：商务印书馆，2010.

［32］［美］艾尔伯特·杰伊·诺克. 我们的敌人："国家". 彭芬，译. 南昌：江西人民出版社，2015.

［33］［美］艾恺. 最后的儒家——梁漱溟与中国现代化的两难. 王宗昱，冀建中，译. 南京：江苏人民出版社，1996.

［34］［美］艾伦·布鲁姆. 走向封闭的美国精神. 缪青，宋丽娜，等，译. 北京：中国社会科学出版社，1994.

［35］［以］S.N.艾森斯塔特. 反思现代性. 旷新年，王爱松，译. 生活·读书·新知三联书店，2006.

［36］［澳］安德鲁·文森特. 现代政治意识形态. 袁久红，等，译. 南京：江苏

人民出版社,2005.

[37]［英］安东尼·吉登斯.超越左与右——激进政治的未来.李惠斌,杨雪冬,译.北京:社会科学文献出版社,2000.

[38]［英］安东尼·吉登斯、菲利普·萨顿.社会学基本概念.王修晓,译.北京:北京大学出版社,2019.

[39]［英］巴特摩尔.平等还是精英.尤卫军,译.斐池,校.沈阳:辽宁教育出版社,1998.

[40]［美］保罗·佛朗哥.欧克肖特导论.殷莹,刘擎,译.北京:商务印书馆,2014.

[41]［法］保罗·利科.历史与真理.姜志辉,译.上海:上海译文出版社,2004.

[42]［英］彼得·奥斯本.时间的政治——现代性与先锋.王志宏,译.北京:商务印书馆,2004.

[43]［美］彼德·盖伊.启蒙时代:人的觉醒与现代秩序的诞生(下卷 自由的科学).刘北成,王皖强,译.上海:上海人民出版社,2019.

[44]［英］柏克.法国革命论.何兆武,许振洲,彭刚,译.北京:商务印书馆,1998.

[45]［英］埃德蒙·柏克.自由与传统:柏克政治论文选.蒋庆,王瑞昌,王天成,译.北京:商务印书馆,2001.

[46]［古希腊］柏拉图.柏拉图对话集.王太庆,译.北京:商务印书馆,2004.

[47]［古希腊］柏拉图.理想国.郭斌和,张竹明,译.北京:商务印书馆,2017.

[48]［美］查尔斯·赖特·米尔斯.权力精英.王崑,许荣,译.南京:南京大学出版社,2004.

[49]陈志瑞,石斌.埃德蒙·伯克读本.北京:中央编译出版社,2006.

[50]［英］大卫·雷斯曼.保守资本主义.吴敏,译.北京:社会科学文献出版社,2003.

[51]［美］丹尼尔·贝尔.意识形态的终结——五十年代政治观念衰微之考察.张国清,译.南京:江苏人民出版社,2001.

［52］［美］丹尼尔·贝尔. 社群主义及其批评者. 李琨,译. 宋冰,校. 北京：生活·读书·新知三联书店,2002.

［53］［法］笛卡儿. 谈谈方法. 王太庆,译. 北京：商务印书馆,2017.

［54］［英］恩斯特·拉克劳,查特尔·墨菲. 领导权与社会主义的策略——走向激进民主政治. 尹树广,鉴传今,译. 哈尔滨：黑龙江人民出版社,2003.

［55］［德］斐迪南·滕尼斯. 共同体与社会 纯粹社会学的概念. 林荣远,译. 北京：商务印书馆,1999.

［56］［匈牙利］费伦茨·费赫尔. 法国大革命与现代性的诞生. 罗跃军,等,译. 哈尔滨：黑龙江大学出版社,2010.

［57］［英］芬巴尔·利夫西. 后全球化时代 世界制造与全球化的未来. 王吉美,房博博,译. 北京：中信出版社,2018.

［58］［美］安德鲁·芬伯格. 可选择的现代性(序言). 陆俊,严耕,等,译. 北京：中国社会科学出版社,2003.

［59］［美］弗朗西斯·福山. 政治秩序与政治衰败：从工业革命到民主全球化. 毛俊杰,译. 桂林：广西师范大学出版社,2015.

［60］［美］弗里德里希·沃特金斯. 西方政治传统——现代自由主义发展研究. 黄辉,杨健,译. 长春：吉林人民出版社,2001.

［61］［法］伏尔泰. 哲学辞典(上册). 王燕生,译. 北京：商务印书馆,2017.

［62］［美］格奥尔格·G.伊格尔斯. 德国的历史观. 彭刚,顾杭,译. 南京：译林出版社,2006.

［63］［英］弗雷德里希·奥古斯特·冯·哈耶克. 自由宪章. 杨玉生,冯兴元,陈茅,等,译. 杨玉生,陆衡,伊虹,统校. 北京：中国社会科学出版社,1999.

［64］［美］路易斯·哈茨. 美国的自由主义传统：独立革命以来美国政治思想阐释. 张敏谦,译. 金灿荣,校. 北京：中国社会科学出版社,2003.

［65］［德］汉斯-格奥尔格·伽达默尔. 真理与方法：哲学诠释学的基本特征. 洪汉鼎,译. 上海：上海译文出版社,1999.

［66］［英］艾瑞克·霍布斯鲍姆. 革命的年代 1789—1848. 王章辉,等,译. 钱进,校. 南京：江苏人民出版社,1999.

［67］［英］E·霍布斯鲍姆、T.兰格. 传统的发明. 顾杭,庞冠群,译. 南京：译林出版社,2004.

[68][意]加塔诺·莫斯卡.统治阶级(政治科学原理).贾鹤鹏,译.南京:译林出版社,2002.

[69][德]卡尔·曼海姆.保守主义.李朝晖,牟建君,译.南京:译林出版社,2001.

[70][德]卡尔·施米特.政治的概念.刘宗坤,等,译.上海:上海人民出版社2003年版。

[71][美]卡莱欧.柯勒律治与现代国家理念.吴安新,杨颖,译.黄涛,校.上海:华东师范大学出版社,2015.

[72][美]约翰·凯克斯.为保守主义辩护.应奇,葛水林,译.南京:江苏人民出版社,2003.

[73][美]拉塞尔·柯克.美国秩序的根基.张大军,译.南京:江苏凤凰文艺出版社,2018.

[74][美]拉塞尔·柯克.保守主义思想 从伯克到艾略特.张大军,译.南京:江苏凤凰文艺出版社,2019.

[75][美]列奥·施特劳斯,约瑟夫·克罗波西.政治哲学史(上、下).李天然,等,译.石家庄:河北人民出版社,1998.

[76][美]列奥·施特劳斯.霍布斯的政治哲学.申彤,译.南京:译林出版社,2001.

[77][美]列奥·施特劳斯.自然权利与历史.彭刚,译.北京:生活·读书·新知三联书店,2003.

[78][法]卢梭.社会契约论.何兆武,译.北京:商务印书馆,2003.

[79][法]卢梭.论人类不平等的起源.高修娟,译.上海:上海三联书店,2009.

[80][美]罗伯特·K.默顿.社会理论和社会结构.唐少杰,齐心,等,译.南京:译林出版社,2006.

[81][英]罗杰·斯克拉顿.保守主义的含义.王皖强,译.刘北成,校.北京:中央编译出版社,2005.

[82][英]洛克.政府论(下篇).叶启芳,瞿菊农,译.北京:商务印书馆,1982.

[83][英]马丁·阿尔布劳.全球时代——超越现代性之外的国家和社会.

高湘泽,冯玲,译. 高湘泽,校. 北京:商务印书馆,2001.

[84][美]杰里·马勒. 保守主义:从休谟到当前的社会政治思想文集. 刘曙辉,张容南,译. 南京:译林出版社,2010.

[85][英]迈克尔·奥克肖特. 哈佛演讲录 近代欧洲的道德与政治. 顾玫,译. 方刚,校. 上海:上海文艺出版社,2003.

[86][英]迈克尔·欧克肖特. 政治中的理性主义. 张汝伦,译. 上海:上海译文出版社,2004.

[87][英]迈克尔·欧克肖特,蒂莫西·富勒. 宗教、政治与道德生活. 张铭,姚仁权,译. 上海:上海译文出版社,2019.

[88][英]波兰尼. 科学、信仰与社会. 王靖华,译. 南京:南京大学出版社,2004.

[89][加]C.B.麦克弗森. 柏克. 江原,译. 北京:中国社会科学出版社,1989.

[90][美]乔治·麦克林. 传统与超越. 干春松,杨凤岗,译. 北京:华夏出版社,2000.

[91][法]约瑟夫·德·迈斯特. 论法国. 鲁仁,译. 上海:上海人民出版社,2005.

[92][法]约瑟夫·德·迈斯特. 信仰与传统 迈斯特文集. 冯克利,杨日鹏,译. 南昌:江西人民出版社,2017.

[93][西]曼纽尔·卡斯特. 认同的力量. 夏铸九,黄丽玲,等,译. 北京:社会科学文献出版社,2003.

[94][美]约翰·米克尔思维特,阿德里安·伍尔德里奇. 右翼美国. 王传兴,译. 上海:上海人民出版社,2008.

[95][法]米涅. 法国革命史 从1789年到1814年. 北京编译社,译. 北京外国语学院法语系,校. 北京:商务印书馆,1977.

[96][英]培根. 新工具. 许宝骙,译. 北京:商务印书馆,1984.

[97][英]佩里·安德森. 思想的谱系:西方思潮左与右. 袁银传,曹荣湘,等,译. 北京:社会科学文献出版社,2010.

[98][英]齐格蒙·鲍曼. 寻找政治. 洪涛,周顺,郭台辉,译. 上海:上海人民出版社,2006.

[99][美]塞缪尔·亨廷顿. 文明的冲突与世界秩序的重建. 周琪,刘绯,张

立平,等,译. 北京:新华出版社,1999.

[100][美]塞缪尔·亨廷顿,劳伦斯·哈里森. 文化的重要作用:价值观如何影响人类进步. 程克雄,译. 北京:新华出版社,2010.

[101][意]萨尔沃·马斯泰罗内. 欧洲政治思想史——从十五世纪到二十世纪. 黄华光,译. 北京:社会科学文献出版社,1992.

[102][斯洛文尼亚]斯拉沃热·齐泽克. 意识形态的崇高客体. 季广茂,译. 北京:中央编译出版社,2002.

[103][德]塔尔海玛. 现代世界观. 李达,译. 上海:上海社会科学院出版社,2017.

[104][法]托克维尔. 旧制度与大革命. 冯棠,译. 桂裕芳,张芝联,校. 北京:商务印书馆,1992.

[105][法]托克维尔. 论美国的民主(上下册). 董果良,译. 北京:商务印书馆,2009.

[106][美]E·希尔斯. 论传统. 傅铿,吕乐,译. 上海:上海人民出版社,1991.

[107][古罗马]西塞罗. 论共和国 论法律. 王焕生,译. 北京:中国政法大学出版社,1997.

[108][古罗马]西塞罗. 论至善和至恶. 石敏敏,译. 北京:中国社会科学出版社,2005.

[109][英]肖恩·塞耶斯. 马克思主义与人性. 冯颜利,译. 任平,校. 上海:东方出版社,2008.

[110][英]休·塞西尔. 保守主义. 杜汝楫,译. 马清槐,校. 北京:商务印书馆,1986.

[111][英]休谟. 人性论. 关文运,译. 郑之骧,校. 北京:商务印书馆,1980.

[112][法]雅克·马里旦. 人权与自然法. 吴彦,译. 北京:商务印书馆,2019.

[113][古希腊]亚里士多德. 政治学. 颜一,秦典华,译. 北京:中国人民大学出版社,2003.

[114][古希腊]亚里士多德. 尼各马可伦理学. 廖申白,译注. 北京:商务印书馆,2017.

［115］［法］耶夫·西蒙. 自然法传统——一位哲学家的反思. 杨天江,译. 北京:商务印书馆,2016.

［116］［美］伊曼努尔·华勒斯坦,等. 自由主义的终结. 郝名玮,张凡,译. 北京:社会科学文献出版社,2002.

［117］［美］约翰·贝拉米·福斯特. 生态危机与资本主义. 耿建新,宋兴无,译. 上海:上海译文出版社 2006.

［118］［英］约翰·伯瑞. 进步的观念. 范祥涛,译. 上海:上海三联书店,2005.

［119］［美］约翰·布莱恩·斯塔尔. 毛泽东的政治哲学. 曹志为,王晴波,译. 北京:中国人民大学出版社,2006.

［120］［德］约翰·哥特弗雷德·赫尔德. 反纯粹理性——论宗教、语言和历史文选. 张晓梅,译. 北京:商务印书馆,2010.

［121］［英］约翰·格雷. 伪黎明:全球资本主义的幻象. 张敦敏,译. 北京:中国社会科学出版社,2002.

［122］［美］约翰·凯克斯. 反对自由主义. 应奇,译. 南京:江苏人民出版社,2003.

［123］［美］约翰·麦克里兰. 西方政治思想史. 彭淮栋,译. 海口:海南出版社,2003.

［124］［英］约翰·莫雷. 埃德蒙·伯克评传. 刘戎,译. 上海:上海社会科学出版社,2018.

［125］［美］约瑟夫·S.奈. 硬权力与软权力. 门洪华,编译. 北京:北京大学出版社,2005.

［126］［美］詹姆斯·保罗·吉. 话语分析导论:理论与方法. 杨炳钧,译. 重庆:重庆大学出版社,2011.

［127］［美］詹姆斯·C.斯科特. 国家的视角 那些试图改善人类的项目是如何失败的. 王晓毅,译. 胡博审,校. 北京:社会科学文献出版社,2004.

［128］［美］詹姆斯·施密特. 启蒙运动与现代性——18 世纪与 20 世纪的对话. 徐向东,卢华萍,译. 上海:上海人民出版社,2005.

［129］［美］张灏. 危机中的中国知识分子——寻求秩序与意义. 高力克,王跃,译.李强,校. 太原:山西人民出版社,1988.

[130] [美] 周策纵. 五四运动史: 现代中国的知识革命. 陈永明, 张静, 译. 成都: 四川人民出版社, 2019.

[131] [德] 库必来·亚多·阿林. 智库报告: 新保守主义智库与美国外交政策. 王成至, 译. 上海: 上海社会科学出版社, 2017.

[132] 蔡尚思, 朱维铮. 中国现代思想史资料简编(第 1 卷). 杭州: 浙江人民出版社, 1982.

[133] 蔡尚思, 李华兴. 中国现代思想史资料简编(第 2 卷). 杭州: 浙江人民出版社, 1982.

[134] 蔡尚思, 姜义华. 中国现代思想史资料简编(第 3 卷, 第 4 卷). 杭州: 浙江人民出版社, 1983.

[135] 蔡尚思, 李华兴. 中国现代思想史资料简编(第 5 卷). 杭州: 浙江人民出版社, 1983.

[136] 曹卫东, 等. 德意志的乡愁: 20 世纪德国保守主义思想史. 上海: 上海人民出版社, 2015.

[137] 陈先达. 文化自信中的传统与当代. 北京: 北京师范大学出版社, 2017.

[138] 陈先达. 厚植文化自信增强战略定力. 红旗文稿, 2019(17).

[139] 陈旭麓. 近代中国社会的新陈代谢. 上海: 上海人民出版社, 1992.

[140] 侯惠勤. 马克思的意识形态批判与当代中国. 北京: 中国社会科学出版社, 2010.

[141] 胡大平. 后革命氛围与全球资本主义: 德里克"弹性生产时代的马克思主义"研究. 北京: 北京师范大学出版社, 2018.

[142] 姜琳. 美国保守主义及其全球战略. 北京: 社会科学文献出版社, 2008.

[143] 蒋庆. 政治儒学: 当代儒学的转向、特质与发展. 北京: 生活·读书·新知三联书店, 2003.

[144] 李佃来. 马克思的政治哲学: 理论与现实. 北京: 人民出版社, 2015.

[145] 李惠斌, 李义天. 马克思与正义理论. 北京: 中国人民大学出版社, 2010.

[146] 李世涛. 知识分子立场 激进与保守之间的动荡. 北京: 时代文艺出版

社,2002.

[147] 梁漱溟. 中国文化要义. 上海:上海人民出版社,2011.

[148] 梁漱溟. 东西文化及其哲学. 上海:上海人民出版社,2015.

[149] 刘军宁. 保守主义. 北京:中国社会科学出版社,1998.

[150] 彭明. 五四运动史. 北京:人民出版社 2019.

[151] 吕磊. 美国的新保守主义. 南京:江苏人民出版社,2004.

[152] 人民日报评论部. 习近平用典(第1辑,第2辑). 北京:人民日报出版社,2018.

[153] 尚庆飞. 国外毛泽东学研究. 南京:江苏人民出版社,2008.

[154] 孙建华. 马克思主义中国化思想通史(三卷本). 北京:人民出版社,2019.

[155] 王金玉. 马克思主义阶级概念:理解与阐释. 北京:人民出版社,2019.

[156] 许纪霖. 现代中国思想史论(上、下). 上海:上海人民出版社,2014.

[157] 杨明伟. 保守主义:一种审慎的政治哲学. 北京:中国书籍出版社,2013.

[158] 俞吾金. 从"共产党宣言"的一段译文看马克思如何看待传统. 新华文摘,2001(1).

[159] 张立文. 中国传统文化与人类命运共同体. 北京:中国人民大学出版社,2018.

[160] 张志丹. 意识形态功能提升新论. 北京:人民出版社,2017.

[161] 赵汀阳. 天下体系:世界制度哲学导论. 南京:江苏教育出版社,2005.

[162] 赵汀阳. 天下的当代性:世界秩序的实践与想象. 北京:中信出版社,2016.

[163] 朱庆跃. 近现代中国化马克思主义与文化保守主义的思想论战研究. 上海:上海三联书店,2016.

[164] Pekka Suvanto. Conservatism from the French Revolution to the 1990s,Macmilan Press Ltd,1997.

[165] Robert Nisbet. Conservatism:Dream and Reality, University of Minnesota Press,1986.

[166] Samuel P.Huntington. Conservatism as an Ideology. The American Political Science Review, Vol.51,No.2.(Jun,1957).

后　记

　　本书是国家社科基金后期资助项目《保守主义意识形态：阐释与批判》(18FKS025)的最终成果，其"前身"是作者多年前(2007 年)在南京大学哲学系师承恩师侯惠勤教授完成的博士论文，没承想，其间竟间隔了十多年。

　　当初，将保守主义作为博士论文的研究主题，从现实角度看，主要在于保守主义作为一种社会思潮已经在中国大陆风生水起，既有文化保守主义，又有政治保守主义。今天，保守主义作为强劲的社会思潮其发展程度已不可小觑，有宗教保守主义，有理论保守主义，有文化保守主义等等，不一而足。探寻这种转变，原因可能是多方面的，但其根源只能从历史发展过程与现实社会的矛盾中去寻找。而在作者看来，在大变动中的当今世界，这一探寻对于巩固马克思主义意识形态的指导地位，实现中华民族的伟大复兴是有价值的，这也是要将"尘封"多年的博士论文申报国家社科基金后期资助项目的主要动因，这本书就是这一项目的最终成果。

　　与博士论文相比，本书对马克思主义传统观作了较为详细的阐释(原来只是稍稍作了一些阐述)，彰显马克思主义传统观与保守主义传统观在理论立场、价值导向、方法论基础等方面的本质区别，在进一步增强对保守主义意识形态批判性效应的同时，阐明马克思主义传统观的辩证实质，区分马克思主义传统观与保守主义传统观的本质区别，以彰显马克思主义传统观在当代的方法论指导和价值引领作用。以习近平新时代中国特色社会主义思想为指导，充分挖掘中华优秀传统文化的宝库，吸收一切先进文化资源，构建中国特色社会主义哲学社会科学话语体系，巩固马克思主义意识形态的根本指导地位。

借此机会，首先衷心感谢我的恩师侯惠勤教授，是他的悉心指导和谆谆教诲开启了我的学术之路。此外，本书得以面市，还要感谢南京大学出版社的推荐，使其获得国家社科基金后期资助项目。另外，也要感谢我的研究生徐秋慧、费凡、郁烨等同学在校对等方面所做的工作。

王金玉

2020 年 8 月 10 日